复旦卓越·保险系列

保险营销学

Insurance Marketing

第三版

廖 敏 方有恒 ◆ 主 编

复旦大学出版社

第三版前言

2023年中央金融工作会议强调，要加快建设金融强国，全面加强金融监管，完善金融体制，优化金融服务，防范化解风险，坚定不移走中国特色金融发展之路，推动我国金融高质量发展。这为新时代新征程金融发展指明了方向。近年来保险业积极服务社会主义现代化强国建设，取得了显著的成效，我国保险市场规模位居全球第二。

保险公司在科技创新和传统行业转型的背景下，不断进行产品、服务和经营模式的创新，以适应营销环境的变化，更好地服务实体经济，推动保险业高质量发展。在保险营销内容不断更新的情况下，有必要对教材进行修订。本次修订更加关注保险营销理论与实务的新发展。本书保留了第二版的主要章节框架，对内容做了微调，包括将保险产品生命周期与营销策略内容调整至第六章的保险产品策略部分，对保险市场的经济指标和案例进行更新，补充与保险营销相关的法律法规和监管规定。

本书由广东金融学院廖敏老师、方有恒老师负责修订。具体分工为：方有恒编写第一章，廖敏编写第二至十三章。

在本书的修订过程中，我们得到了广东金融学院郭颂平教授、罗向明教授、陈辉教授的关心与指导，复旦大学出版社副总经理王联合先生和本书的责任编辑戚雅斯女士为本书的出版做了大量的工作，在此向各位表示诚挚的谢意！

由于编者水平有限，书中难免有错误和疏漏之处，敬请广大读者和专家给予批评指正。

编 者
2024年3月于广州

目 录

第一章 保险市场与保险营销 …………………………………………… 001
　第一节　保险市场与保险市场难题 ……………………………………… 002
　第二节　保险营销的含义与特点 ………………………………………… 011
　第三节　保险营销理念及其发展 ………………………………………… 013

第二章 保险营销环境分析 ………………………………………………… 021
　第一节　保险营销环境概述 ……………………………………………… 022
　第二节　保险营销的外部环境 …………………………………………… 024
　第三节　保险营销的内部环境 …………………………………………… 036

第三章 保险营销调研 ……………………………………………………… 047
　第一节　保险营销与信息 ………………………………………………… 048
　第二节　保险营销信息系统 ……………………………………………… 052
　第三节　保险营销调研 …………………………………………………… 056

第四章 投保人心理与行为 ………………………………………………… 069
　第一节　投保人投保心理 ………………………………………………… 070
　第二节　个体投保人投保行为 …………………………………………… 075
　第三节　团体投保人投保行为 …………………………………………… 081

第五章 保险目标市场细分、选择与定位 ……………………………… 087
　第一节　保险市场细分 …………………………………………………… 088
　第二节　保险营销目标市场选择 ………………………………………… 097
　第三节　保险营销市场定位 ……………………………………………… 102

第六章　保险产品策略 ······ 107
   第一节　保险产品概述 ······ 108
   第二节　保险产品开发与设计 ······ 111
   第三节　保险产品生命周期与营销策略选择 ······ 124
   第四节　保险产品组合策略 ······ 128

第七章　保险定价策略 ······ 137
   第一节　保险价格概述 ······ 138
   第二节　保险定价的原则、方法与策略 ······ 144

第八章　保险营销渠道与管理 ······ 155
   第一节　保险营销渠道概述 ······ 156
   第二节　主要保险营销渠道及特点 ······ 157
   第三节　保险营销渠道管理 ······ 167

第九章　保险促销策略 ······ 177
   第一节　保险促销概述 ······ 178
   第二节　保险人员促销 ······ 183
   第三节　保险广告促销 ······ 195
   第四节　保险公关促销 ······ 199

第十章　保险营销竞争策略选择 ······ 205
   第一节　市场地位与竞争策略选择 ······ 206
   第二节　竞争策略的运用 ······ 210
   第三节　竞争中的企业社会责任 ······ 213

第十一章　保险营销计划、组织与控制 ······ 217
   第一节　保险营销计划 ······ 218
   第二节　保险营销组织与执行 ······ 224

第三节　保险营销控制 …………………………………………………… 230

第十二章　互联网保险营销 …………………………………………………… 237
　　第一节　互联网保险的概念及特点 ………………………………………… 238
　　第二节　互联网保险的运作模式 …………………………………………… 240
　　第三节　互联网保险的相关监管政策 ……………………………………… 245

第十三章　保险营销员业务技能与职业道德 ………………………………… 251
　　第一节　保险展业流程 ……………………………………………………… 252
　　第二节　保险计划书写作 …………………………………………………… 266
　　第三节　保险营销员职业道德 ……………………………………………… 273

参考文献 ……………………………………………………………………… 283

第一章

保险市场与保险营销

学习目标

- 熟悉保险市场构成要素和特征
- 了解中国保险业发展历程与现状
- 理解保险市场信息难题
- 掌握保险营销的含义及特点
- 熟悉保险营销理念发展的主要阶段
- 了解现代保险营销理念

第一节 保险市场与保险市场难题

一、保险市场的概念和构成要素

（一）保险市场的概念

依据《保险术语（GB/T 36687—2018）》的定义[1]，保险市场（insurance market）是指保险商品交易的具体场所，或者保险商品供需双方交换关系的总和。早期的保险市场主要依赖具体的交易场所（例如保险公司的职场等），保险交易双方主要在具体的交易场所内完成交易。国外有名的保险交易场所中，英国的劳合社比较有特色。随着现代经济社会发展和科技进步，特别是在数字化浪潮下，全球互联互通，保险市场正在快速摆脱具体场所的桎梏，保险市场生态日益完善和复杂，例如涌现出大量专业化的保险市场生态主体（保险比价、保险救援、保险销售场景、保险科技等领域的企业），为保险市场提供全方位的服务支持，为保险行业的发展赋能，保险市场的定义也因此更适用广义定义。

（二）保险市场的构成要素

基于不同的保险客户行为特征，以及保险产品和服务的差异，保险市场中撮合保险交易的场景和方式呈现多样化创新发展趋势，保险公司可以雇用（自有）员工进行直销，也可以借助保险中介撮合交易，线上和线下相结合，目前的保险市场构成要素基本完备。以我国保险市场发展为例，在保险市场发展早期，保险商品以企业财产险为主，客户以国企、集体经济企业等为主，保险公司数量极少，保险中介不发达，保险监管不完善。经过改革开放以来长期发展，目前的国内保险市场已经与国际保险市场接轨，保险商品以寿险为主，客户以个人客户为主，保险公司已经有240多家，保险中介快速发展，保险监管日趋严格规范。

研究保险市场，可以从保险市场主体和保险市场客体两个方面进行分析，其中保险市场主体是指保险市场交易活动的买方、卖方和中介方等参与者的统称；保险市场客体是指保险市场供需双方具体交易的保险产品。

1. 保险市场的供给方

保险供给是指在一定价格水平上，保险市场上供给方愿意并且能够提供的保险产品

---

[1] 《保险术语》是由国家市场监督管理总局等单位发布的中华人民共和国国家标准，本章和本书部分名词采用该标准，不再一一注明。

或服务的数量。保险市场的供给方是指在保险市场上提供各类保险商品，承担、分散和转移他人风险的保险人。在不同的国家和地区，由于不同的法律规定和经济、历史等因素，保险人存在着多种组织形式，主要组织形式如下：

（1）保险股份有限公司，是现代企业制度典型的组织形式，其主要特征是：公司的资本总额被划分为等额股份并通过发行股票（或股权证）筹集资本；股东以其所认购的股份对公司承担有限责任并且享受权利，公司以其全部资产对公司债务承担责任。该种组织形式的显著特点是出资者的所有权和公司法人的经营权有效分离。我国保险公司大部分采用该种组织形式，例如中国人寿、中国人保、中国平安、中国太保、华安保险、工银安盛人寿等。

（2）合作保险组织，由具有共同风险的个人或单位为了获得保险保障共同筹资设立的保险组织形式。合作保险组织可以划分为消费者合作保险组织和生产者合作保险组织；还可以划分为公司形式的相互保险公司和非公司形式的相互保险社、保险合作社。

相互保险公司是由投保人参与设立的法人组织，是非营利性的保险组织，其目的是为投保人提供低成本的保险产品。相互保险公司没有股东，保单持有人的地位与股份公司的股东地位类似，公司为他们所拥有。相互保险公司没有资本金，也不能发行股票，其运营资金来源于保费，这类公司设立前期所需的资金一般通过借贷等方式由外部筹措；各成员也以其缴纳的保费为依据，参与公司的盈余分配和承担公司发生亏空时的弥补额。我国于2005年正式开业的阳光农业相互保险公司（其基础是黑龙江垦区的农业互助保险）以及众惠财产、信美人寿、汇友财产、中国渔业互助保险社等保险公司都属于这类组织形式。

（3）行业自保组织，是指某一行业或企业为本系统或本企业提供保险保障的组织形式。这一组织形式起源于英国。我国的原新疆生产建设兵团农牧业生产保险公司（现中华联合保险公司）就属于这一性质的保险组织；2000年8月23日，由中国海洋石油总公司全资筹建的中海石油保险有限公司在香港注册成立，这是我国第一家专业自保公司；2013年12月26日在新疆克拉玛依市注册成立的中石油专属财产保险股份有限公司是我国境内第一家自保公司。此外，中铁自保、广东能源自保、中远海运自保等公司也属于这类组织形式。

2. 保险市场的需求方

保险需求是指在一定价格水平上，保险市场上需求方愿意并且能够购买的保险产品或服务的数量。保险市场的需求方是指为了转移风险等，对保险商品具有购买意愿、购买资格和购买能力的各类消费者，包括个人消费者和团体（企业）消费者。保险市场的需求方还可以依据参与保险消费的方式或程度等划分为投保人、被保险人和受益人。保险需要、保险欲望、投保资格和购买能力是构成有效保险需求不可或缺的条件，缺少任意一项都是无效需求。影响保险需求的因素主要有以下几个方面。

（1）风险因素和保险意识。"无风险，无保险"，消费者面临的某种风险越大，对该风险的保障需求就越强，例如山区的消费者关注滑坡和泥石流、沿海地区消费者关注台风；年轻人关注收入、老年人关注健康等。保险需求还与消费者的保险意识相关，保险意识强的潜在消费者会倾向于购买保险，保险意识弱的潜在消费者可能倾向于购买其他替代品，甚至有侥幸心理，不作任何积极的风险管理。所以，在进行保险营销的过程中，在分析实际的风险情况的同时要培养和提高消费者的保险意识。

（2）经济发展水平。从各国保险业的发展实践来看，一个国家的经济越发达，国民收入越高，保险业越繁荣，这主要表现在保险密度与保险深度两个方面。其中，保险密度（人均保费）是指在某段时期内，某一国家（或地区）保险业全部保费收入与该国（或地区）人口的比值。保险深度是指在某段时期内，某一国家（或地区）保险业全部保费收入在该国（或地区）国内生产总值中所占的百分比。此外，经济总量与保险保费总规模有一定关系，例如美国、中国经济总量位居世界前两位，对应的保险保费总规模也位居世界前两位；经济发展结构与保险产品结构有内在联系，例如我国农业保险的发展、新能源车保险的发展分别与农业生产发展、新能源车产业发展密切相关；经济发展速度也影响保险业的发展。

（3）保险费率。保险费（保费）是指投保人按照保险合同约定向保险人支付的费用。保险费率是指应交纳保险费与保险金额的比率。一般来说，保险需求量与保险费率（保险商品的价格）呈反向变动，但费率对不同品种的保险产品的影响程度会不同。此外，保险费率的变化导致保险产品在与保险产品的替代品竞争中处于不利地位，进而对保险需求产生影响。以常见的银行存款投资为例，保险费率提高，则储蓄型的保险产品相较于银行存款会显著失去竞争力，原本通过购买保险进行投资的消费者会将资金投放到银行存款中。

（4）人口因素。人口因素包括人口总量和人口年龄结构等，人口总量大的地区或国家通常会有更大的保险市场；年龄结构也是影响保险需求的因素之一。纵观当今世界，人口老龄化的问题比较普遍，这无疑将增加养老保险、疾病保险、护理保险等寿险和健康险产品的需求；对中国而言，由于城镇化的推进、人口老龄化、家庭小型化等趋势，传统的家庭养老的功能趋于弱化，将形成很大的保险需求市场。以我国寿险市场为例，保险需求正在由身故类保险为主导转变为以生存类保险为主导。

（5）其他因素。保险需求还受到特定的文化环境的影响，亚洲国家和地区，居民储蓄意识较强，市场上具有储蓄性质的保险产品的需求就会比较旺盛。此外，保险需求还受到经济制度的影响，例如在市场经济制度下，市场主体自负风险，因而更关注保险。另外，一个国家社会保障、收入分配等政策也会影响人们对保险的需求。

3. 保险中介

保险中介是指介于保险机构之间或保险机构与投保人之间，专门为保险交易双方提供保险销售、业务咨询、风险管理、投保方案安排、风险评估、损失鉴定与理算、代理查勘及理赔等服务，并从中依法获取佣金或服务费的机构或个人。保险中介主要包括保险代理人、保险经纪人、保险公估人等。

保险中介是伴随着保险市场的深化发展而不断发展的，是保险市场分工的必然结果；而保险中介的出现也极大地推动了保险业的发展。保险中介的主要作用表现在：

（1）减少交易成本。买卖双方直接交易会不会成本更低？在第八章"保险营销渠道与管理"中会详细介绍渠道的功能与作用，可以全面解释为什么保险中介会减少交易成本。需要强调的是，对个别著名品牌厂商或产品而言，直接交易的成本可能更低；但是，对大部分市场交易主体而言，保险中介一方面降低了需求方的搜寻成本等，另一方面降低了供给方的广告宣传等成本。

（2）激活保险需求，扩展保险市场。保险中介一般都是专业化经营，专注于某个保险业务领域，更贴近市场，更懂保险需求，能够围绕市场需求进行产品研发和市场拓展，同时形成自己的独特优势，例如华泰保险经纪公司专注于基础设施建设保险领域、美保科技专注于蓝领工人（新市民）保险领域、大童保险专注于财富风险管理领域等。

（3）促进保险企业经营模式转换，实现中国保险与国际接轨。专业经营是保险市场竞争的必然结果，也是国际保险业发展的趋势。比如在保险业高度发达的英国，保险经纪是保险销售的主要渠道；在美国，大型商业保险由保险公司销售，人身保险业务大多由代理人招揽；在日本，财产保险的一般性业务大多数也是由代理方办理。实现专业化经营，有利于我国与国际保险市场接轨。

（4）避免利益冲突。保险中介在交易双方之间运作，在一定程度上可以避免保险人和消费者的利益冲突；同时，保险中介也是交易双方资信等审查的重要主体，能有效确保交易双方的真实性，有利于维护保险交易各当事人的合法权益。

4. 保险市场客体

保险产品及其消费具有一定的特殊性，这表现在：第一，保险产品是无形的，保险产品通过保单载明承诺，承诺在特定的风险事故发生后由保险人给予赔偿或给付，提供的是一种服务，而不是提供某种实体产品。第二，消费者对部分保险产品的购买具有非渴求性，例如对理财类的保险产品，消费者可以选择银行存款等替代品；部分消费者会对涉及损失、死亡、疾病等事故的保险产品比较忌讳，缺乏理性认知。第三，保险产品的消费具有滞后性，保险产品的消费需要触发阈值，从时间点来看，可以与投保时间相差几个月至数十年，以人身保险中的终身寿险为例，如果 0 岁投保，105 岁得到"祝寿金"，则相差 105 年。最后，保险产品的价格具有刚性和隐蔽性，比如说寿险的费率是依据死亡率、利息率等计算的，进行交易的过程中，讨价还价的空间很小，部分保险产品的价格还受到严格管制；除了示范条款等标准化保险产品外，保险产品设计各有特色，普通消费者很难直接比价。

二、中国保险市场的发展历程

中国的现代保险业始于19世纪，当时中国保险业实际上为外国资本所垄断，1805年英商在广州设立广州保险社（Canton Insurance Society，也称谏当保安行），至1948年，全国外商保险机构共有64家，中资保险机构主要是官办的"四行两局"（中央银行、交通银行、中国银行、中国农民银行和邮汇局、信托局）以及一些私营保险机构，其中人寿保险业务占全国保险业务的90%。

新中国成立后中国保险业以1979年为分水岭，在改革开放前后呈现不同的发展态势。

（一）新中国成立到改革开放阶段（1949—1979年）

1949—1959年属于创建时期，之后几乎停办。新中国的保险业务是在整顿和改造旧中国的保险业的基础上建立起来的，采取的主要措施有：

(1) 接管或清理官僚资本保险公司。
(2) 整顿和改造民族资本的保险公司。
(3) 加强对外资保险公司的监督管理。

（二）改革开放后的发展时期（1979年至今）

1979年起恢复已停办20多年的国内保险业务，全国保险发展可划分为三个阶段：

1. 全面恢复和市场丰富时期（1979—1992年）

中国人民保险总公司于1979年6月先后推出企业财产保险、货物运输保险和家庭财产保险三个险种，自此，拉开了改革开放后保险业发展的序幕。1982年香港民安保险深圳分公司成立，1986年新疆生产建设兵团农牧业生产保险公司成立，保险市场垄断逐渐被打破；1988年成立的深圳平安保险公司是我国第一家（区域性）股份制保险企业；1991年组建的太平洋保险公司是我国第一家全国性、综合性的股份制保险公司。在这一期间，中国保险业从几乎瘫痪的状态重回发展轨道并取得了一定的进展。

2. 对外开放和现代保险业的发展时期（1992—2013年）

1992年美国友邦保险公司（AIA）在上海开设分公司，这标志着我国保险市场迈出了国际化的第一步。1996年中国第一家中外合资的寿险公司——中宏人寿保险有限公司在上海成立，后来又相继批准英国皇家太阳联合保险公司、美国丘博保险公司、韩国三星火灾海上保险公司等在上海设立分公司。2001年12月11日，中国正式成为世界贸易组织（WTO）的一员，中国保险业在一个更为开放的环境下迅速成长。在开放的环境下，我国保险业作出了如下承诺：(1) 入世后外资保险机构在华开业不再有数量限制；(2) 产寿险、保险经纪和再保险领域同时向外开放；(3) 入世三年后取消地域限制；(4) 外资公司将逐步取得与中资公司相同的业务范围；(5) 入世一年后，每年减少法定分保 5%，至 2006 年法定分保完全取消。保险业在金融行业中开放力度最大，开放过渡时期最短。2004 年 12 月过渡时期结束，保险业进入了全面对外开放的新时期。2003 年，中国人保成为我国第一家境外上市的国内金融企业，保险业与世界保险双向互动步入新时期。

国内保险市场上经营主体逐年增加，1994 年底和 1995 年初，天安保险公司和大众保险公司相继在上海成立；1996 年，华泰、新华、泰康、华安和永安等股份制保险公司分别设立。至 2013 年，以国有控股保险公司为主导、中外保险公司并存、众多保险公司参与竞争的市场多元化的新格局基本成型。

这一时期，保险中介也从无到有，得到了较快发展。1998 年 11 月 18 日，中国保险监督管理委员会正式成立，保险监管开始走向专业化和规范化的道路。

3. 深化改革和规范发展时期（2013 年至今）

2013 年，《中国保监会关于普通型人身保险费率政策改革有关事项的通知》（保监发〔2013〕62 号）发布，规定 2013 年 8 月 5 日及以后签发的普通型人身保险保单法定评估利率为 3.5%，开启了保险市场深化改革加快发展的序幕。同年，众安在线财产保险股份有限公司正式开业，我国互联网保险发展进入新阶段。2020 年发布《中国银保监会关于印发实施车险综合改革指导意见的通知》，即"车险综改"，保险市场改革继续深入。保险市场的改革发展也遇到一些新的问题，以宝万之争（宝能对万科股权之争）事件为标志，保险市场开始严格整顿和规范发展。安邦保险业务由大家保险承接、华夏人寿业务由瑞众人寿承接、易安财险变更为比亚迪财险等事件体现出我国对保险市场的规范更加严格。2023 年 5 月 18 日国家金融监督管理总局正式挂牌，我国保险监管进入新时代。

三、中国保险市场现状

从保险市场主体来看，中国保险行业协会发布的《2022 中国保险业社会责任报告》显示 2022 年底我国共有保险法人机构 237 家，其中保险集团和控股公司 13 家，财产险公司 89 家，人身险公司 92 家，保险资产管理公司 33 家，再保险公司 7 家，农村保险互助社 3 家。截至 2023 年 9 月 30 日，依据中国保险行业协会官网"保险公司年度信息披露"企业名录，名录中保险法人机构有 241 家，其中保险资产管理公司 32 家、再保险公司 14 家、控股公司 14 家、财产险公司 89 家、人身险公司 92 家。保险市场主体既有综合类的产险、寿险、再保险公司，也有专业类经营的养老、健康、汽车保险、责任保险、信用险、农业保险公司；既有股份制、有限责任类公司，也有相互制、农村保险互助社。在保险中介主体方面,《2020中国保险业社会责任报告》显示我国保险专业中介机构有2 635家,保险兼业代理机构2.2万家,个人保险代理人大约834.5万人。《中国银保监会办公厅关于2022年上半年保险公司销售从业人员执业登记情况的通报》(银保监办便函〔2022〕784号)显示2022年上半年保险公司销售从业人员执业登记570.7万人。

从保险业经营状况来看,2022年实现原保险保费收入4.70万亿元,同比增长4.58%;保险业赔款和给付支出1.55万亿元。截至2023年上半年,原保险保费收入3.21万亿元,其中财险保费0.72万亿元,人身险保费2.48万亿元;保险业资产总额29.20万亿元(见表1-1)。

表1-1 保险业经营情况表(截至2023年6月) (单位:亿元)

项　　目	本年累计/截至当期
原保险保费收入	32 054
财产险	7 206
人身险	24 848
原保险赔付支出	9 151
财产险	4 103
人身险	5 048
资金运用余额	268 222
银行存款	28 967
债券	114 623
股票和证券投资基金	34 626
资产总额	291 998
再保险公司	7 409
资产管理公司	1 072
净资产	28 084

数据来源:根据国家金融监督管理总局网站公布数据整理。

从保险业发展水平来看,2022年底,我国保险密度为3 326元,保险深度为3.88%,其中北京保险密度1.26万元、保险深度6.6%,均列全国各地区第一。各省(区、市)保费规模方面,截至2023年6月,保费规模排名第一的省份是江苏(见表1-2)。

表 1-2　全国保费规模排名前十（截至 2023 年 6 月）　　　　（单位：亿元）

	省（市、区）	合计	财产保险	寿险	意外险	健康险
1	江苏	3 082	630	1 970	40	443
2	广东	2 940	623	1 762	55	500
3	山东	1 937	396	1 114	30	398
4	北京	1 898	276	1 255	30	338
5	浙江	1 886	437	1 126	31	293
6	四川	1 592	329	936	28	299
7	河南	1 533	336	897	21	279
8	上海	1 406	330	835	28	213
9	湖北	1 387	257	838	19	272
10	河北	1 356	338	767	18	233

数据来源：根据国家金融监督管理总局网站公布数据整理。

四、保险市场难题

我国保险市场在快速发展的同时，仍然存在一些问题，面临市场难题，例如一系列保险公司被采取接管等措施，相当比例的保险公司经营亏损，消费者对保险市场的满意度有待提升等。从保险营销的角度来看，主要表现有以下三个方面。

(一) 信息不对称

保险市场是典型的信息不对称市场，信息不对称现象对保险市场的健康发展起到明显的消极作用。这种对信息不对称容易被保险市场参与者利用，导致保险市场运行的低效率。信息不对称会阻碍保险市场发展，导致市场失灵，影响国民经济发展。从众多专家学者的研究结果以及保险市场实践来看，信息不对称是我国保险市场发展的核心难题。做好保险营销工作是解决这一难题的关键对策。

(二) 保险供给与保险需求变化匹配滞后

我国保险需求变化与经济社会等发展密切相关，例如与财产保险对应的经济结构优化、外贸伙伴变化、科技创新进步等导致保险需求显著变化，但是财产保险供给有一定滞后性，对相关经济社会活动的保障推动作用有待加强；与人身保险对应的家族财富风险管理、老龄化浪潮等导致保险需求显著变化，但是保险公司的保险金信托、康养社区发展等有待加强，以养老社区为例，2022年底，商业保险公司自建和租赁养老社区105个，供给能力较为有限。

（三）保险营销制度有待进一步完善

个人保险营销和银行保险兼业代理是目前主要的保险营销制度，但是我国个人保险营销员近几年规模持续快速下降，银行保险兼业代理也长期增收不增利，虽然已经采取对应措施，例如独立个人保险代理人、精英营销、银行中收佣金统一下调等，但是效果如何仍有待观察。保险营销制度存在的问题制约了我国保险业的稳健发展，保险营销制度改革势在必行。

大家人寿独立个人保险代理人制度落地两年

2020年12月23日，《关于发展独立个人保险代理人有关事项的通知》出台，行业期待多年的独立个人保险代理人模式终于落地。

2023年5月16日，大家人寿2023星河战略发布会在北京举行，作为业内首批试水独代模式的险企，大家人寿宣布面向社会招募高素质人才，拟联合多方专业机构培养具有"专业化、职业化、数字化"特征的独立个人保险代理人。

在严格选材的基础上，大家人寿通过标准化、系统化、场景化的培训体系，让保险独立代理人真正理解独立代理人模式，把保险营销作为一项终身事业。据了解，星河独立代理人未来可参与"三年六证"专业认证培养计划，包括健康财富规划师、退休养老规划师、家庭财务安全规划师、私人财富管理师、金融资产管理师以及国际信托管理证书等6项专业认证，使优质保险销售人员成为可提供全生命周期风险管理、健康养老及跨周期财富管理服务的保险专业人才。

2023年一季度，大家人寿个险渠道实现期缴保费5.7亿元，超过2022年全年数据。一季度独立个人保险代理人人均产能10.33万元/月，同比2022年一季度增长84%，显著高于行业平均水平。

"从日本的情况来看，相比于存量优化，新建团队的代理人具备更高专业性，在产能上和留存上都优于传统队伍。在日本市场中，以新建队伍为主的公司在产能上远远高于以队伍存量优化为主的公司。同时，新建队伍在代理人留存上也要高于存量优化的队伍。"波士顿咨询公司认为，无论是新建队伍或是存量优化，实现代理人高质量转型，需要险企在团队招募、培训与激励体系搭建以及综合金融实力培养上作出改变。

资料来源：第一财经，https://baijiahao.baidu.com/，2023-05-17，有删节。

第二节 保险营销的含义与特点

一、保险营销的含义

(一) 保险营销的定义

保险营销（insurance marketing）是指保险经营机构及相关人员进行保险理念宣传、保险产品销售及相关服务的活动。在保险营销中，保险经营机构需要识别潜在客户及其保险需求，制定促销计划，销售保险产品并提供服务，运用整体营销或协同营销手段，在将保险产品转移给消费者的同时实现保险公司经营目标。

保险营销在现代保险公司经营管理中的战略地位越来越重要，是保险公司经营管理的中心环节和核心部分。从风险管理的角度看，保险公司的经营管理主要应该是满足特定客户对特定风险管理需要的过程。因此，保险营销理所当然地成为保险公司经营战略的最主要部分。对保险公司而言，作为负债经营企业，保险营销是制定其经营战略的起点；对保险公司以外的保险经营机构而言，保险营销几乎是其工作的全部。

(二) 保险营销的内涵

保险营销通过识别消费者对风险管理的态度，挖掘消费者对保险产品的需求，开发设计满足客户需求的各种保险产品，并通过各种沟通手段触达客户，促成客户认可保险产品并购买。综观这一过程，保险营销的内涵表现为以下四点。

1. 保险营销的起点是客户的需求

保险营销的起点是发掘消费者的保险需求，终点是满足消费者的保险需求。我国经济社会发展取得伟大成就，已经完成脱贫攻坚、全面建成小康社会的历史任务，实现第一个百年奋斗目标；目前正处于全面建成社会主义现代化强国、实现第二个百年奋斗目标，以中国式现代化全面推进中华民族伟大复兴的关键时期。与之对应的是，我国消费者的保险需求呈现多样化发展趋势，尤其是当前保险市场处于买方市场，保险替代品丰富，保险营销竞争激烈，保险经营机构唯有准确识别消费者的保险需求，才能吸引客户，才能在竞争中取得优势。

2. 保险营销的核心是社会交换过程

保险营销表现为一个交换过程，是买卖双方即保险人与客户为实现各自的目标而进行的交换过程。一方面，由于保险市场的发展，保险市场主体众多，保险产品日益丰富复杂等，普通消费者难以掌握充分的保险信息，难以独立完成保险交易；另一方面，保险需求多样化，保险消费者行为多样化，导致保险公司触达客户面临新的挑战。而保险产品的销售过程，往往是通过保险营销人员的社会交往活动来实现准客户的发现、客户需求挖掘的保险产品营销活动，也包括保险营销团队增员、甄选、留存等，这些都离不开社会交往，所以有效沟通的技巧贯穿保险营销的所有环节，包括线上和线下沟通。

3. 保险营销的保证是整体营销

整体营销是指综合考虑保险营销的各个环节，协调保险公司各个部门，关注保险公司内外部环境，兼顾保险公司短期和长期利益等。例如，优秀的保险产品也需要恰当的渠道进行匹配，华泰财险研发退货运费险并首先推出市场，但是失去合作电商平台之后，该产品的竞争力迅速下降；承保部门严控业务质量，与业务部门追求业绩有一定冲突；保险公司依赖股东资源开展业务，不关注外部环境变化，导致竞争力无法提升；保险公司重点推动增额终身寿险销售，长期投资能力和偿付能力承压。只有秉承整体营销思维，才能保证保险营销的稳健推进。

4. 保险营销的宗旨是客户满意

保险营销的目的是通过满足客户的保险需求来创造利润。自 20 世纪 90 年代以来，越来越多的企业把客户满意放在首要地位。早在 1987 年，加拿大的 *Mortgage Banking* 杂志通过广泛的调查发现，获得一位新客户比维系一位老客户增加的成本要高 5～6 倍。另外，波士顿咨询公司也进行过类似调查，结果显示留住一位老客户只需花费一位新客户的 1/5 的成本。这说明，通常吸引一位新客户要比保持一位老客户花费更多的时间和精力。《2022 中国保险中介市场生态白皮书》显示新单客户中 91.88% 来自转介绍，86.83% 来自重复销售，说明了让既有客户满意在现代保险营销中的重要性。通过良好的服务，让客户产生对保险营销人员及保险产品的认可与忠诚，是保险公司获得持久利润的必要条件。

二、保险营销的特点

（一）保险营销是保险企业的一种经营理念

保险营销是保险经营机构的一种经营指导思想、一种经营管理的哲学、一种导向和一种理念。具体来说，就是如何摆正保险企业、消费者和社会三者之间的利益关系。本章第三节会详细介绍保险营销作为一种经营理念的特点。

（二）保险营销不等于保险推销

保险推销是指对保险商品的售卖，或对保险单的售卖。它的任务是千方百计地把保单卖出去，而保险商品是否适销对路，营销管理是否卓有成效等问题则不是保险推销的考虑重点。保险推销与保险营销主要有三点不同。

（1）保险推销只是保险营销活动的组成部分。如果从营销组合的 4P（产品 product、定价 price、渠道 place 和促销 promotion）来看，保险推销只是促销的手段之一，是营销活动的顶点。而支撑这个顶点的是一整套保险营销活动，其中最重要的是产品，它决定推销什么。

（2）保险推销和保险营销的出发点不同。保险推销从卖方（保险公司）出发，是产品导向，考虑如何把产品变成保费；保险营销从买方（目标市场）出发，是客户导向，考虑如何通过保险产品等满足客户的需要。

（3）保险推销和保险营销的方式不同。推销重在"推"，营销重在"拉"。保险推销以促成客户多消费为手段，而保险营销以引导客户理性消费、主动消费为手段。

（三）保险营销特别注重推销

由于保险商品及其消费的特殊性，保险必须重视推销。保险商品的无形性、保险商品消费的非渴求性、保险商品消费的滞后性、保险商品的价格刚性和隐蔽性等特点决定了保险营销要主动开展活动，激发消费者的保险意识、普及保险知识和积极创造保险消费场景等，主动将保险商品推销给消费者。

（四）保险营销更适于非价格竞争

保险商品价格（费率）是依据对保额损失率、利率、费用率等多种因素的分析，通过精算而确定的，因此它是较为科学的，同时也具备较强的价格刚性。为了规范保险市场的竞争，保证保险人的偿付能力，从根本上维护消费者权益，国家保险监管部门对保险费率进行统一管理，为主要保险产品的价格明确定价区间，保险公司定价自主权受到一定的限制，所以价格竞争在保险营销中并不完全适用，相反非价格竞争越来越受重视。在国家推动保险业高质量发展的大环境下，保险行业降本增效提质效果明显，普惠保险思维日益流行，车险综改、惠民保等产品流行说明保险业竞争正在转化为服务竞争和专业化竞争等。在保险公司的保险商品价格水平趋同的情况下，消费者会更加重视保险公司的品牌、服务、偿付能力等，期望通过购买保险，在获得风险管理服务的同时，能够得到保险公司的赋能，巩固投保企业的在本行业的竞争力，或者得到个人与家庭的全生命周期的综合服务。

第三节　保险营销理念及其发展

保险营销理念是指保险营销的指导思想，主要回答保险企业究竟应以什么为中心来开展经营活动的问题。现代市场营销学称这种经营管理思想为营销管理哲学，它是保险公司经营管理活动的一种导向、一种观念，也是保险企业决策人员、营销人员的经营思想或商业观。经营管理思想正确与否对保险公司经营的兴衰成败具有决定性的意义。保险的营销理念，在不同的经济发展阶段、不同生产力发展水平及不同的市场形势下，表现出不同的时代特征。

一、五种保险营销理念

（一）生产理念

生产理念又称生产导向，盛行于20世纪20年代以前，是一般工商企业的经营思想的沿用。这是一种指导保险公司行为的传统的、古老的理念之一。生产理念认为，企业以改进、增加生产为中心，生产什么产品就销售什么产品，即"以产定销"。具体到保险业，就是消费者可以接受任何买得到和买得起的保险险种，因而保险公司的任务就是努力提高效率，降低成本，提供更多的保险险种。生产理念产生和适用的条件是：第一，保险市场需求超过供给，保险人之间竞争较弱甚至于毫无竞争，消费者投保选择余地很小；第二，保险险种费率太高，只有科学准确地厘定费率并提高效率，降低成本，从而降低保险商品的价格，才能扩大销路。

当一个国家或地区保险市场主体单一，许多险种的供应还不能充分满足消费者需要，市场的主要矛盾是产量的有无或贵贱问题，基本上是"卖方市场"时这种理念较为流行。从1805年英商设立谏当保安行开始，我国保险市场长期被西方国家的保险公司主导，船舶保险等投保受到西方列强盘剥，直到1875年李鸿章牵头成立保险招商局，这一屈辱局面才被初步打破。我国改革开放初期保险市场刚刚恢复，竞争尚未真正形成，保险市场处于卖方市场阶段，不需开展市场营销活动。这反映出生产理念的显著缺陷：它容易将重点转移到生产本身而忽略其后续的服务。消费者从企业产品中获取的附加值较少，不利于提高消费者对产品的忠诚度，当竞争对手以更低的价格出售产品时，企业就会失去优势，难以应对价格竞争。所以，随着保险市场格局的变化，保险市场多元化竞争，独家垄断保险市场的局面被打破，这种理念的适用范围愈来愈小。

（二）产品理念

产品理念是一种与生产理念相类似的古老的经营思想，曾流行于20世纪30年代前。这种理念认为，消费者最乐意接受高质量的险种，保险公司的任务就是多开发设计一些高质量有特色的险种。"只要险种好，不怕没人保；只要有特色险种，自然会客户盈门。""酒好不怕巷子深。"这在商品经济不太发达的时代，在保险市场竞争不甚激烈的形势下，也许还有一定的道理。但是，在现代商品经济社会中，在多元化的保险市场中，保险人之间竞争激烈，没有一个保险公司、更没有一个险种能永远保持垄断地位，即使是再好的险种，没有适当的营销，通向市场的道路也不会是平坦的。

产品理念的缺陷一方面是片面强调产品本身，而忽视了市场的需求，主观上认为消费者总是青睐那些质量高、性能好、有特色、价格合理的险种；另一方面，产品理念还会导致"营销近视症"，即保险公司过分注重自己的产品，高估自己的市场容量，忽视竞争对手的挑战，无视消费者的需求，采取了不合理或不符合实际的营销策略。实际上，由于保险商品及其营销环境的特殊性，推销一个险种，比"生产"它要复杂得多。以健康保险为例，报销型健康险具有一定的特色，但是因为营销定位问题，在2006年之前得不到市场认可，当时热销的健康险以储蓄型健康险为主。

（三）推销理念

推销理念又称推销导向，是生产理念的发展和延伸，流行于20世纪30年代至40年代末。它的核心主张是：企业应把注意力倾注于能生产出来的产品全力卖出去。推销理念是假设保险公司若不大力刺激消费者的兴趣，消费者就不会向该公司投保，或者投保的人很少。这种理念产生的原因是20世纪20年代，西方国家曾出现以1929年为标志的经济大萧条，是市场上出现了产品堆积"供过于求"的被动局面。于是很多保险公司纷纷建立专门的推销机构，大力实战推销技术，甚至不惜采用不正当的竞争手段。

从表面上看，从以生产为中心转向以推销为中心，在经营思想上有明显的进展，但本质上推销理念仍然未脱离"以生产为中心"、以产定销的范畴。它只是着眼于现有险种的推销，只顾千方百计地把险种推销出去，而顾客是否满意则被忽略。因此，在保险业进一步发展、保险险种更加丰富的条件下，这种指导思想可能会使保险公司得益于一时，而丧失长远的市场和利益。中国保险业恢复初期，保险公司因急于开发市场、占领市场，而匆忙招募大批未经严格培训和筛选的营销人员走街串巷、陌生拜访推销保险产品，虽然在普及保险知识和唤醒人们风险意识方面有一定的作用，但由于在利益驱动下，某些营销人员在推销活动中故意或非故意地误导客户，曲解保险商品功能的做法，已对保险行业形象造成负面影响，经过长期治理，这一现象才逐步扭转。2022年底至2023年初，新冠疫情保险产品面临索赔危机，造成一定的社会舆论，保险公司不顾市场实际需求随意推广保险产品的做法受到市场教训。

（四）市场营销理念

市场营销理念是20世纪50年代初第二次世界大战后美国的新市场形势下产生的，是商品经济发展史上的一种全新的经营哲学，是作为对上述诸多理念的挑战而出现的一种企业经营哲学。它以消费者的需要和欲望为导向，以整体营销为手段，来赢得消费者的满意，实现公司的长远利益。市场营销理念有许多精辟的表述：顾客至上；发现需要并设法满足它们；哪里有消费者的需要，哪里就有我们的机会；制造能够销售出去的东西，而不是推销你能够制造的东西。

市场营销理念是保险公司经营思想上的一次根本性变革。新旧理念的区别有：

（1）起点不同。传统理念下的市场处于生产过程的终点，市场营销理念则以市场为起点并组织生产经营活动。

（2）中心不同。传统理念以卖方需要为中心，着眼于把已经"生产"出来的险种推销出去。而市场营销理念则以消费者的需要为中心，不是供给决定需求，而是需求引起供给，有了需求和市场，然后才有生产和供给。

（3）手段不同。传统理念主要以广告等促销手段推销产品，而市场营销理念主张通过"整体营销"手段，通过使顾客的欲望和需要得到满足来赢得顾客。

（4）终点不同。传统理念以销出产品取得利润为归宿，市场营销理念则强调通过顾客欲望和需要的满足来获得自身的利润，因此十分重视售后服务与客户意见的反馈。

市场营销理念较传统理念已有巨大的飞跃，但是在实践中仍然存在不可克服的缺陷。其表现是：保险公司的本质目的仍然是为了自身利益最大化，而顾客满意实际上只是手段而已。因此在实践中，仍然会出现置消费者利益于不顾，使消费者受损的现象，以至在西方从20世纪60年代以来出现了消费者权益保护运动。实践证明市场营销理念仍需要完善，例如我国曾出现过的车险捆绑销售现象、储蓄型健康险热销、"炒停"销售等。

（五）社会营销理念

市场营销理念是经营指导思想的一场革命，它被普遍接受后也带来一些负面影响：众多企业为了满足消费者不断变化的需求，加速产品的更新换代，导致资源的过度消耗，造成环境的严重污染。在这种情况下，20世纪70年代社会营销理念应运而生。它的基本要求是：保险公司在提供保险产品和服务时不但要满足消费者的需要和欲望，符合本公司的利益，还要符合消费者和社会发展的长远利益。由此可见，社会营销理念是一种重视消费者、企业与社会三位一体的营销理念，是保险营销理念发展的一个更高、更完善的阶段。

五种经营理念各自产生于不同的历史时代，与当时的生产力发展水平、商品供应状况和企业规模相适应。当它们随着历史的发展逐一产生后，并不意味着前者的消亡或后者取代前者，由于各个时期保险行业的发展水平、保险商品供求状况、保险企业规模大小并不平衡，因此同一时期不同保险公司可能有不同的经营理念，同一保险公司也可能同时采用不同的经营理念。例如采用示范条款的保险产品，比采用其他条款的保险产品更适合采用推销理念。

综上所述，保险营销理念正确与否，对保险公司的竞争力和稳健经营等有重大影响。以"利差损"事件为例，1997年，由于市场利率不断下调，储蓄型保险的预定利率未随之下调导致投资优势日渐明显，部分消费者主动大量购买保险，造成保险行业利差损失数百亿，最终造成了我国保险发展史上一次重大的产品和经营危机——"利差损"事件。

1997年保险"利差损"事件的成因

利差损是指资金投资运用收益低于有效契约额的平均预定利率而造成的亏损。表面上看利差损产生于寿险公司经营中的资金运用领域，受社会经济环境变化的影响，特别是在我国寿险业投资渠道狭窄，寿险预定利率单一与银行存款利率挂钩的情况下尤为如此。但是，实际上产生利差损与寿险公司的经营指导思想、企业战略决策、核算方式方法等方面也都有着直接的关系。

1. 盲目追求业务规模是形成利差损的根本原因

过去的十年是中国保险业发生巨大变化的一段时期。由独家经营发展为多家经营；由垄断的市场发展为竞争的市场；由混业经营走向专业经营；由人民银行代管发展为设立政府专门的监管部门。这些都为保险业的发展创造了良好的社会环境。多个经营主体的出现使寿险市场开始有了竞争，但在竞争中绝大多数公司都把"抢市场、争份额"当作这一时期的主要经营思想和战略目标。围绕这一目标，各家公司都竞相以高预定利率推出自己的产品，以一些不正常的手段去"创造"保费，这些行为都为今天的利差损埋下了隐患，是产生利差损的根本原因。

2. 经营体制上的弊端是产生利差损的直接原因

由于绝大多数寿险公司实行一级法人核算体制，对分、支公司的考核多以单一的保费为主，分、支公司在保费收入中按一定比例提取自己可支配的费用，分、支公司的盈利或亏损与经营者没有直接的责任和利益关系。在这种"费用是我的，亏损是法人的"经营体制下，一些分、支公司的经营者虽然已意识到个别险种的业务规模越大可能造成的利差损越多，但在"挣够自己的费用"的利益驱动下，明知是亏损业务也要做，这是产生利差损的直接原因。

3. 缺乏专业管理人员是产生利差损的客观原因

1995年到1999年，是我国寿险业蓬勃发展的5年。这期间，除外资公司和国外个别公司引入"外援"参与寿险经营管理外，绝大部分公司的经营管理者是从产险"分业"到寿险的，整个行业缺少大批专业技术人员和掌握寿险经营管理内在规律的经营管理者，因而在实际经营中缺乏经验，不能充分认识、有效防止和控制经营管理中的潜在风险，这是产生利差损的客观原因。

4. 寿险资金运用渠道单一是形成利差损的社会原因

自20世纪80年代初我国恢复人身保险业务，人身保险的资金运用就被限定在单一的银行存款上，以后允许买国库券，直到近两年才允许有限制地投资债券和基金。但从寿险公司的整体资金构成上看，过去几年绝大部分是银行的存款。

> 这种限定单一投资渠道的做法无疑是让寿险业把绝大部分"鸡蛋"都放到同一个篮子里,一旦银行存款利率下调到低于寿险产品设计的预定利率水平,必然造成寿险整个资金运用的失败,不可避免地要出现利差损,这是产生利差损的社会原因。
>
> 资料来源:万峰.利差损产生的原因及化解方法[J].上海保险,2001(4):4-6.

二、现代保险营销理念

现代保险营销理念是对社会营销理念的发展和延伸,延续了社会营销理念中消费者、企业与社会三位一体的中心思想,强调将社会福利作为评价保险营销质量的指标,具体化如何通过保险营销实现全社会福利最大化。按照美国营销专家菲利普·科特勒的解释,所谓现代营销理念,就是以整体营销活动为手段,来创造使消费者满意并达到企业目标的消费者导向型的企业经营哲学。这一概念包含三个关键要素:消费者导向、整体营销和消费者满意。

(一)消费者导向

消费者导向是把消费者的保险需求作为保险营销活动的起点。一方面,要识别保险客户真实保险需求。从表面上看,投保人购买的是一个个具体的保险产品,如中国人寿的"国寿祥泰"、中国太保的"全能卫士"、君龙人寿的"康乐无忧"等,但从深层次来解读,投保人真正期望得到的并非是保险产品本身,而是对安全的渴望,即对转嫁重大疾病、死亡、伤残等风险的欲望和满足,对资产保值增值的期望等。寻求风险保障可以推荐重疾险、意外险、终身险;寻求资产增值保值可以推荐万能险、分红险和投连险,并要结合投保人的心理爱好进行,如稳健型的可以推荐分红险,而激进型的可以推荐万能险、投连险等。另一方面,要对保险市场进行细分,选择保险目标市场,分析不同市场消费者的行为特征,选择恰当的产品和渠道等,实行差异化营销。需要说明的是,消费者导向不仅仅局限在满足已有的需求上,还要通过一定的营销手段引导需求、刺激需求,帮助消费者理性消费保险产品。

(二)整体营销

整体营销的含义在前文已有阐述,此处不多作介绍。

(三)消费者满意

满意的消费者会成为忠诚的消费者,成为本公司最好的广告。为达到消费者的满意应遵循以下原则：

（1）让消费者主动来买而非保险营销人员去卖。创造"消费者满意"应是帮助消费者解决转嫁风险的问题，形成购买保险而非推销保险的局面。保险营销应是一种顾问式营销，是为消费者设计一个切实可行的风险管理的方案。

（2）"双赢"行为。保险营销应通过满足消费者的需求而使保险公司获得利润。只有"双赢"，顾客的消费行为才具有可持续性。

（3）市场研究是基础。没有调查就没有发言权。对于消费者的满意度，绝不能主观臆测，而要进行科学合理的市场调研，才能给企业带来长期利润。

（4）社会效益与公司效益合一。保险公司的经营发展不但要建立在直接消费者的即时满足上，还应得到政府、社会与群众的支持，建立于社会大众的长期利益之上。所以，应以"社会营销理念"为经营指导思想。

本章小结

保险市场是指保险商品交易的具体场所，或者保险商品供需双方交换关系的总和。保险市场的构成要素可以分为交易主体和交易客体。交易主体就是保险市场交易活动的参与者，分为保险市场的供给方、需求方和中介；保险市场的交易客体也就是保险市场交易的对象——保险产品。

保险密度和保险深度是衡量保险市场发达程度的重要指标。

我国保险市场改革开放以来取得了一定的进步，但还是存在一定的问题。做好保险营销工作对解决保险市场难题至关重要。

保险营销是指保险经营机构及相关人员进行保险理念宣传、保险产品销售及相关服务的活动。保险营销的起点是客户的需求，保险营销的核心是社会交换过程，保险营销的保证是整体营销，保险营销的宗旨是客户满意。

保险营销是保险企业的一种经营理念，保险营销不等于保险推销，保险营销特别注重推销，保险营销更适于非价格竞争。保险营销理念发展经历了生产理念、产品理念、推销理念、营销理念和社会营销理念等五个阶段。各种理念有各自适用条件，可以并存。现代保险营销理念包括三个要素：消费者导向、整体营销和消费者满意。

本章关键词

保险市场　保险市场主体　保险市场客体　保险供给　保险需求　保险中介　保险产品　保险密度　保险深度　相互保险公司　行业自保组织　保险营销

复习思考题

1. 保险市场的构成要素有哪些?
2. 简述影响保险需求的主要因素。
3. 简述我国保险业在改革开放后的发展历程和现状。
4. 阐述我国保险业持续发展所面临的困境。
5. 保险营销的内涵和特点分别是什么?
6. "营销的目标是使推销成为多余",而"保险必须靠推销",对此应如何理解?
7. 简述保险营销理念的发展阶段及其在各阶段的主要特征。
8. 把下列两边存在对应关系的选项用直线连接起来:

酒香不怕巷子深。	生产理念
顾客是上帝。	产品理念
我们生产什么,他们就得买什么。	推销理念
企业家应该承担起更多的社会责任。	市场营销理念
没有卖不出去的商品,只有卖不出去的人。	社会营销理念

9. 现代保险营销理念的三大要素是什么?

第二章

保险营销环境分析

学习目标
- 理解保险营销环境的内涵
- 理解并掌握影响保险营销内部环境的因素
- 理解并掌握影响保险营销外部环境的因素
- 掌握保险公司文化的基本内容
- 了解保险公司各部门之间的关系

第一节 保险营销环境概述

一、保险营销环境的概念

保险营销环境是指影响保险企业营销管理能力的一系列内部因素与外部条件的总和,它的影响范围主要包括:识别保险人的潜在客户及其需求、制订保险促销计划和销售保险产品。保险营销环境是复杂多变的,它随着社会经济、文化、政治的发展变化而不断变化。同时,保险营销环境的各因素又不是孤立存在的,而是相互联系、相互作用、相互制约的统一体。

保险营销环境系统是复杂的、多层次的。从环境广义与狭义的角度来划分,可以把保险营销环境分为外部环境和内部环境。前者是指影响保险企业生存和发展的各种外来因素,一般具有不可控性;后者是指保险企业内部诸多因素的影响、作用和制约力量。保险企业营销的外部环境通常包括人口环境、经济环境、技术环境、社会文化环境、政治法律环境、竞争环境和合作环境等因素,这些都是保险企业所不能控制的;保险企业营销的内部环境包括保险企业的产品、目标市场、营销策略、分销体系和企业文化等。保险企业可以主动地对其内部环境进行控制与调节,使其始终与保险企业的经营目标相一致,并尽量与外部环境相适应,以保证保险企业经营目标的实现。

二、保险营销环境的分析

保险营销环境分析常用的方法为SWOT法,即分析公司的优势(strength)、劣势(weakness)、机会(opportunity)和威胁(threat)。

(一)外部环境分析(机会和威胁)

1. 机会

环境机会实质上是指市场上存在的或者潜在的消费需求。随着人类社会不断向前发展,人们不断产生新的消费需求,这就需要有新的产品来满足不断增加的新需要,于是就产生了营销机会。

环境机会对不同公司是不相等的。同一环境机会对一些公司可能成为有利的机会,而对另一公司可能造成威胁。环境机会能否成为公司的机会,要看此环境机会是否与公司目标、资源及任务相一致,以及公司利用此环境机会能否带来更大的利益。

2. 威胁

环境威胁是指对公司营销活动不利或限制公司营销活动发展的因素。公司所面临的环境威胁可能会动摇公司的行业地位，给公司带来毁灭性的打击。这种环境威胁主要来自两个方面：一方面是环境因素直接威胁公司的营销活动，例如，相关部门规定一个保险代理人只能代理一家保险公司的产品；另一方面是公司的目标、任务及资源与环境相矛盾。例如，保险公司经营的主要产品是车贷险，如果车贷险全面亏损，监管部门就禁止销售车贷险。

（二）内部环境分析（优势和劣势）

分析公司内部环境主要采用价值链分析法。价值链思想强调，战略管理不仅是方向、目标的管理，最根本的是公司具体活动的管理。战略管理应当是"方向—目标—途径—方法—具体活动"的完备体系。因此，把公司作为一个整体或几大职能、几个方面来看待，无助于理解竞争优势，必须在对每一项价值活动的考察中才能揭示出竞争优势的来源。价值链中的价值活动分为两大类，即基本型活动和支持型活动。基本型活动涉及生产实体的产品、销售产品及售后服务等活动，支持型活动是以提供生产要素投入、技术、人力资源以及公司范围内的各种职能等来支持公司的基本活动。公司对每项价值活动进行分析，发现存在的优势和劣势以及价值链中各项活动的关系。

（三）综合测评

在分析和评价营销环境之后，可能会出现四种不同的结果，如图2-1所示。

公司通过对自身所处的环境进行分析，明确自身的优势、劣势、机会和威胁，并在此基础上制定相应的营销策略。

图2-1 营销环境分析图

（四）公司的市场营销策略

通过SWOT分析，公司面对威胁与机会水平不等的各项业务，要分别制定不同的对策。

（1）对于理想业务，公司必须看到机会难得，稍纵即逝。因此，公司必须果断决策，抓住机遇，迅速行动；否则，就会丧失机遇，后悔莫及。

（2）对于冒险业务，公司必须清醒地认识到高利润与高风险并存的客观现实，既不宜盲目冒进，也不应迟疑不决，应全面分析自身的优势与劣势，扬长避短，创造条件，积极介入，争取有所作为。

（3）对于成熟业务，机会与威胁都处于较低水平，应作为公司的常规业务，用以维持公司的正常运转，并为开展理想业务和冒险业务准备必要的条件。

（4）对于困难业务，公司要么是努力改变方法，以便走出困境，减轻威胁；要么是立即转移，摆脱无法扭转的困境，开辟新的业务。

三、保险营销环境的检测

从市场营销管理的角度，必须要建立一套对环境变化进行检测、分析和预测的管理系统。它应是整个公司的责任和义务。

对环境检测时，主要依据下面四个步骤进行。

（1）环境检测要素，主要包括人口环境、经济环境、技术环境、社会文化环境、政治法律环境、竞争环境和合作环境等方面。

（2）从检测到的环境变化中找出对公司营销较为直接的相关趋势。例如，对社会文化的变化、人口结构变化提高警惕，并找出对公司经营有影响的因素。

（3）对这些趋势进行深入分析，通过分析找出对本公司现有产品和市场的影响，找出对公司的机会和威胁，并预测今后的走向。

（4）在分析变化趋势对公司现有产品和市场的影响之后，可以先不考虑这些因素的影响，看看现有产品和市场今后的发展情况如何，然后再将这些趋势的影响考虑进去，从而判断这些趋势的影响强度。一般来说，变化都是渐进的，这种分析的目的就是要在确定趋势变化强度的情况下，决定公司应当何时采取行动、投入多少资源。综合上述各方面，以此来制定和调整公司的总体战略。

第二节　保险营销的外部环境

一、人口环境

保险需求是由具有消费欲望并有货币支付能力的消费者所组成的。因此，人口是保险营销环境中最重要的因素。人口状况如何将直接影响到保险企业的营销战略和营销管理，因此，任何一个保险企业都必须重视对人口环境的研究。人口环境的研究包括人口总量、人口年龄结构、家庭人口结构、人们的就业观念和人口素质等。

（一）人口总量

一个国家的人口总量与构成是保险业发展的潜在需求市场。国家统计局发布的《第七次全国人口普查公报》数据显示，2020年11月1日零时全国总人口为144 350万人，与2010年第六次全国人口普查的133 972万人相比，增加7 205万人，增长5.38%，年平均增长率为0.53%。从人口数量看，近10年间，中国总人口数增长速度延续放缓势头。众多的人口数量为我国保险业务尤其是寿险业务的发展提供了厚实的基础。据《2023年国民经济和社会发展统计公报》数据显示，2023年全国实现原保险保费收入

5.1万亿元，同比增长9.1%。在不考虑其他因素的前提下，人口越多，保险市场需求越强。近年来，中国的经济持续发展，人们的收入不断增加。中国已经成为世界上潜在的最大保险市场，这也是许多西方国家保险公司急于进入中国市场的主要原因。

（二）人口年龄结构

我国人口年龄结构的变化也十分有利于人寿保险的发展。随着我国经济社会快速发展，人民生活水平和医疗卫生保健事业的巨大改善，生育率持续保持较低水平，老龄化进程逐步加快。《第七次全国人口普查公报》数据显示，全国人口60岁及以上人口占18.70%，其中65岁及以上人口占13.50%。与2010年第六次全国人口普查相比，60岁及以上人口的比重上升5.44%，65岁及以上人口的比重上升4.63%。从人口结构看，近10年间，中国已跨过了第一个快速人口老龄化期，很快还需应对更快速的人口老龄化期。自2000年步入老龄化社会以来的20年间，老年人口比例增长了8.4%。国家卫生健康委发布的《2021年我国卫生健康事业发展统计公报》显示，居民人均预期寿命由2020年的77.93岁提高到2021年的78.2岁。国家统计局发布的《2022年国民经济和社会发展统计公报》数据显示，2023年末全国人口140 967万人，其中60周岁及以上人口占比21.1%（见表2-1）。人口年龄结构的变化给社会和经济带来深远的影响，促进养老产业快速发展，以满足老年人各方面的需求。在保险方面，养老保险、医疗保险和护理保险将迎来巨大的市场需求，同时也促使保险公司进行供给侧改革，不断创新和优化保险产品，更好地解决老年人的养老痛点。人口结构的变化还表现为中年人口的略微增加，中年人群作为社会和家庭的中坚支柱，越来越重视保险的重要性和必要性，是极具潜力的需求者。

表2-1　2023年年末人口数及其构成

指标	人口数（万人）	比重（%）
全国人口	140 967	100.0
其中：城镇	93 267	66.2
乡村	47 700	33.8
其中：男性	72 032	51.1
女性	68 935	48.9
其中：0—15岁（含不满16周岁）[6]	24 789	17.6
16—59岁（含不满60周岁）	86 481	61.3
60周岁及以上	29 697	21.1
其中：65周岁及以上	21 676	15.4

资料来源：《2023年国民经济和社会发展统计公报》。

(三) 家庭人口结构

家庭结构小型化有利于扩大购买人寿保险的欲望。我国现有城镇家庭人口的平均数量在逐步减少。《第七次全国人口普查公报》显示,全国平均每个家庭户的人口为2.62人,比2010年第六次全国人口普查的3.10人减少0.48人。三代或四代同堂的家庭越来越少,取而代之的则是三口之家、两人世界和单身贵族的现象。家庭变小之后导致家庭内部抵御风险的能力相对减弱,人们势必将部分传统的家庭互助任务转移给社会化的商业保险。

(四) 人口就业观念

我国自改革开放以来,社会就业观念已发生很大变化,就业人员结构由单一的国家或集体的企事业职工转变为多种就业形势并存。2021年7月,人社部等八部门共同印发的《维护新就业形态劳动者劳动保障权益的指导意见》中提到,近年来,平台经济迅速发展,创造了大量就业机会,依托互联网平台就业的网约配送员、网约车驾驶员、货车司机、互联网营销师等新就业形态劳动者数量大幅增加。鼓励平台企业通过购买人身意外、雇主责任等商业保险,提升平台灵活就业人员保障水平。新就业形态劳动者们的工作强度大,精神压力大,面临的人身风险高,且社保参与度低,保障不全面的问题亟待解决。随着就业形态日益多样化,针对不完全符合确立劳动关系的劳动者和自由职业者的社会保险制度还不够完善,社保参保率有待提升。因此,商业保险是他们转移人身风险的最好选择,包括意外伤害保险、医疗保险、养老年金保险等。

(五) 人口素质

教育的发展使我国人口的文化程度与结构发生质的变化。人口的文化程度构成标志着人口素质的高低。人口素质是影响保险(特别是人身保险)发展的重要因素。我国自新中国成立以来人口的文化素质有了惊人的提高,1964年人口普查时,具有大学文化程度的人口只占总人口的0.41%,高中文化程度的占1.3%,文盲和半文盲占37.85%。《第七次全国人口普查公报》数据显示:2020年全国人口中,15岁及以上人口的平均受教育年限由2010年的9.08年提高至9.91年。从人口素质看,近10年间,中国人口教育水平又有新的较大幅度跨越,我们可在高等教育大众化时代中收获更多"人口质量红利"。2020年,我国每10万人中具有大学文化程度的达到15 467人,比2010年高出6 537人,高中文化程度的相应比例同期也有升高,初中文化程度、小学文化程度比例以及不识字率则在降低。但是,与发达国家相比,我国的人口素质与我国经济大国的地位仍不相称。我们应清醒地看到,只有人们受教育的程度越高,他们的消费观念才会产生变化,对保险的需求也会越大。

二、经济环境

经济环境是所有环境中对保险企业营销影响最大的环境因素。保险企业进行经济环境分析时,要着重分析的经济因素包括国民经济发展水平、经济全球化、储蓄与保险消费规模、保险消费观念等。

(一)国民经济发展水平

近年来,中国的经济持续增长。《2023年国民经济和社会发展统计公报》公布数据:全年国内生产总值1 260 582亿元,比上年增长5.2%。其中,第一产业增加值89 755亿元,比上年增长4.1%;第二产业增加值482 589亿元,增长4.7%;第三产业增加值688 238亿元,增长5.8%(见图2-2)。世界经济发展的历程表明,一个国家保险业的发展水平与其经济发展总体水平密切相关。

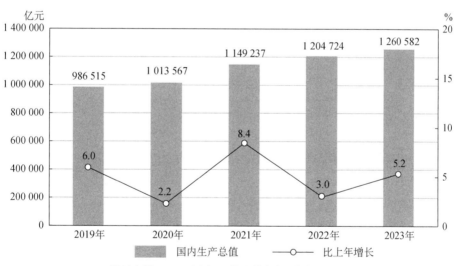

资料来源:《2023年国民经济和社会发展统计公报》。

图2-2 2019—2023年国内生产总值及其增长速度

据原银保监会公布数据,2012—2022年十年间,我国的保险深度从2.98%上升到3.93%,保险密度从1 144元/人上升到3 179元/人,大病保险制度从2012年建立以来已覆盖12.2亿城乡居民,长期护理保险覆盖近1.5亿人,农业保险为农户提供风险保障从2012年的0.9万亿元增长至2021年的4.4万亿元。

(二)经济全球化

经济全球化对保险营销的直接影响是保险企业竞争的全球化,保险企业面临更大的竞争压力。竞争既会使一部分保险企业更有效率,也会使一些保险企业因竞争不力而退出市场。经济全球化背景下，我国保险市场将进一步开放，促使中外保险公司之间的竞争不断加剧。由于保险产品的同质性，各国保险经营环节并无太大区别，决定竞争胜负的关键在于服务质量和营销水平的高低。因此，引导中资保险公司适应新的形势，改善营销策略、提高营销水平是当前迫切需要解决的问题。随着经济全球化，外资保险对国内保险市场的影响和冲击等会越来越明显，国内外保险市场的联系会越来越紧密。

（三）储蓄与保险消费规模

一方面，国民经济的持续高速发展，使民众的收入和储蓄不断增长；另一方面，我国是一个崇尚勤俭节约的国家，居民储蓄意识强，也使得储蓄率很高。中国人民银行发布的《2023年金融统计数据报告》显示，2023年12月月末人民币存款余额284.26万亿元，同比增长10%，全年人民币存款增加25.74万亿元，其中，住户存款增加16.67万亿元。

较高的储蓄水平实际上就是保险业务潜在的市场资源。依据早年有关部门对国内居民储蓄动机调查来看，以养老、教育、防病等为目的的储蓄比例超过40%，且这一比例还有逐步上升的趋势。发达国家上述预防性储蓄资金通常用来购买保险和养老基金，可见，居民储蓄与保险具有较大的相关性和可替代性。储蓄的目的与保险很相似，人们收入水平的提高，无疑将扩大对保险的需求规模。

（四）保险消费观念

据调查，中国城市消费者的保险消费观念可分为四类，根据受教育程度的不同，他们对购买保险持有不同的观念。

第一类为超前型消费者。他们的受教育程度较高，比较年轻且收入较高，对生活、工作、储蓄及未来持有新的观念，并乐意制定计划，使自己退休后不会成为子女的负担。这种类型的消费者对保险的需求远远超过其他消费者，并有相当部分已经购买各种保险。

第二类为追随型消费者。他们也受过良好教育，但收入比第一类人较低，他们认为有必要为未来做好准备，确保自己在遭遇不幸的突然事故时，家庭不会陷入经济困境，因此，购买保险的积极性较高。

第三类为传统型消费者。他们的年龄相对较大，没有前两种人收入高，而且不具有标新立异的新想法，因此，购买保险这种商品的可能性较小。

第四类为固执型消费者。他们在四类人中经济实力最弱。根据恩格尔定律，随着家庭收入的增加，用于购买食品的支出占家庭收入的比重（即恩格尔系数）会下降；用于家庭住宅建设和家务经营的支出占家庭收入的比重大体不变；用于服装、交通、娱乐、卫生保健、教育方面的支出和储蓄占家庭收入的比重会上升。因此，这类消费者的收入主要用于购买食物等生活必需品，而不愿用于购买保险。

三、技术环境

保险企业还应注意技术环境对保险企业营销的影响。技术对人类的生活最具影响力，技术创造了不少奇迹，但也带来一些负面影响。

（一）电子技术革命

（1）电子技术给保险企业带来的变革。新技术能使保险企业的决策更贴近客户，保险公司不仅能以更快的速度获取更多的资料，而且可以快速处理业务，并使经营成本降低，从而使保险这一无形服务产品的市场转变为全球性的产业。借助电子技术革命，保险营销系统在功能上也发生了巨大变化，传统的通过印刷品和广播进行的广告活动将让位于通过互联网进行的直接营销。近年来，"VR/AR＋保险"[①] 得到了初步应用，无人驾驶等对保险也将产生深远影响。中国银保监会印发的《中国保险业标准化"十四五"规划》（银保监发〔2022〕11号）提到加大保险科技技术标准供给，在保险科技领域加强行业标准供给，在大数据、人工智能、云服务、区块链、下一代互联网、智慧健康、物联网等领域制定相关应用标准，以标准凝聚行业共识、积累行业经验、规范引领保险科技创新。加强跨行业生态标准建设，促进保险业在依法合规的前提下与第三方合作机构、数据服务提供商、其他行业产业合作，发挥更大的协同效应。同步加强网络和数据安全及个人隐私保护领域行业标准建设，兼顾发展和安全。推动信息科技基础能力标准建设，夯实发展基础。数字化转型是保险业贯彻新发展理念、推动高质量发展的重要途径。随着数字化转型的深入推进，保险业在治理、文化、业务、技术等方面面临着全方位改革与创新的挑战。保险业既要主动抓住数字化转型带来的重大机遇，也要面对保险业务价值链重塑带来的冲击和挑战。数字化转型过程中要更加注重发挥标准的作用，用标准引领和规范创新，用标准畅通和加强协作，用标准沉淀和共享成果，促进数字化转型发挥更大效用。

（2）电子技术导致的新风险。电子技术突飞猛进也使保险业面临大量的新风险。随着电子技术系统的日益复杂，人们的预测能力也变得非常不稳定，发生概率小而安全系数高的事件往往是复杂技术系统中的重要风险因素。高度互交、紧密耦合、高风险的技术系统增加了灾害性事件发生的可能性。例如，电子技术导致的欺诈行为，计算机系统的记录遭到破坏等风险都需要新的保险产品来承保，否则，原有的保险合同就不能补偿这类风险损失。

（二）生物技术革命

（1）生物技术为保险业带来的前景。生物技术能按照人的意愿设计、改造并利用生

[①] VR 即 Virtual Reality，指虚拟现实；AR 即 Augmented Reality，指增强现实技术。

物以及生物成分。现代生物技术通过综合分子生物学、细胞生物学、生物化学、遗传学、胚胎学、免疫学、物理、化学、计算机科学、信息学等多种学科与技术，对药学、医学等产生深远的影响。其中，最具革命性的人类基因组计划使得治疗遗传性疾病的可能性越来越大，因为它能够完整地破译出人类的遗传密码，进而找到基因特性与疾病之间的联系。如果保险公司也知道投保人的遗传信息，在承保时利用遗传信息的理论把投保人划分为具有相同期望损失的子群，每个子群的成员就可以支付"公平"的保险费。投保人的遗传缺陷将直接影响保险人对投保人的未来损失成本的估计。由此可见遗传学的革命对寿险和健康保险业的影响之大。

（2）生物技术导致的法律和道德问题。生物技术中遗传研究方面的成果，对人类延长寿命、提高生活质量和治愈顽疾具有深远意义，同时也创造了新的风险，即陷入伦理和道德的困境中。由于遗传技术能够确定某些疾病发病的可能，虽然这些疾病可能要等到很久之后才会显现病症，但是保险人利用遗传信息就可能不去承保这些带有已知遗传风险因素的投保人，或者要求他们支付额外费用。这就产生了遗传歧视，使那些具有可识别的遗传基因的人在投保或找工作方面受到影响，甚至导致保险公司取消他们的寿险和健康保险保障。

此外，由于用来处理基因信息技术的法律和道德规范并不完善，从而引发个人隐私权和保险人获悉权之间的争论。因此，保险人、监管者、政治家、法官以及其他人都必须识别并解决新的遗传信息爆炸所提出的伦理、道德和法律问题。

（三）金融技术进步

一方面，保险人利用金融技术在风险管理上创新。金融技术的发展使得传统的风险管理工具与金融风险管理工具结合起来，从传统的利用再保险转移到现代的利用金融市场来保护盈利是风险证券化的一个发展趋势。在巨灾保险期货和期权的市场上，保险人因缺乏承受灾害损失的能力而导致无力偿还债务的威胁会有所减小。另一方面，金融衍生工具的大力发展也会给保险公司带来风险。2007年，由美国次贷市场所引发的全球金融危机已表明，如果对金融衍生工具不加以控制或对其所带来的风险认识不足，不仅会使保险公司遭受巨额损失，导致保费上涨，甚至会引发更严重的经济危机。

四、社会文化环境

社会文化因素主要是由价值观念、信仰、兴趣、行为方式、社会群体及其相互关系等内容所构成。例如，在中国传统儒家文化中，"生死有命，富贵在天""养儿防老""多子多福"等传统思想根深蒂固，这种文化特质与商业保险在全社会范围内转移风险、分担损失的社会机制特性相矛盾，对保险公司营销活动的开展产生重大的影响。

随着时代的发展，传统的富有人情味的社区文化逐渐走向衰落，传统的社区平衡被打破。在传统的社区中，人们相互熟识，来往密切，关系融洽，极少有外来人口的打扰。但由于下列原因，这种社区文化正悄然发生变化。

（1）市场经济的发展。市场是商品交换的场所和渠道，市场交换活动受"看不见的手"控制，市场交换的主体具有"经济人理性"。理性经济人假定是西方经济学家在做经济分析时关于人类经济行为的一个基本假定，意思是作为经济决策的主体都充满理性，即所追求的目标都是使自己的利益最大化：消费者追求效用最大化；厂商追求利润最大化；要素所有者追求收入最大化；政府追求目标决策最优化。因此，传统社区的传统文化价值难免受到市场制度的冲击。

（2）城镇化的发展。城镇化是经济社会发展的必然过程，我国的城镇化建设取得了辉煌的成就，城镇化程度从2000年的36%到2021年底的64.7%，城市发展迈上新的历史性台阶。城镇化不仅仅是基础设施的城镇化，更重要的是居住人口对城市生活的融入，生活方式、生产方式、心灵归属的城镇化。城镇化改变人们传统的职业、生活方式和心态，城镇化使市民享有更多的流动性和选择性，市民因职业或工作单位变动、就业、房屋拆迁、购置新房等原因而流动或迁入新居，生活方式也发生了变化。

（3）机构组织的作用。要保持经济社会正常有序地发展，就需要各种各样的机构组织。各种机构组织的有效运作，就需要铁面无私的制度和规范。由于庞大的现代机构组织的触角伸到每一个角落，人们几乎无时无刻不与它们打交道。社区里的人们在按部就班、照章办事的过程中逐渐淡化了感情。

这些因素逐渐淡化中国传统保守思想与商业保险之间的矛盾，给保险以生存的机会。这种文化的变化有利于保险营销活动的开展。

五、政治法律环境

在任何一个社会制度下，公司的营销活动都要受到国家政策和法规的影响。政策法律环境由那些强制影响各种组织和个人行为的法律、政府机构、政府的各项方针等组成。从政策方面来看，主要包括以下四种。

（一）财政政策

财政政策的作用主要通过税收政策体现出来。目前，世界各国一般都对保险业实行较为宽松的税收政策，征收较低的营业税，且实行分险种纳税。保险是金融体系和社会保障体系的重要支柱，是社会生产和社会生活的"稳定器"。为推动保险行业进一步发展，近年国家做了税收政策的调整，并相继出台了保险相关的税收优惠政策。2016年5月1日开始，我国全面推开营业税改增值税（简称"营改增"，指以前缴纳营业税的应税项目改成缴纳增值税）试点，将建筑业、房地产业、金融业、生活服务业全部纳入"营改增"试点。保险公司开办的一年期以上人身保险产品取得的保费收入，农牧保险收入以及相关技术培训业务，免征增值税；自2022年1月1日至2025年12月31日，对境内单位和个人发生的以出口货物为保险标的的产品责任保险和以出口货物为保险标的的产品质量保证保险的跨境应税行为免征增值税。农民、家庭农场、农民专业合作社、农村集体经济组织、村民委员会购买农业生产资料或者销售农产品书立的买卖合同和农业保险合同,免征印花税。

从消费者角度,为了支持消费者购买保险,有效防范风险,国家也出台了相应的税收优惠政策。企业所得税方面,企业为职工支付的补充养老保险费、补充医疗保险费,在国务院财政、税务主管部门规定的范围和标准内,准予扣除;企业参加雇主责任险、公众责任险等责任保险,按照规定缴纳的保险费,准予在所得税税前扣除。个人所得税方面,如2022年人力资源社会保障部、财政部、国家税务总局、银保监会、证监会印发的《个人养老金实施办法》的通知规定,个人养老金个人养老金实行个人账户制,缴费完全由参加人个人承担,自主选择购买符合规定的储蓄存款、理财产品、商业养老保险、公募基金等金融产品(以下统称个人养老金产品),实行完全积累,按照国家有关规定享受税收优惠政策。2023年国家金融监督管理总局印发的《关于适用商业健康保险个人所得税优惠政策产品有关事项的通知》规定,所有适用个人所得税优惠政策的商业健康保险,投保人按照有关规定进行个人所得税税前扣除。

(二)货币政策

货币政策的影响主要通过利率变动发生作用。当利率上升时,保单持有者通常会用保单抵押取得现金,或直接退保以取得现金,向货币市场或资本市场投放;反之,当利率下降时,由于保险公司调整保单利率有延迟性,人们通常会积极投保,利用时间差购买较低价格的保险产品,1997年的利差损事件就是因此发生。利率的变动性也为保险公司开发投资性保险产品提供了市场基础。2013—2016年,保险公司进行了大量的保险投资产品开发尝试。当前,我国的货币政策鼓励消费信贷,如贷款购车、贷款购房、贷款旅游等,这无疑为保险营销创造了新的机会。

(三)社会保障政策

社会保障政策对商业保险有一定的替代性,会直接影响对商业保险中的人寿保险、医疗保险、人身意外伤害保险及责任保险的需求。社会保障提供的是基本保障,但是如果社会保障的水平比较高,相对就会降低对保险的需求。所以,在一定的经济发展水平下,社会保障程度越高,它对商业保险的替代效应就越大。这种替代效应从两个方面刺激保险行业的发展。替代效应会降低对保险的需求,但是替代品的发展会给保险业以一定的启示并起到示范的作用,使保险公司在产品开发、目标市场细分方面有所借鉴。

(四)政府对保险公司的监管政策

政府对保险公司的监管主要是依照法律、法规的宏观监管,其目的在于建立和维护正常的市场秩序，促进保险公司持续经营和健康发展。就法律法规来看，世界各国都有专门的保险法律法规。我国于 1995 年颁布实施了《保险法》，并分别于 2002 年、2009 年和 2015 年进行了修订。在这之后，一系列配套法规相继出台。比如，2006 年颁布实施的《机动车交通事故责任强制保险条例》，2012 年 8 月颁布的《保险公司控股股东管理办法》，2012 年 10 月印发的《保险资金参与金融衍生产品交易暂行办法》和《保险资金参与股指期货交易规定》，2023 年 3 月中国银保监会发布《关于开展人寿保险与长期护理保险责任转换业务试点的通知》，2023 年 9 月国家金融监督管理总局发布《关于优化保险公司偿付能力监管标准的通知》，这些法律法规从以下两个方面影响我国保险公司的发展。

一方面，法律的发展为我国保险公司的发展提供了一个较为完善的法律环境。保险公司的经营有法可依，保险市场的竞争有章可循，保险公司的风险也可以得到控制。完善的法律环境为创造一个稳定、安全、和谐的保险市场奠定了基础，从而可以促进保险市场的发展。

另一方面，法律的发展在详细的监管规定方面有所变化，使保险公司的业务限制得到改变。例如，2012 年 6 月，交强险业务对外资保险公司正式开放，引起外资争抢。《中国保监会关于规范人身保险公司产品开发设计行为的通知》（保监人身险〔2017〕134 号）的发布，对寿险和健康险产生了重大影响。

专栏 2-1

中国银保监会发布《关于进一步规范保险机构互联网人身保险业务有关事项的通知》

为加强和改进互联网人身保险业务监管，规范市场秩序、防范经营风险，促进公平竞争，切实保护保险消费者合法权益，中国银保监会印发了《关于进一步规范保险机构互联网人身保险业务有关事项的通知》（简称《通知》）。

近年来，互联网保险发展较快，已成为保险销售的重要渠道之一。由于部分保险机构违规经营、不当创新，互联网渠道投诉激增、竞争无序，严重损害消费者权益，引发社会各界关注。中国银保监会持续完善互联网保险监管制度体系建设，《互联网保险业务监管办法》于 2021 年 2 月 1 日实施。《通知》作为配套规范性文件，着力规范互联网人身保险领域的风险和乱象，统一创新渠道经营和服务标准，旨在支持有实力、有能力、重合规、重服务的保险公司，应用互联网、大数据等科技手段，为社会公众提供优质便捷的保险服务。

《通知》明确互联网人身保险业务经营条件。满足偿付能力充足、综合评级良好、准备金提取充分、公司治理合格相关要求的保险公司,可以在全国范围内开展互联网人身保险业务。同时,细化了保险公司开展互联网人身保险业务所需技术能力、运营能力和服务能力。

《通知》明确保险公司可通过互联网开展的人身保险业务范围包括：意外险、健康险（除护理险）、定期寿险、十年期及以上普通型人寿保险和十年期及以上普通型年金保险及中国银保监会规定的其他产品。并规定：保险公司申请审批或者备案互联网人身保险产品,应满足如下要求：

（1）产品名称应包含"互联网"字样,销售渠道限于互联网销售。非互联网人身保险产品不得使用相关字样。

（2）产品设计应体现互联网渠道直接经营的特征。保险期间一年及以下的互联网人身保险产品预定附加费用率不得高于35%；保险期间一年以上的互联网人身保险产品首年预定附加费用率不得高于60%,平均附加费用率不得高于25%。

（3）产品可提供灵活便捷的缴费方式。保险期间一年及以下的互联网人身保险产品分期缴费的、每期缴费金额应一致,保险期间一年以上的互联网人身保险产品应符合银保监会相关规定。

（4）产品设计应做到保险期间与实际存续期间一致,不得通过退保费用、调整现金价值利率等方式变相改变实际存续期间。

（5）保险期间一年及以下的互联网人身保险产品最低现金价值计算,应当采用未满期净保费计算方法,其计算公式为：最低现金价值＝净保费×（1－m/n）,其中,m为已生效天数,n为保险期间的天数,经过日期不足一日的按一日计算。

保险公司应立足于保护消费者合法权益,在充分评估、做好预案的前提下推进存量互联网人身保险业务整改,并于2021年12月31日前全面符合本通知各项要求。

六、竞争环境

保险企业面对着一系列竞争者。从保险需求的角度划分,保险企业的竞争者包括同行业的竞争者和替代品的竞争者。

（一）同行业的竞争

同行业竞争者是指提供同一类保险服务,但其承保条件、保险责任、除外责任、保险范围以及售后服务皆不相同的各种保险公司。各家保险企业为了达到自身最优的经营绩效，都会采取不同的营销策略和竞争手段，从而形成不同的行业竞争关系。这是保险市场上最直接也是最强有力的竞争者。其中，卖方密度、服务差异、进入障碍是三个重要的问题。

1. 卖方密度

这是指保险公司竞争的数量。保险公司数量的多少，特别是实力强的保险公司的数量多少，在保险市场需求量相对稳定的情况下，会直接影响到保险公司市场份额的大小和竞争度激烈程度。

2. 服务差异

它主要表现在：（1）险种差异，包括险种数量、险种组合、保险范围和适用性等；（2）业务差异，包括市场占有率、险种赔付率、保险费与储金收入和售后服务等；（3）营销策略差异，包括营销险种策略、保险费率策略、营销渠道策略和促销策略等。差异使保险商品各有特色、互相有别，构成了一种竞争关系。

3. 进入障碍

进入障碍是指阻碍供给主体进入市场的一种商业习惯或市场环境。进入障碍一般包括：（1）品牌忠诚。在产品差异非常强烈的市场中，消费者经常对他们喜欢的特定产品的品牌表现得极为忠诚；（2）分销渠道。当用于特定产品的大多数分销渠道被行业中现有的大多数竞争者所占有或控制时，其他销售商进入该行业的成本将会很高；（3）规模经济。当生产、促销、销售及分销产品的单位成本随着产品的售出数量增加而减少时，便产生了规模经济。由于只有在产量很大时才能形成规模经济，所以，很多小公司进入行业是没有竞争力的，如保险电话销售。

（二）替代品状况

一个公司所提供的商品的替代品越少，对公司经营越有利；反之，则越容易构成威胁。寿险公司与银行、社会保障机构成为竞争者，因为产品具有一定程度的可替代性。就保险商品而言，其替代品主要有银行储蓄、各种有价证券以及社会救济等。如果银行的存款利息率很高，人们倾向于通过储蓄的形式积累资金，实行自我保障。反之，则会寻找其他更为保险的方法。同样，如果一个政府所提供的社会救济广、数量大，客观上会弱化人们的保险意识，降低他们对商业保险的需求。

七、合作环境

保险公司是整个经济中的一部分，有许多合作伙伴。这些合作伙伴的态度和经营水平也是影响保险公司营销的主要因素。

（一）营销中介

营销中介是协助进行商品推广、销售，并将产品卖给最终消费者的公司或个人，包括保险代理人、经纪人、广告代理商、咨询公司等。公司在经营过程中，必须要获得这些营销中介的支持。保险公司与保险中介人客观上构成一种相辅相成、互助互利的关系。因此，公司在经营过程中，还必须了解所面对的各种营销中介，与他们建立起良好的合作关系，从而获得他们最大的支持。

（二）其他金融机构

广义上讲，保险是金融的一部分，保险公司与其他金融机构是相互竞争、相互合作的关系。例如，保险公司与银行是竞争者，因为保险和银行存款具有相互替代性。但是，保险公司又是银行的合作者，保险公司要通过银行代收保费、托管保险资金、销售保险产品等。保险公司与证券公司是竞争者，因为保险和证券投资在部分功能上具有相互替代的特点。由于保险公司要通过证券市场进行投资，通过证券机构销售保险等，所以，保险公司和证券公司又是合作者。

（三）公众

公众是指对保险公司实现其市场营销目标构成实际或潜在影响的团体。公众主体包括以下几类：（1）政府公众，即依法对保险公司履行监督管理职能的有关政府机构，如国家金融监督管理总局、税务局、工商行政管理局等；（2）地方公众，即保险公司附近的居民、社区组织或地方官员等；（3）金融公众，即影响公司获得资金能力的团体，如银行、投资公司等；（4）媒体公众，由发表新闻、社论的特定机构组成，如报纸、杂志、电台和电视台等；（5）内部公众，即保险公司内部的工作人员等；（6）其他公众，如保险评级机构等。公众的存在可能对公司的行为或营销活动给以支持或加以抵制。因此，在经营过程中，公司必须了解各类公众的特点、公众对公司的态度等，以便与各类公众建立融洽的关系。

第三节　保险营销的内部环境

一、保险公司的产品

保险公司的产品就是险种，它是一切营销活动的基础。没有险种，也就没有保险费率、分销渠道和促销。保险险种与其他许多产品的不同之处，就在于它是一种无形商品，是一种服务，是一种以风险为对象的特殊商品。它既不能在购买之前向顾客展示某种样品，也不能在保户购买之后使其保留某种物质形态的实体。保险险种的不可感知性特征对保险公司的营销具有重要影响。

与有形产品相比较，由于保险商品没有自己独立存在的实物形式，保险公司很难通过陈列、展示等形式直接激发保户的购买欲望，也很难为消费者提供检查、比较、评价的依据。对购买者而言，保险商品是抽象的、无法预知购买效用的，因此，保险商品的购买过程带有很强的不确定性，这就使保险商品的销售比其他有形产品的销售更为困难。

保险公司必须增强保险商品有形的和可以感知的成分，使保户能够通过保险公司的营业场所、推销保险业务的人员、提供的保险费率以及各种险种的宣传资料来判断、比较、评价保险商品的质量，从而作出购买决策。

保险商品的质量取决于保险公司的服务水平。保险商品很难像一般产品那样进行标准化生产来保证产品质量。保险商品的质量往往取决于由谁提供以及在何时、何地、以何种方式提供等多方面的因素。不同的保险公司或同一保险公司的不同业务人员所提供的同一保险产品服务，会因业务人员素质及个性方面的差异而产生服务质量的优劣之分。即使是同一个保险业务人员，也会因心理状态变化或因不同时间或地点等因素而影响所提供保险产品的质量。这种情况给保险商品的营销带来很大的困难，尤其不利于保险公司建立稳定的客户群，使潜在的准保户的忠诚度减弱、流动性增强。因此，保险公司提高服务质量、加强对服务质量的控制具有非常重要的意义。

二、保险公司的目标市场

保险公司的目标市场即保险顾客，又称为准保户，是保险营销的基础。就某一险种而言，购买该险种的个人或组织越多，风险就越分散，保险公司的经营就越稳定；反之，购买该险种的人越少，保险公司承担的风险就越集中，其经营的危险性就越高。保险顾客有多种分类标准。按购买行为可分为个人购买者和团体购买者；按保险标的可分为财产保险购买者和人身保险购买者；按地理区域可分为国内购买者和国外购买者等。总之，保险公司应明确其保险产品市场的主要类型，以便针对目标顾客的特点，制定适当的营销策略，这是扩大销售、提高保险市场占有率的根本措施。

三、保险公司的分销体系

保险公司的分销体系主要是指保险公司利用各种保险营销中介为自己提供各类保险信息与资源的渠道。在我国，保险营销中介主要有两类：保险代理人和保险经纪人。保险营销中介与各种保险公司构成协作关系，一方面向保险公司提供为目标顾客服务所必需的各种设施、场所、劳动力和各种保险资源；另一方面，又为保险公司提供向社会公众进行保险宣传、推销保险单等多种服务。

事实上，一个成熟的保险市场不应只是保险公司与保险购买者两个基本要素的组合，还需要而且必须有保险营销中介活跃其中，这已经是大多数保险业发达国家具体实践已证实的一个普遍规律。在大力推进中国保险业发展的今天，如何建立、健全我国的保险中介市场，如何在动态变化中与保险中介力量建立起稳定、有效的协作关系，对于保险公司服务目标顾客能力具有重大影响。目前，我国保险中介渠道业务的保费收入占比超过80%，这说明保险营销中介在我国保险市场中发挥重要作用。

四、保险公司的组织形式

保险公司以何种组织形式进行经营，各个国家或地区根据各自的实际情况，有特别限定。例如，美国规定的保险组织形式是股份有限公司和相互保险公司两种；日本规定的是株式会社（即股份有限公司）、相互会社（即相互公司）以及互助合作社三种；英国除股份有限公司和相互保险社外，还允许劳合社采用个人保险组织形式；我国台湾地区规定的保险组织形式有股份有限公司和合作社两类。根据我国《保险法》和《公司法》的有关规定，保险公司可以采取国有独资公司、相互公司和股份有限公司等多种形式。

国有独资公司是指由政府直接投资设立的保险机构。国有独资保险公司经营的保险业务范围极其广泛，既包括自愿保险业务，又包括法定保险业务（如机动车辆第三者责任保险）；既包括商业性保险业务，又包括政策性保险业务（如出口信用保险）。随着2006年中华联合财产保险公司的成功改制，我国原有的中国人保、中国人寿、中国再保险、中华联合财险四家国有独资保险公司已全部退出历史舞台。

不同组织形式的特点不一样，在前面章节已有介绍，这里不再赘述。

不同组织形式的保险公司在经营范围和产权性质等方面都有所不同，我国既有财产保险公司和人身保险公司等传统类型的保险公司，也有健康保险、养老金保险、汽车保险和农业保险等专业保险公司，经营范围不同的保险公司所提供的产品的保障范围和专业程度必然不同，这些差异对保险公司经营方式和营销策略都将带来直接影响。

五、保险公司的经济实力

对保险公司经济实力的考察，应以其偿付能力和经营稳定性为主。

1. 考察保险公司的偿付能力

中国保监会在2012年初发布《中国第二代偿付能力监管制度体系建设规划》（简称"偿二代"），提出要用3至5年时间，形成一套既与国际接轨、又与我国保险业发展阶段相适应的偿付能力监管制度体系。偿二代建设于2012年启动，经过三年努力，2015年2月，"偿二代"正式发布并进入实施过渡期。2016年第1季度起，"偿二代"监管体系正式实施，保险公司只向保监会报送"偿二代"报告，停止报送偿一代报告。这意味着我国保险监管将全面实行风险导向新制度，实现质变。

目前我国保险公司偿付能力的管理执行《保险公司偿付能力管理规定》自2021年3月1日起施行，文件中明确偿付能力监管指标包括：核心偿付能力充足率、综合偿付能力充足率和风险综合评级。同时规定保险公司同时符合以下三项监管要求的，为偿付能力达标公司：(1) 核心偿付能力充足率不低于50%；(2) 综合偿付能力充足率不低于100%；(3) 风险综合评级在B类及以上。不符合上述任意一项要求的，为偿付能力不达标公司。

2021年12月30日，中国银保监会发布《保险公司偿付能力监管规则（Ⅱ）》，标志着"偿二代"二期工程建设顺利完成。"偿二代"二期工程建设工作于2017年9月启动，结合金融工作新要求和保险监管新形势，银保监会对现行"偿二代"监管规则进行了全面修订升级，以提升偿付能力监管制度的科学性、有效性和全面性。保险业自编报2022年第1季度偿付能力季度报告起，开始执行《保险公司偿付能力监管规则（Ⅱ）》。2023年9月份国家金融监督管理总局发布《关于优化保险公司偿付能力监管标准的通知》（金规〔2023〕5号），在保持综合偿付能力充足率100%和核心偿付能力充足率50%监管标准不变的基础上，根据保险业发展实际，优化了保险公司偿付能力监管标准。

2012年，随着"偿二代"的提出，我国保险偿付能力监管进入新的时期。

表2-3 中国人寿保险股份有限公司最近四个季度的偿付能力充足率

项　目	2022年第3季度	2022年第4季度	2023年第1季度	2023年第2季度
综合偿付能力充足率	230.26%	206.78%	210.19%	204.23%
核心偿付能力充足率	161.93%	143.59%	147.53%	140.43%

注：本表指标为根据《保险公司偿付能力监管规则（Ⅱ）》（二期规则）编制的数据结果。
中国人寿保险股份有限公司最近四个季度的综合偿付能力充足率、核心偿付能力充足率已达到监管的要求。
资料来源：https://www.e-chinalife.com/cfnlxxrcpl/cfnlczl/。

专栏2-2

保险业偿付能力状况

表2-4 保险业偿付能力状况表（法人）（2022年）

指标/机构类别		一季度末	二季度末	三季度末	四季度末
综合偿付能力充足率（%）	保险公司	224.2	220.8	212	196
	财产险公司	236.3	238.5	238.9	237.7
	人身险公司	219.3	214.7	204	185.8
	再保险公司	298.5	310.4	309.1	300.1

续 表

指标/机构类别		一季度末	二季度末	三季度末	四季度末
核心偿付能力充足率（%）	保险公司	150	148.1	139.7	128.4
	财产险公司	204.2	203.7	205.3	206.8
	人身险公司	136.6	134.1	123.8	111.1
	再保险公司	267.5	281.2	278.5	268.5
风险综合评级（家）	A类公司	50	42	43	49
	B类公司	107	115	114	105
	C类公司	15	15	15	16
	D类公司	8	9	9	11

注：综合偿付能力充足率、核心偿付能力充足率数据以各保险公司报送数据为基础计算，各保险公司报送数据未经审计。

综合偿付能力充足率，即统计范围内的保险机构实际资本汇总数与最低资本汇总数的比值，衡量保险公司平均的资本充足状况。

核心偿付能力充足率，即统计范围内的保险机构核心资本汇总数与最低资本汇总数的比值，衡量保险公司平均的高质量资本充足状况。

风险综合评级，即监管部门对保险公司偿付能力综合风险的评价，衡量保险公司总体偿付能力风险的大小，分为四个类别：

(1) A类公司：偿付能力充足率达标，且操作风险、战略风险、声誉风险和流动性风险小的公司；

(2) B类公司：偿付能力充足率达标，且操作风险、战略风险、声誉风险和流动性风险较小的公司；

(3) C类公司：偿付能力充足率不达标，或者偿付能力充足率虽然达标，但操作风险、战略风险、声誉风险和流动性风险中某一类或几类风险较大的公司；

(4) D类公司：偿付能力充足率不达标，或者偿付能力充足率虽然达标，但操作风险、战略风险、声誉风险和流动性风险中某一类或几类风险严重的公司。

综合偿付能力充足率、核心偿付能力充足率的计算，以及风险综合评级的具体标准和程序均依据《保险公司偿付能力监管规则》等制度规定。

资料来源：国家金融监督管理总局，https://www.cbirc.gov.cn/cn/view/pages/ItemDetail.html?docId=1067928&itemId=954&generaltype=0。

2. 考察保险公司经营的稳定性

保险公司经营的稳定性与企业的利润率有着密切联系。保险公司的利润来源于两部分：一是承保利润；二是投资利润。一般来说，利润高（尤其是投资利润高）的保险公司，其经营的稳定性较好。如果保险公司利用投资来弥补承保亏损的能力较强，就可以避免被迫提高保险费率或更严格地限制承保标的等问题。从保险营销的角度来看，这就有利于吸引投保人向利润率高的保险公司购买保险，以获得更优惠的保险费率和更宽松的保险条件。

六、保险公司的企业文化

企业文化是一个企业区别于其他同类企业的标志。保险公司的企业文化是企业在长期经营过程中形成的价值观、经营思想、群体意识和行为规范的总和。

(一) 企业文化的功能

企业文化具有多种功能，主要有以下五种。

(1) 导向功能。保险公司的各部门和公司每一个职工既有相同的目标，也有不同的目标，企业文化就是在一面旗帜下统一整个公司和全体人员的行为方向，使大家深化共同的利益和目标。与此同时，整个公司也会被引向特别的领域，引向一个特定的方向。例如，中英人寿以 Care in Every Home（关爱万家）为企业愿景，以 I_C.A.R.E.（关爱）为企业文化的核心价值观，从正直与诚信（Integrity）出发演绎出团队情（Collaboration）、行动力（Action）、务实性（Result-oriented）、同理心（Empathy）的中英文化，成为企业持续、高速发展的坚实基础和源动力。

(2) 约束功能。这是指通过建立共同的价值体系，形成统一的思想和行为，对企业中每一个员工的思想和行为都具有约束和规范作用，使企业员工达到协调行为、自我控制。例如，很多保险公司对营销员的仪表、用语、销售手段都作出严格的规定，不能随意逾越。

(3) 凝聚功能。这是指企业文化能使保险公司各方面的力量都凝聚起来，同舟共济。保险公司的员工既有共同的利益，也有不同的利益，但企业文化会使大家认清共同的利益大于各自的利益。企业的利益是企业共荣共存的根本利益。特别是保险公司的兴衰，关系到每个员工的收入。

(4) 统一语言功能。有没有共同语言是人与人能否结合在一起的关键因素之一，有利益无共同语言的结合是不紧密的结合。企业文化所形成的共同语言，可以为全体员工创造和谐的工作环境。

(5) 辐射功能。树立良好的企业形象，对社会公众会产生巨大的影响，构成社会文化的一部分，例如，可口可乐、好莱坞就构成了美国生活方式和美国文化的一部分。我们应该承认，中国现代色彩的企业文化目前还没有形成社会文化之势。

(二) 企业文化的基本内容

(1) 企业环境。企业环境包括企业的性质，企业的经营方向，企业在社会中的地位、形象以及与外界的联系。

(2) 企业目标。企业目标确定了企业的发展方向，也决定了企业员工的发展目标。有什么样的目标，就有什么样的企业文化。假如某保险公司的目标是提供保障范围广、保费合理、服务质量高的保险商品，其文化特征就应该体现在对服务水准和产品适用性的重视上。

（3）企业的价值观。价值观是企业文化的核心。企业的最大利益取决于它对社会的贡献。保险公司要满足社会各行各业与公众的风险保障需求，因而不能单纯地追求保险公司自身的经济效益，还应考虑保险公司的社会效益。例如，部分观点认为，保险公司存在的理由就是为了追求最大的利润；部分观点认为，保险公司不仅要追求利润，而且注重社会贡献度；还有部分观点认为，保险公司的存在是为了满足顾客的风险保障需求，提供一流的保险服务。企业信奉什么样的价值观，就会产生什么样的经营作风和企业形象。企业价值观是在企业经营过程中为企业获得成功而形成的基本信念和行为准则。作为企业的管理者，最重要的是为企业建立一整套成功的价值观念，并且让每个员工都知道企业把什么看成是最有价值的。

（4）代表人物的风格。代表人物的风格一般是指企业的最高管理者（如董事长、总经理）的个人风格，他们的个人性格融入企业之后，就会形成企业文化的一部分，如雷厉风行、稳重谨慎、求实认真、诚实可信、灵活多变等。例如，泰康人寿对保险赋予许多新概念，"一张保单，一辈子的幸福""一张保单保全家""买房买车买保单""新三大件"……他们似乎永远有新发现、新想法。这与泰康人寿高层管理者的个人性格是分不开的。

（5）经营理念。经营理念是指企业在经营过程中所形成的基本哲理和观念。不同的保险公司具有不同的经营理念。有的强调保险产品的传统和稳定；有的注重时代感，提出"创新是企业的生命线"的口号。

（6）团体意识。团体意识包括理想、信念、道德行为规范和工作态度等。一个公司就是一个群体、一个团队，企业的团队意识就是为达成企业目标而在经营活动中形成的一种共识，企业的团队意识对企业群体的行为起着强有力的制约作用，它可以决定群体行为的方向，规定群体中每个成员的行为。因此，保险公司通过一些集体活动（如素质拓展等）来培养全体员工的团队意识，让员工们明白，自己是群体中的一员，只有通过团队中每一个人的协作努力，才能取得成就。

（7）企业精神。企业精神是企业的宗旨、观念、目标和行为的总和。企业精神体现了企业的精神面貌，也是企业文化的概括。例如，泰康人寿的核心企业精神为：诚信、稳健、创新、分享。

（8）职业道德。职业道德是某种职业在从事活动中所应遵循的道德，是同行业之间、职工之间公认的竞争标准。

（9）企业社会形象。企业社会形象是社会公众和内部职工对企业行为和历史的整体印象。这种印象和产品的市场定位有很大关系。保险公司提供的金融服务是豪华还是实惠，是传统还是现代，在其经营过程中，都会给社会公众留下特别的印象。

七、保险公司各部门之间的关系

保险公司各部门之间的关系，尤其是营销部与其他部门的密切合作，是保险公司内部环境中非常重要的一个因素。营销部与其他部门的关系见图2-3。

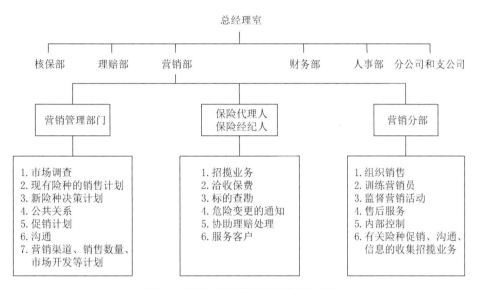

图 2-3　保险公司营销活动管理体系图

（一）营销部与核保部的合作关系

核保部是保险公司的重要部门之一，其主要工作是掌握保险费率的浮动和对风险的评估与取舍。营销人员在招揽业务时，可能不了解保险成本或遭遇到费率方面竞争的情况，因而必须与核保部保持密切联系，取得合理、有竞争性的价格或比较宽松的承保范围，以便所招揽到的业务能顺利承保出单。否则，由于未事先获得承保部的支持，会造成出单受阻而影响营销业绩。

（二）营销部与理赔部的合作关系

承保标的一旦发生保险事故，保险公司的理赔人员就要按照保险单合同处理赔案。客户对理赔是否满意，往往影响到以后的投保意愿。因此，营销部应积极协助理赔部做好索赔处理服务。如营销员应与客户保持联系，帮助客户审查索赔文件是否齐全，向客户解释保险条款等。《保险法》规定，保险事故发生后，投保人、被保险人或受益人提出索赔时，保险公司如果认为需补交有关证明和资料，应当及时一次性通知对方。

(三)营销部与财务部的合作关系

若只顾销售而不及时收取保险费,势必影响保险公司的资金流动,也就无法支付营销费用或赔款。保险公司财务部的主要工作就是促进保险费的收取。然而,收取保险费常常会遇到种种困难,如客户搬迁、公司倒闭、要求折扣等,这样财务部就更有赖于营销部的配合。

(四)营销部与人事部的合作关系

教育培训是营销员成功的关键所在。因此,人事部门要配合营销部制定教育培训计划,进行营销员的日常教育以及聘请培训师资等工作。

本章小结

保险营销环境是指影响保险企业营销管理能力的一系列内部因素与外部条件的总和,可以分为内部环境和外部环境。保险公司营销活动受环境影响,保险公司也可以对环境施加影响。

保险公司可以对面临的环境进行分析,明确机会、威胁、优势和劣势,即SWOT分析法,并采取相应的营销策略。

外部环境包括人口环境、经济环境、技术环境、社会文化环境、政治法律环境、竞争环境、合作环境等。这些环境因素对保险公司营销活动的影响一般是系统性的、行业性的。

内部环境包括保险公司的产品、目标市场、分销体系、组织形式、经济实力、企业文化和各部门之间的关系等。内部环境相对可控,保险公司可以对其施加更多影响,内部环境对保险公司营销活动的影响是局部的、个别的。

本章关键词

保险营销环境　SWOT分析法　环境机会　环境威胁　保险公司企业文化

复习思考题

1. 如何理解保险营销环境?
2. 用保险营销机会与威胁的分析方法分析某项正在开展的保险业务。

3. 影响保险营销外部环境的因素有哪些?
4. 举例说明外部环境因素变化对保险公司营销活动的影响。
5. 影响保险营销内部环境的因素有哪些?
6. 举例说明内部环境因素变化对保险公司营销活动的影响。
7. 保险公司文化包括哪些基本内容?
8. 分析保险公司各部门之间的关系。

第三章

保险营销调研

学习目标
- 了解保险信息的种类和来源
- 掌握保险市场信息难题
- 理解保险营销信息系统的含义和功能
- 理解保险营销信息管理系统的构成
- 掌握保险营销调研的意义、内容、程序和方法

第一节 保险营销与信息

一、保险市场信息的含义与种类

保险信息主要包括有关国内及国际保险市场的一些消息、情报、数据和资料。例如，有关社会和经济各部门以及广大消费者对各种财产、人身、责任和保证等保险业务的需求量，国家立法机关和监管部门关于保险的法律和条例的颁布与变更，国际和国内保险公司、再保险公司的业务变动情况、承保能力以及承保技术等方面的情况。保险信息可以按照以下几种情况分类：

（一）按照信息的功能分类

（1）环境信息。包括经济变动、市场变动、社会变动、物价变动、政府有关财政金融政策的变动、新技术开发变动、产业变动、国际关系变动、资源储备变动等。

（2）特定技术信息。包括科学技术水平、科学技术潜力、新技术前景预测、替代技术预测、专利动向、新技术对社会经济发展影响的预测等。

（3）特定企业信息。包括经营战略、技术开发战略、经营绩效、企业体制、经营者的素质、经营能力分析、营销战略、经营的国际化战略等。

（4）特定保险险种信息。包括市场占有率、营销渠道、代理机构、费率变动和政策、竞争力、需求预测、相关险种的动向、新险种开发动向等。

（二）按照信息产生的先后和加工深度分类

可以分为一次信息和二次信息。前者是指刚收集来的原始信息，未经过加工整理，是零散的和不完整的，因而使用价值比较低。后者是指在一次信息加工整理的基础上形成的，如文摘、资料汇编、统计报告等。二次信息可以用来帮助查找一次信息。通过二次信息获取同样的信息量可以比通过一次信息节省大量的时间。

（三）按照信息对保险公司产生的作用分类

可以分为行为信息和过渡信息等。行为信息是指事实上已经形成的对保险业务有关的经济行为的信息。如保险合同的签订和生效、保险事故的发生、保险市场新开办的保险业务以及保险费率的变动等。过渡信息是经济行为将要发生、转化为事实的信息。过渡信息的利用价值高，它能够提示保险发展的大致方向。如国家经济政策的颁布和变更、各经济部门的某种经济活动或社会活动、消费结构和消费行为的变化、反映经营风险变化状况的信息等。

二、保险市场信息难题

在完全竞争的市场中,要求消费者对信息完全了解,事实上是很难做到的。保险经济活动有其本身的特殊性,无论是保险公司还是投保人都不可能如愿获得足够的信息,这就产生了信息难题。常见的信息难题分为两类:不对称信息和不存在的信息。

(一)不对称信息

不对称信息是指保险交易中的一方拥有而另一方缺少的相关信息。其表现形式有以下四种。

1. "旧车问题"

"旧车问题"是指投保人对所购买的保险产品的知识少于保险人。部分投保人无法充分了解险种适合与否、保险费率合理与否以及承保风险的保险人的状况。保险人(或其代理人)是否会利用投保人保险知识欠缺的弱点呢?

2. 逆选择问题

逆选择是指投保人所作的不利于保险人的选择。投保人对自身情况的了解多于保险人,这就引发了逆选择问题。保险人不能确定投保人是否披露了全部的相关信息。投保人的实际可能损失是否高于在确定险种费率时保险人估计的可能损失?投保人是否利用了保险人对保险标的信息欠缺的弱点呢?

3. 代理人问题

保险代理人并不总是为了委托人的最大利益而行事,这就是代理人问题。这里的"代理"是指一般意义上的任何代理其他人从事某项行为的人,而不仅仅是指保险销售员。例如,保险公司的经理可能不会始终维护公司股东的利益,因为经理想的是挣更多的钱,而公司股东的目标是想获得更多的利润。另外,保险公司的营销人员(保险代理人)招揽业务是为了保证自己的佣金收入,他们的利益与保险公司的利益可能不完全相符。

4. 道德风险问题

由于有了保险,被保险人可能从事更加危险的活动。例如,投保了汽车保险的人,可能比那些没有参加投保的人开车更莽撞一些;参加了人身意外伤害保险的人,可能比那些没有参加的人更粗心一些。更有甚者,保险的存在会引诱被保险人从事保险欺诈,故意制造保险事故以获取保险金的赔偿。

关于理性购买投资型保险的风险提示

近年来,投资型保险成为很多消费者的投保选择。投资型保险,是指具有保障和投资双重功能的保险产品,多指人身保险投资型保险。当前,保险市场上常见的投资型保险有年金险、分红险、万能险、增额终身寿险、投资连结险等,一般都具备身故保障功能,各产品存在一定的特色差异。

(1) 年金险:现金价值随着保单年度的增加按一定的比例增长,缴费至一定年龄将按照约定的频率领取固定的金额,直至保障期限结束。

(2) 分红险:投保人除了可以得到保单约定的保证利益外,还可以通过红利分配的形式分享保险公司的经营成果,但收益不确定,更多地取决于保险公司分红产品的经营状况,红利领取方式一般有现金领取、累积生息、抵交保费、购买交清增额保险等。

(3) 万能险:客户能够明确看到保险公司为投保人建立的保单帐户内资金收入和支出情况,享有最低保证利率,结算利率超过最低保证利率的部分是不确定的。

(4) 增额终身寿险:基本保险金额设计为每年按照一定比例增长,随着时间的推移,保单的保障额度会不断提高,现金价值一般也会随着时间逐年增长。

(5) 投资连结险:除保险保障外,投保人可以根据自己的风险承受能力和投资偏好,在保险公司提供的多个投资账户之间进行资金分配和转换,投保人投资收益根据所选择投资账户自负盈亏。

为保护广大金融消费者合法权益,国家金融监督管理总局厦门监管局提示广大金融消费者,根据自身需求及风险承受能力,理性选择合适的投资型保险产品。

(1) 不轻听轻信,认真阅读保险条款。投资型保险本质上仍属于保险产品,不能将其与银行存款、基金、证券等产品进行片面对比。

(2) 不忽视风险,正确理解产品风险。购买投资型保险产品并非没有风险,尤其产品类型不同,对应的风险也不同,市场环境、保险公司的经营投资状况、消费者的持续缴费能力都可能影响产品收益。

(3) 不盲目跟风,理性购买合适的产品。消费者应根据实际需求、自身经济情况和风险承受能力,从正规渠道购买投资型保险产品。

资料来源:国家金融监督管理总局厦门监管局,https://www.cbirc.gov.cn/branch/xiamen/view/pages/common/ItemDetail.html?docId=1162618&itemId=1074&generaltype=0,2024-05-20.

解决不对称信息问题的方法是受到不利影响的一方可以通过更多的信息来减少不对称信息造成的不利后果。例如,信息不灵的投保人通过对自己保险需求以及保险单的内容和价格进行进一步的研究，减少买到"不合格"产品的可能。同样，保险人也可以在出具保险单之前获得更多的有关投保人的信息，或通过更加深入的理赔调查来排除理赔欺诈行为。再如，代表股东利益的董事会可以建立更为严格的监督机制，约束经理行为，经理也可以加强对营销人员的监督等。

（二）不存在的信息

在保险各个环节中，不论投保人还是保险人都无法获得完全的信息，因为有些信息根本就不存在。保险合同承诺的是未来的支付，它的费率是建立在历史成本的基础上，即费率的厘定发生在索赔和费用产生之前。因此，保险公司不可能提供消费者所需要的所有险种。同时，由于经济波动、通货膨胀、新颁法律和法规、消费者态度和偏好的变化以及逆选择问题等都会带来太多的不确定性，致使保险人无法提供相应的保障。

三、信息在保险营销工作中的重要作用

（一）提供决策依据

保险营销工作完成好坏与否，不仅关乎营销部门，也不仅关乎某个保险企业，有可能关系到成千上万的投保客户，社会影响面非常广。因此，保险企业的营销活动决策要包含"科学"元素，避免"拍脑袋"决策。要做到科学决策，就离不开充分必要的信息支持。如果两耳不闻窗外事，一心只想卖保单，则1997年的利差损事件可能重演。

（二）帮助保险企业获取竞争优势

中国保险行业协会发布的《2022中国保险业社会责任报告》显示，2022年全国共有保险法人机构237家，资产总额27.15万亿元。在竞争日益激烈的保险市场，获取竞争优势日益艰难。只有那些对市场信息敏感的保险公司，才有可能把握市场机会，一点一滴积累竞争优势，保持本企业的生命力，成长为保险百年老店。目前，人保、平安、太平洋长期占据财险市场前三位，三家公司市场地位稳固，规模优势明显。其他中小型保险公司要立足市场，需要从自身的优势出发，才能够抢占一席之地。

（三）有利于保险企业控制营销风险

营销环境瞬息万变，对保险公司的营销活动有着或远或近、或大或小的影响。保险公司重视和合理运用这些信息，就可以做到未雨绸缪，提前作出应对，有效控制营销风险。还有些信息，如本企业保费规模、增速、结构、市场占有率、利润等，是企业经营成果的晴雨表。保险公司监测和利用这些信息，不难发现相关问题，从而及时调整营销策略，有效控制营销风险。2007年，中国人寿保险公司发现市场占有率下降超预期，于是迅速查找原

因，发现产品结构等存在问题，随之有针对性地进行调整，对营销风险进行了积极干预。

永诚财险——依托中国华能，收缩车险发力非车险，关联交易业务占比超四成

永诚财险由中国华能等大型电力企业集团和产业投资集团共同发起组建，成立于 2004 年，是一家典型的"电力系"险企。

中国华能总资产达 1.2 万亿元，主营业务包括电源开发、投资、建设、经营和管理，电力（热力）生产和销售等。目前，公司 58 家二级单位、480 余家三级企业，2021 年，公司可控装机超 2 亿千瓦，低碳清洁能源装机占比 37.2%。

虽然背靠股东资源优势，但永诚财险早期并未深度布局，而是一直以发展车险业务为主，数据显示，2014—2018 年，永诚财险车险业务占营业收入比例分别为 70.08%、66.78%、66.01%、64.70%、54.22%，但车险业务却不尽如人意，2014—2018 年，永诚财险车险业务持续亏损，分别亏损 3.87 亿元、5.07 亿元、2.17 亿元、1.84 亿元、2 亿元。

永诚财险在 2018 年开启转型，大力缩减车险业务，聚焦布局具有股东优势的电力能源保险。依靠庞大的股东资源，永诚财险转型飞快，成功承保各类发电企业，客户包括华能集团、大唐集团、华电集团、国电集团等国内主要发电集团。

2019—2021 年，永诚财险保险业务收入分别为 65.78 亿元、73.78 亿元、76.65 亿元，业务结构优化明显，车险业务占比逐渐下降，到 2021 年，车险保费降至 18.47 亿元，占比仅 24.9%。

随着转型深入，从 2019 年开始，永诚财险开始持续盈利，2019—2021 年分别实现净利润 1.09 亿元、1.49 亿元、1.09 亿元。

据 2021 年年报显示，永诚财险共发生关联交易保险业务 31.59 亿元，占比达 41.22%。其中包括保费收入 22.61 亿元、赔款支出 8.98 亿元、保险代理业务 1.45 亿元。

资料来源：慧保天下，保险新时代 2022[M].中国财政经济出版社，2023.33.

第二节 保险营销信息系统

一、保险营销信息系统的概念

保险营销信息属于社会经济信息的范畴，是指在一定的时间和条件下，同保险营销活动有关的各种消息、情报、数据、资料的总称。保险营销信息系统是由人、设备和程序构成的复合体。其任务在于收集、整理、分析、评估、分配与提供所需要的、及时的、准确的信息，以供保险营销决策者用来进行保险营销计划、执行与控制的工作。保险营销信息系统的概念如图 3-1 所示。

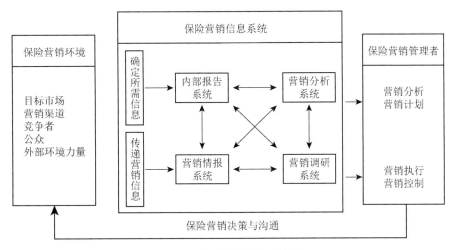

图 3-1　保险营销信息系统图

图 3-1 中的左侧方块表示保险营销管理者必须控制的保险营销环境的组成因素。保险营销环境可通过组成信息系统的 4 个子系统（内部报告系统、营销情报系统、营销分析系统和营销调研系统）来加以检查和分析，使这些流向保险营销管理者的信息流帮助管理者有效地进行保险营销分析、计划、执行和控制工作，并作出营销决策和沟通再流回市场。

保险营销信息系统包括三层含义：

（1）保险营销信息系统是指信息的集合。这种信息的集合是按一定的条件组合的，它必须具备三个条件，即对象、属性、属性值。也就是说，信息系统由对象、属性、属性值及其组合关系等四个方面组成。

（2）保险营销信息系统是指信息获取过程。保险营销信息的获取要经过一系列复杂的过程，如信息的收集、传输、存储、转换与提供。这些信息处理的各个环节相互协调有机地结合在一起，形成一个信息系统。

（3）保险营销信息系统是指社会经济组织中的信息网。现代社会经济组织成员间的信息联系是一个有组织、有规程、相互协调的信息系统。它们的基本模式是根据管理职能，通过信息处理环节把各职能联合起来。这种信息网小到各个保险公司之间的联网，大到跨地区、跨国家企业间的信息网，如欧盟就是一个典型的多国经济信息网。

二、保险营销信息管理系统的构成

保险信息管理系统是为全局性决策服务的，它为保险公司的决策部门提供各种有关信息及可选择的方案。保险营销信息管理系统一般分为六个子系统，即确定信息需求、内部报告系统、营销情报系统、营销调研系统、营销分析系统和传递营销信息。

（一）确定信息需求

一般来说，保险营销管理者所需要的信息包括以下三种：

（1）经常性信息。经常性信息是指定期向信息系统提供的信息。如保险消费者对企业广告的知晓度、主要竞争对手的保险费率、消费者对企业各项保险服务的满意程度和消费者购买保险的意向等。保险营销管理者要按年月的时间顺序来收集这类信息，对发现目前保险公司营销中存在的问题和及时把握稍纵即逝的市场机会非常有用。经常性信息来自保险公司内部和外部两方面的信息源，保险公司的日常会计记录和保险单证是最主要的内部信息来源；顾客调查和保险代理人的意见反馈等则是重要的外部信息来源。

（2）监测性信息。监测性信息是指周期性审查某些信息源的资料，从中有选择地摘取有用的信息。它基本上是来自企业外部的信息源，如政府发布的各种报告、报刊发表的文章、竞争者的公关活动等都是所要监测的信息源。监测性信息一般不适于解决某个具体问题。

（3）特殊要求信息。特殊要求信息是根据保险营销管理者或更高一级管理人员的特定要求而收集的信息。保险营销管理者如果没有这样的要求，也就不会将这类信息存在营销系统中。特殊要求信息可来自企业内部或外部。它主要用于对问题的确定、选择和解决特殊要求需要。其信息的收集一般是根据特定的要求组织调查或多次跟踪调查来完成。

在确定信息需求时，保险营销管理者应注意所提供的信息价值与获得这些信息的代价是否相称。因为信息并不是免费的，如想获得更多全面的信息，将增加投保人或保险人的成本。为获取更多信息而增加成本，或者在信息不足条件下作出决策而造成额外成本的支出，是保险公司不得不在两者之间进行权衡的。所以，一个设计合理的保险营销信息管理系统，应做到营销管理者希望得到的信息、真正对他们有用的信息和可能提供的信息三方面的协调。

（二）内部报告系统

保险公司的内部报告系统是最基本的信息系统，它以内部会计系统为主，辅之以销售信息系统组成。这个系统的作用是提供控制保险公司全部经营活动所需的信息，包括销售、费用、成本、现金流量、应收款、应付款及盈利等方面的信息，其核心是展业—出单—账务处理的循环。这个循环过程集中地反映保险公司各个经营环节和活动运行效率。保险营销管理者经常需要并使用的内部信息包括以下三个方面。

（1）与销售活动有关的信息。如险种系列、营销区域和顾客等方面的销售情况、销售额与市场占有率的情况。

(2) 与产品成本有关的信息。保险产品成本是保险公司对产品定价的重要依据。

(3) 利润报告。提供各种险种和销售利润、销售费用的数据资料信息。

对于保险公司来说，投保单、保险单证是最好的内部报告系统信息。几乎任何一项保险业务的承保，投保人都要填写各种投保单，保险人也要询问大量的有关承保需要的信息资料。这类信息有利于保险营销管理者制定各项营销政策，有利于加强对营销活动的控制。但是，保险单的内容考虑较多的是保险公司在发生意外事故时能够顺利理赔的需要，对客户的信息反映不够全面，不能使营销人员更多地了解消费者的心理和行为。因此，内部报告系统还应包括及时、全面、准确的销售报告，从而帮助保险公司决策人员及时决策，提高保险公司竞争优势。目前，许多保险公司都建立了及时全面的销售报告系统，如电脑、电子邮件、电视、显示终端机、打印机等，使保险营销管理者能迅速了解分散在各处的营销分部的销售情况。

（三）营销情报系统

营销情报系统是指向保险营销决策人员提供营销环境中各种因素发展变化情报的一整套信息来源和程序。营销情报包括新颁布的法律条文、社会潮流、技术创新、竞争者状况、自然灾害发生情况。这些情报信息有助于营销管理者制定营销计划。为了改进营销情报的质量和数量，营销管理者往往采取有效措施来改善这种情况，例如，训练和激励销售人员去发现和报告营销环境发展变化的新情况；鼓励各种保险代理机构，把重要的市场情报报告给保险公司；向专门的情报机构（市场调研公司、咨询公司、广告公司等）购买情报；建立信息中心专门收集和传递营销情报。

（四）营销调研系统

由于来自营销情报系统的信息时多时少，因此，保险营销管理者除了收集内部会计信息和营销情报以外，还需要经常对特定的保险营销机会进行集中研究，需要进行一次市场调查、一个产品偏好试验、一个地区的销售预测或一个广告效益的研究。例如，某个保险公司开发一个新险种，在作出决策之前，就有必要对险种的市场潜量进行较准确的预测。对此，无论是内部报告系统还是营销情报系统都难以提供足够的信息并完成这一预测，这就需要组织或委托企业外部的专业组织进行市场营销调查。保险公司可以委托有关院校、科研机构或者聘请专门的营销调研部门设计并实施一个调研计划。一般来说，营销调研部门应该由统计学、行为科学以及计算机科学等方面的专门人员组成。

保险营销调研是指系统地设计、收集、分析数据资料，以及针对企业所面临的特定的营销环境进行调查研究。因此，保险营销调研系统应对与保险公司所面临的特定的营销状况有关信息进行调查、收集、整理，并加以分析研究，写成报告供保险营销决策参考。保险营销调研的范围很广，根据美国市场营销协会的统计，目前最常见的一些调研项目包括：市场特点研究、市场需求的衡量、市场份额分析、销售分析、商品趋势研究、竞争产品研究、短期预测、新产品的市场接受情况及需求调查、长期预测、定价研究等。

(五) 营销分析系统

营销分析系统是软件与硬件支持下的数据系统、工具和技术等协调的组合。也就是说，信息分析系统包括一个统计库和模型库。统计库包括一系列统计程序，可以对统计数据进行分析，依靠这些统计分析手段，可以帮助分析者了解每一组数据之间的关系及其统计上的可靠性。模型库包括一系列数字模型，这些模型有助于营销人员作出更科学的决策。信息分析系统借助这些统计程序和数字模型可以为保险公司营销决策提供相对可靠的依据，改变盲目决策的现象（如图 3-2 所示）。

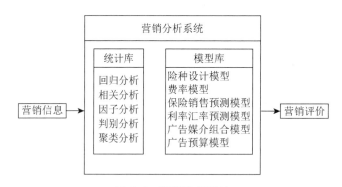

图 3-2　营销分析系统

(六) 传递营销信息

传递营销信息是指通过营销情报系统和营销调研获得的信息，必须在合适的时间提供给保险营销管理者。只有信息被其采纳，并制定出营销决策时，其价值才得以实现。随着信息技术的迅速发展，依靠先进的计算机网络系统、软件和文字处理系统，保险营销管理者不仅可以从信息系统中获得所需要的数据，而且可以利用计算机终端与整个保险公司的信息系统联系起来，既可以从公司内部的数据库也可以从外部的各种信息服务机构获得必要的信息，从而大大提高信息传递的速度。

第三节　保险营销调研

一、保险营销调研的内容

保险营销调研对整个营销活动发挥着极为重要的作用。主要表现在三方面：一是有利于保险企业了解市场环境，把握发展机会；二是为制订营销计划、营销战略及策略提供科学依据；三是检验与矫正营销计划的贯彻执行情况，有利于提升保险营销效果。

（一）保险市场需求调研

保险市场需求调研主要是对消费者的保险需求进行量的分析，其调研项目包括：

（1）保险购买量。主要是针对消费者对各种保险险种的需求进行调查，如各险种的保额、各险种的投保深度、保险消费的增长情况以及对未来保险市场消费的预测。

（2）保险购买心理。主要调查保险公司在公众中的形象、消费者对保险公司承保情况的反映、公众对保险公司宣传广告和公共关系的态度以及保险推销的效益等情况。

（3）保险购买动机和行为。通过调查，了解投保人的投保动机，发现道德风险；了解投保方式（是团体投保还是个人投保），确定营销和承保方式；了解对保险公司未来增加新险种的反应，预测保险市场的潜力。

（二）保险市场环境调研

在保险市场中，所有保险险种的营销都会受到市场环境的影响。保险营销环境的调查主要包括：

（1）社会文化环境。调查范围包括社会治安与保险，文化对人们接受保险观念的影响，文化与保险宣传，文化对新险种进入市场的影响等。

（2）政治与法律环境。调查范围包括涉外保险与各国政治变动，政府对商业性保险的态度及经济政策变动，政府社会政策的变动（如医疗制度改革、社会保障制度的建立等）。

（3）人口环境。调查范围包括人口分布特点与保险，农村人口与保险，人口文化教育水平与保险，家庭结构与保险，人口年龄结构与保险，劳动就业情况与保险等。

（4）经济和技术环境。调查范围包括不同阶层的家庭及收入情况，对保险的购买能力，社会总收入与保险产业发展，消费储蓄水平，消费模式改变与保险，现代技术与风险增加等。

（5）气候与地理环境。调查范围包括气候条件变化与农业保险，灾害性事件与保险，季节变化与保险等。

（6）竞争环境。调查范围包括非商业保险部门所办保险的竞争力，各保险公司之间的竞争力，政府允许外国保险公司进入本国的情况，竞争对手的市场经营策略、险种、费率等。

(三)保险市场营销调研

(1) 险种调研。调研范围包括保险险种的保险责任范围及保险期限,综合险、一切险与基本险的市场需求情况,新险种开发情况等。

(2) 保险代理调研。调研范围包括保险代理的分布情况,保险代理的保费收入情况,代理的业务流程情况,客户对保险代理的意见等。

(3) 促销调研。调研范围包括保险广告与公共关系,其他形式的保险促销,最佳促销方式的选择等。

(4) 保险费率调研。主要了解保险费率的竞争力,保户对费率的认同态度等。

二、保险营销调研的程序

保险营销调研是一项复杂而细致的工作,为了提高调查工作的效率和质量,营销调研一般可以按图 3-3 的程序进行。

图 3-3 保险营销调研程序

(一)确定调研方案

保险营销调研的第一个步骤是确定营销中存在的问题及调研工作所要达到的目标。由于保险营销调研由许多单项活动组成,因此,调查人员在实施每项保险营销调研项目之前,应设计一个完整的调研方案。保险营销调研方案是用于指导调研工作的计划,应包括调研目标、具体的调研问题、资料收集和分析的方法以及调研工作费用和时间安排等内容。

1. 确定调研目标和调研的具体问题

确定调研的问题和调研的目标往往是营销调研中最困难的一步。保险营销管理人员可能已经知道了营销中存在的问题,但找不出问题发生的具体原因;或者是已知的问题比较模糊,引起问题的原因较多,而不知主要原因是什么。例如,某保险公司的家财险销售情况不好,营销人员可能认为其原因包括费率不合理、推销手段不力、广告投放缺乏针对性等。如果在进行调研前不将主要原因弄清楚,花费力气调研得来的信息对保险公司作出正确的营销决策就会毫无价值。因此,保险营销调研人员要精心研究,系统地提出营销问题,并确定本次调研所要达到的目标。例如,确定调研目标是了解家财险的市场需求情况,应拟定的调研项目包括以下内容:(1) 了解公众的人均收入;(2) 了解公众对财险的承受能力;(3) 了解公众对保险营销工作的要求;(4) 判断公众中哪类人能够较快接受这一险种；(5) 确定公众容易接受哪些保险宣传；(6) 确定能够适应公众实际收入水平的费率。

2. 设计调研方案

保险营销调研方案的设计是收集和分析数据资料的程序。一份具体适用的调研方案可以使调研人员花费较少的资金而获得预期价值最大的信息资料。调研方案的内容一般包括确定资料收集的方法、设计抽样方案、设计问卷、调研实施方法、资料处理和分析、调研报告的准备等。

3. 调研费用预算和时间安排

因受调研时间、费用的限制，保险营销调研方案也会不同。一般在做市场调研时资金有限、时间紧迫，因此，调研人员必须仔细估算时间和资金方面的需要，从设计的调研方案出发，决定每项调研活动所需的时间及成本。

(二) 收集资料

保险营销调研资料收集主要是确定采取现场实地调研还是利用现有资料进行调研。在进行某项具体调研时，可根据调研的目标、资料来源、时间紧迫程度、调研费用多少决定采取哪种或哪几种方法收集资料。

1. 利用现有资料进行调研

现有资料又称第二手资料，这是指根据已收集到的各种资料和数据作为调研项目的资料来源，为编制调研计划提供依据。

(1) 现有资料的来源。保险公司进行市场调查，现有资料收集的主要来源可以分为两大类：一是内部资料来源，二是外部资料来源。前者包括保险公司的会计账目、销售记录、以前所做的市场调查报告和各种信息资料等。后者包括其他机构所做的保险市场调查报告、国内外出版的保险报刊和书籍、各种金融年鉴和统计年鉴、其他与保险有关领域的调查及研究报告、官方和民间信息资料等。

(2) 利用现有资料的利弊。利用现有资料进行调查研究，具有收集资料所需时间少、所花费用低和资料来源广泛等优点，在市场调查中具有重要的作用。其缺点是：第一，收集的资料往往不能完全符合调查目标的要求；第二，历史资料多，数据不能及时反映现在情况；第三，资料分析技术难度大。基于现有资料收集的优缺点，保险公司在进行市场调查时要在充分了解调查目标的基础上确定收集资料的方法。一般来说，几乎所有的市场调查都始于收集现有资料，只有当第二手资料不能提供足够的依据时，才着手收集第一手资料。

2. 进行实地调研，收集第一手资料

实地调研是指保险市场调研人员按计划规定的时间、地点、方法、内容进行现场调研并收集第一手资料的调研方法。实地调研收集资料的方法有询问法、观察法和实验法三种。

（1）询问法。询问法是指通过询问的方式收集市场信息资料。询问法可分为走访、信访和电话调查三种形式。走访是调查人员当面向被调查者提出问题，以获得所需情报、资料，这种方法的优点表现为直观性、灵活性、启发性和真实性。信访是将设计好的调查表格发送给被调查者，这种方法费用低，可使被调查者有充分的时间考虑作出回答。电话调查的优点是费用低，迅速及时，但不适宜进行分析比较，也无法看到样品和说明。

（2）观察法。观察法是由调查人员或他们借助仪器在现场进行观察并记录被调查行为的一种方法。这种方法的优点是只记录实际行为而不依赖调查对象的回答，但对于被调查者的态度、意见和行为等动机无法通过观察来了解，因此，观察法的使用受到一定的限制。在承保或保险事故发生时，保险人员一般都采用实地观察来掌握保险标的风险情况或保险标的损失程度，以保证保险承保质量和保险赔偿的准确性。

（3）实验法。实验法又称市场实验，它起源于自然科学的实验求证。市场试销是实验法应用于市场营销调研的主要方式，在将保险新险种介绍进入市场时非常有用。市场试销有两个作用：一是在险种进入全部目标市场之前，在一个有限的地区内，收集有关市场营销活动的信息和经验；二是预测营销活动计划在应用于全部目标市场时的结果。保险公司使用实验法进行市场调查的积极意义是：开发新险种；激发新的保险需求。例如，某保险公司在开发某个新险种之前，并不知道消费者对它的需求反映怎样，该保险公司将这个新险种在某个地区进行试销后，了解到人们对该险种的需求愿望以及险种本身存在的问题并加以改进，这样做有利于险种的推广。

（三）实施调研方案

确定市场调查的资料收集方法后，就进入了调研方案实施阶段。常见的调研方案设计可以分为问卷设计和抽样设计两种。

1. 问卷设计

问卷是一种最常见的调查工具，经常应用于经济学、社会学等领域。问卷中可向被调查者提出较多的问题，也可运用多种提问方式提出问题，因此备受人们的欢迎。但是，问卷设计是一件不容易的事，它要求问卷设计人员具备统计学、心理学、社会学、经济学、传播学和计算机科学等方面的知识和相应技术。问卷一般设计成表格形式，根据调查方式的不同和所询问的问题不同，表格形式也不同。

（1）问卷内容的确定。在确定了调研目标后，调研人员就可以确定问卷包括哪些内容。问卷内容的确定要通过集思广益和查阅现有资料来进行。主要做法是：① 运用集思广益来确定问卷内容时，应根据问题和与问题有关的调查目标来进行，尽量使参与人员提出与调查有关或有益的建议。② 在设计任何调查项目时，都应查阅现有资料，看看他人在这方面已做过什么调研。这一办法可以帮助调研人员确定调查问题和目标，也有助于问卷内容的确定。

表 3-1 调查问卷的主要内容

序号	项目	内容
1	标题	每份问卷都有一个研究主题。研究者应开宗明义地定个题目，反映这个研究主题，使人一目了然，增强填答者的兴趣和责任感
2	说明	说明（引言和注释）可以是一封告调查对象的信，也可以是指导语，说明这个调查的目的及意义、主要内容、保密措施、填答问卷的要求和注意事项等，下面同时填上调查单位名称和日期
3	主体	问题和答案是问卷的主体。从形式上看，问题可分为开放式和封闭式两种。从内容上看，可以分为事实性问题、意见性问题、断定性问题、假设性问题和敏感性问题等
4	编码号	规模较大又需要运用计算机统计分析的调查，要求所有的资料数量化，与此相适应的问卷就要增加一项编码号内容
5	致谢语	为了表示对调查对象真诚合作的谢意，研究者应当在问卷的末端写上感谢的话，如果前面的说明已经有表示感谢的话语，末端可不用
6	实验记录	其作用是用以记录调查完成的情况和需要复查、校订的问题，格式和要求都比较灵活，调查访问员和校查者均在上面签写姓名和日期

资料来源：方有恒，粟榆. 保险营销实训教程［M］. 西南财经大学出版社，2015.

（2）调查项目的设计。确定问卷所应包括的内容之后，调研人员就可以集中精力构思问卷各个项目，对内容进行评价。问卷项目的设置可以是疑问句或陈述句，能起到引导被调查者就所调查的问题进行回答的作用。项目形式可以包括多项选择、评价分析、核对表、开放式、排序式和态度分级，一个调查项目极少同时使用所有这些形式，但有可能采取其中的一种或几种形式。

（3）问卷初稿的拟定。在确定了问卷内容并编写了问卷项目对内容进行评价之后，调研人员就可以拟定问卷初稿。在拟定初稿之前，还应按逻辑对问卷的每个项目进行分类或分组。问卷初稿拟定的过程包括：① 拟定回答说明。调研人员要写出项目的回答说明，促使被调查者既容易又准确地回答问卷。② 拟定问卷格式。在处理问卷格式时，调研人员要注意页面的边距和行距、问卷的标题、大写字母的使用、对要点问题下划线以及问卷的整体篇幅等的设计。③ 对初稿批评性检查。批评性检查应涉及对问卷整体格式和版面编排的分析，以及项目陈述的具体细节。

（4）问卷的试验性测试。调研人员在问卷初稿完成之后，应对问卷进行试验性测试，以确定问卷在收集调查所需信息方面能够起多大作用。

（5）问卷的定稿。在问卷定稿时，调研人员必须做到仔细、精确，并将对初稿的所有批评意见和试验性测试的结果考虑在内。

专栏 3-3

风险与保险意识调查问卷（节选）

1. 你在日常生活中最担心的风险是（可多选）：
   - ☐ A. 个人养老
   - ☐ B. 子女教育经费
   - ☐ C. 自身健康
   - ☐ D. 意外事故
   - ☐ E. 家庭成员健康
   - ☐ F. 财产被盗或失火
   - ☐ G. 下岗失业

2. 你认为购买保险可以（可多选）：
   - ☐ A. 以防万一
   - ☐ B. 作为投资工具
   - ☐ C. 作为储蓄手段
   - ☐ D. 防老

……

5. 你是否会在未来5年内购买任何保险？
   - ☐ A. 肯定不买
   - ☐ B. 没有想过这个问题，不知道
   - ☐ C. 非常有可能购买

如果你打算购买保险，请继续回答：

（1）该保险是为了下列哪几项购买？
   - ☐ A. 本人
   - ☐ B. 配偶
   - ☐ C. 子女
   - ☐ D. 财产
   - ☐ E. 父母
   - ☐ F. 其他

（2）以下保险种类，请选出最想买的几种：
   - ☐ A. 分红保险
   - ☐ B. 投资连结保险
   - ☐ C. 人身意外伤害保险
   - ☐ D. 重大疾病保险
   - ☐ E. 健康保险
   - ☐ F. 子女教育保险
   - ☐ G. 汽车保险
   - ☐ H. 家庭财产保险
   - ☐ I. 其他

（3）你最想向哪些保险公司购买？
   - ☐ A. 中国人寿保险公司
   - ☐ B. 太平洋人寿保险公司
   - ☐ C. 平安人寿保险公司
   - ☐ D. 中国人民财产保险公司

☐E. 友邦人寿保险公司 ☐F. 新华人寿保险公司
☐G. 泰康人寿保险公司 ☐H. 其他保险公司
(4) 选择向该公司购买保险的原因是（可多选）：
☐A. 因为该公司是本国公司
☐B. 因为该公司是外国公司
☐C. 因为该公司的产品比较适合我
☐D. 因为我能负担该公司保险产品的价格
☐E. 因为我相信该公司的规模大而稳定
☐F. 因为该公司的服务质量良好
☐G. 因为我认为该公司的代理人可靠
(5) 你每年愿意交纳多少保险费？
☐A. 50—500 元 ☐B. 501—1 500 元
☐C. 1 501—3 000 元 ☐D. 3 001—6 000 元
☐E. 6 001 元以上
6. 你认为保险公司应多花时间研究及发展哪些险种？
☐A. 分红保险 ☐B. 投资连结保险
☐C. 人身意外伤害保险 ☐D. 重大疾病保险
☐E. 健康保险 ☐F. 子女教育保险
☐G. 汽车保险 ☐H. 家庭财产保险
☐I. 其他
7. 你最喜欢通过哪些渠道购买保险：
☐A. 找保险经纪人买 ☐B. 找保险代理人买
☐C. 到银行买 ☐D. 到保险公司的营业部买
☐E. 在网上购买 ☐F. 其他
……

随着互联网的发展和人们对网络的依赖程度越来越高，部分营销调研转向线上操作。在线营销调研是指通过互联网调查、在线焦点小组、基于网络的实验或者追踪消费者在线行为来收集原始数据的营销调研过程。其主要方式有：

(1) 以互联网作为媒介开展营销调研。企业可以把调查问卷放到网站或社交平台上，也可发送电子邮件邀请人们回答提问。

(2) 创建在线面板，提供定期反馈，组织现场讨论，或安排在线焦点小组讨论，借以收集营销信息。

(3) 网上实验调研。企业可以在不同的网站、不同的时间进行实验，以不同的价格、头条新闻或产品特征,来调研、测试、了解消费者的反应,比较各种营销决策的相对优势。

(4) 建立虚拟购物环境。利用虚拟购物环境来测试顾客对新产品的反应,调研相应营销计划的可行性。当顾客访问虚拟网站或转向其他网站时,企业可以根据点击率了解其购买行为特征。

在线营销调研相比传统的调研方式收到调研结果的回复率高、速度快、成本低,尤其是省去了邮寄、电话、采访和数据处理的成本。样本规模对成本的影响微乎其微。一旦调查问卷设置完毕,10个受访者和10万个受访者的在线成本差别不大。

调研人员借助电子邮件或在特定网站上发布信息等方式,可以轻松快速地同时对数以千计的受访者进行调查。由于是受访者自己输入信息,回复可以瞬间完成。一收到信息,调研人员就可以汇总、审核、共享调研数据。由于基于互联网的调查往往更具趣味性、互动性和吸引力,更容易得到受访者的配合与支持,因而回复率更高,受访者的覆盖面更广。

在线营销调研既可以基于互联网开展定量调查和收集数据,又可以通过在线焦点小组、微信、微博和社交网络开展定性研究。利用网络会议在世界任何地方、任何时间都可以和偏远地区的参与者进行焦点小组访谈。

所谓在线焦点小组,就是指在网络上聚集一组人,与训练有素的主持人讨论产品、服务或组织,以便获得有关消费者态度和行为的定性洞察。在线焦点小组的参与者可以使用自己的网络摄像头,在家里或办公室里登录焦点小组会议,观看和收听访谈内容,进行实时互动和面对面的讨论。在线焦点小组可以在任何语言环境中进行,并实现同声传译,将来自不同国家和地区的人们有效地联结在一起。调研人员几乎可以在任何地方实时查看访谈现场,省却了旅行、住宿和设备成本。

在线营销调研的不足之处是无法控制样本。如果看不到受访者,调研人员很难知道受访者是些什么样的人。为解决这一问题,不少企业使用选定社区和受访者面板的方法进行在线调研,也有些企业致力于开发自己的社交网络,用以获取顾客信息和顾客洞察。

2. 抽样设计

在进行市场调查前,要设计并确定对抽样对象采用什么样的抽样方法以及抽样样本的大小等问题。参加实地调研的人员必须严格按照抽样设计的要求进行抽样,以确保调研质量。

(四) 整理、分析资料

运用科学方法,将得到的大量资料和数据进行整理、分类、编号,去粗取精,去伪存真。

(1) 资料整理。整理资料主要是看调查人员是否严格按调研方案实施调查、问卷填写是否有不清楚的地方、问卷中是否有比较明显的逻辑错误等，以确定资料的真实性和准确性。

(2) 对数据的处理。这部分工作可分为编码、录入、编辑和汇总四个步骤。数据编码是帮助录入的首要工作，数据编码的方法是圈定项按圈填、代码项按表填、填数项按数填、顺序项按序填。完成数据编码后，就必须根据现有的计算机录入软件编写录入程序和要求。录入工作结束后，就进入数据编辑阶段，主要是查找录入错误并及时纠正。进入数据汇总阶段后，要根据调研目标要求拟订汇总方案，包括频率汇总和分组汇总两部分内容。前者给出本次调查样本各种特征的分布情况；后者则显示出保险营销人员感兴趣的内容。例如，当月平均家庭收入为 5 000 元时，有多少家庭投保了人身保险和家财保险，当月平均家庭收入增长到 10 000 元和 15 000 元时，这种保险消费又会发生什么样的变化等。

(3) 对调研质量的评价。评价调研质量是为了提供准确的调查基础资料，为以后的调查工作打下良好的基础。评价工作包括三个方面：一是事后质量抽查，这种方法效果好，但费用较高；二是检查资料内部的逻辑关系，剔除相互矛盾和明显错误的资料；三是抽样误差检查，调查误差与样本量成反比，而样本量又与调查费用的投入有着密切的关系。

(4) 资料分析工作。资料分析方法一般分为定性和定量两种。前者凭借分析者经验的判断，后者利用数学、统计学、经济计量学等科学方法进行分析。在保险市场调研中，如果把这两种方法结合起来对调查资料进行分析，就能得出比较适当的结论。

（五）提出调研报告

在综合分析调研资料的基础上，得出结论，提出建议，写出调研报告。编写调研报告要遵循的原则是：(1) 报告的内容要紧扣主题；(2) 应该以客观的态度列举事实；(3) 方案要简练；(4) 尽量使用图表来说明问题。

市场调研报告的内容和形式可根据调研的专题不同而不同，但一般说来，其内容应包括以下几个方面：(1) 报告题目；(2) 报告目录；(3) 内容概要；(4) 关于调查项目的情况介绍及背景材料；(5) 调查过程，包括调查方法、调查结果和局限性；(6) 结论，主要提出改善建议（国内市场调查的最终目的在于采取改善措施，以增加企业盈利）；(7) 附件，有关附表、附图和相关资料。

专栏 3-4

问卷星的应用

问卷星是一个专业的在线问卷调查、测评、投票平台，专注于为用户提供功能强大、人性化的在线设计问卷、采集数据、自定义报表、调查结果分析系列服务。与传统调查方式和其他调查网站或调查系统相比，问卷星具有快捷、易用、低成本的明显优势，大量企业和个人广泛使用。

问卷星使用流程分为下面几个步骤：

（1）在线设计问卷：问卷星提供了所见即所得的设计问卷界面，支持多种题型以及信息栏和分页栏，并可以给选项设置分数（可用于量表题或者测试问卷），可以设置跳转逻辑，同时还提供了数十种专业问卷模板供选择。

（2）发布问卷并设置属性：问卷设计好后可以直接发布并设置相关属性，例如问卷分类、说明、公开级别、访问密码等。

（3）发送问卷：通过发送邀请邮件，或者用Flash等方式嵌入公司网站或者通过微信、QQ、微博、邮件等方式将问卷链接发给相关人员填写。

（4）查看调查结果：可以通过柱状图和饼状图查看统计图表，卡片式查看答卷详情，分析答卷来源的时间段、地区和网站。

（5）创建自定义报表：自定义报表中可以设置一系列筛选条件，不仅可以根据答案来做交叉分析和分类统计（例如统计年龄在20～30岁之间女性受访者的统计数据），还可以根据填写问卷所用时间、来源地区和网站等筛选出符合条件的答卷集合。

（6）下载调查数据：调查完成后，可以下载统计图表保存、打印，或者下载原始数据到Excel、导入SPSS等软件做进一步分析。

三、保险营销调研的方法

保险公司根据保险经营的特点与现状，在营销调研中常采取的方法有以下四种。

（一）普查法

普查法是对一定时期内所有保户无一例外地进行全面调查了解，从而取得比较全面和完整的资料。这种方法适用于保险业十分发达的国家和地区，但耗费人力、资金和时间较多，一般不经常采用。

（二）典型调查法

典型调查法是指在调查范围内选出最具有代表性的调查对象作为重点进行调查，达到对所有调查对象的了解。这种方法由于调查的对象较少，调查费用较低，能够对被调查对象作比较细致透彻的分析，因此适宜于所有保险公司。

（三）抽样调查法

抽样调查法是指根据一定的原则，从调查对象的总体（也称母体）中抽出一部分对象（也称样本）进行调查，从而推断总体情况的方法（抽样设计是严格按照数理统计的要求进行）。这种方法可以在较短的时间内，用较少的费用和人力，获得比较准确的调查资料，及时供保险公司作决策时参考，而且因样本而产生的误差可以用统计方法控制。采用抽样调查要注意的问题有：(1) 确定抽样的对象。这是解决向什么人调查的问题。例如，想要了解某个家庭的投资决策过程，应调查丈夫、妻子还是他人？(2) 选择样本大小。即调查多少人的问题。(3) 确定抽样方法。抽样调查法可分为随机抽样和非随机抽样两大类。① 随机抽样。按随机原则抽取样本，排除人们主观有意识地选择，即总体中的每一个体被抽取的机会都是均等的。随机抽样的常用方法有：简单随机抽样法、分层随机抽样法和分群随机抽样法。② 非随机抽样。按调查的目的和要求，根据一定的标准来选择样本，即总体中的每一个体被抽取的机会是不等的。非随机抽样的常用方法有：任意抽样法、判断抽样法和定额抽样法，其种类与特征如表3-2所示。

表3-2 抽样调查种类与特征

类　型	种　类	特　征
随机抽样	简单随机抽样	总体的每个成员都有已知的或均等的被抽中的机会
	分层随机抽样	将总体分成不重叠的组（如年龄组），在每组内随机抽样
	分群随机抽样	将总体分成不重叠的组（如职业组），随机抽出若干组进行普查
非随机抽样	任意抽样	调研人员选择总体中最易接触的成员获取信息
	判断抽样	调研人员按自己的估计选择总体中可能提供准确信息的成员
	定额抽样	调研人员按若干分类标准确定分类规模，然后按比例在每类中选择特定数量的成员进行调查

（四）间接调查法

间接调查法是指通过对保险业以外其他部门的调查，了解保险业与其他部门的内在联系，进一步预测保险市场的需求和发展趋势。

本章小结

保险信息可以按照信息的功能进行分类，也可以按照信息的加工深度或对保险公司产生的作用来分类。保险信息难题包括"旧车问题"、逆选择问题、道德风险问题、代理人问题等，这些问题阻碍保险营销工作的顺利开展。

保险信息可以为保险企业提供营销决策依据，可以帮助保险企业获取竞争优势，有利于保险企业控制营销风险。

保险营销信息系统可以协助保险营销决策者收集、整理、存储、交流、分析保险信息，保证保险营销工作的科学性、系统性、前瞻性、可控性等。

保险营销调研的程序包括制定调研方案、收集资料、实施调研方案、整理分析资料、提出调研报告。保险营销调研的方法有普查法、典型调查法、抽样调查法、间接调查法等。

本章关键词

保险信息　"旧车问题"　逆选择问题　代理人问题　道德风险问题　保险营销调研　保险营销信息系统　问卷设计　抽样调查

复习思考题

1. 保险信息如何分类？
2. 如何解决"旧车问题"？
3. 如何解决逆选择问题？
4. 如何解决道德风险问题？
5. 如何解决代理人问题？
6. 试述保险营销信息系统的构成。
7. 保险营销调研有何作用？
8. 保险营销调研的程序有哪些？
9. 保险营销调研的方法有哪些？

第四章

投保人心理与行为

学习目标
- 理解投保心理活动过程的三个阶段
- 了解投保人的个性心理与投保动机
- 掌握个体投保人的投保行为模型
- 掌握影响个体投保人投保行为的外在因素
- 了解影响个体投保人投保行为的内在因素
- 掌握团体投保人的投保行为特点
- 了解影响团体投保人投保行为的外在因素
- 了解团体投保人的投保决策过程

第一节　投保人投保心理

投保心理是指投保人在投保过程中发生的心理活动，是投保人根据自身的需要与偏好，选择和评价保险商品的心理活动。投保行为是指消费者在投保过程中外显的各种活动、反应与行动。投保心理支配着投保人的投保行为，并通过投保行为加以体现；投保行为是投保心理活动的集中表现，是投保活动中最有意义的部分。保险营销既是适应投保人投保心理的过程，又是对投保心理加以引导、促成投保行为实现的过程。

一、投保人的投保心理活动过程

按照心理学原理，消费者的心理活动过程是一个动态过程，可分为三个步骤，即认识过程—情绪过程—意志过程。这个过程还直接反映出消费者个人的心理特征，即个性表现。

（一）投保心理活动的认识过程

认识过程是人脑对客观事物的属性及其规律的反映。在现实生活中，投保活动首先就是从对保险商品的认识过程开始的，因而它是投保心理活动过程的起点和第一阶段，也是投保行为的主要心理基础。各种投保心理与行为现象，如投保动机的产生、投保态度的形成、投保过程中的比较选择等，都以对保险商品的认识过程为先导。可以说，离开认识过程就不会产生投保行为。例如，各保险公司营销员的推销、各种险种、服务承诺、广告等，每时每刻都在刺激着消费者，将各种各样的信息传递给他们。他们通过大脑对这些外部信息加以接收、整理、加工、贮存，从而形成对保险商品——某保险公司的险种的认知，这一过程就是投保心理活动过程的认识过程。

认识过程不是单一的、瞬时的心理活动。消费者对保险商品或某保险公司的险种的认识，通常经过由现象到本质、由简单到复杂的一系列过程。认识过程是通过一系列心理机能的活动共同完成的，即是感觉、知觉、注意、记忆、思维等多种心理现象组成的一个完整过程。

（二）投保心理活动的情绪过程

情绪或情感是人们对客观事物是否符合自己的需要所产生的一种主观体验。投保情绪过程是指人们在认识保险商品时所持的态度体验，是投保心理活动的特殊反映形式，是由人的保险需要能否得到满足而引起的内心变化。如果需要不能被满足，就会产生不满甚至厌恶的消极情绪；如果需要能被满足，就会产生高兴、欢快等积极情绪。

投保人在投保活动中的情绪过程大体可以分为四个阶段，即：

（1）悬念阶段。指消费者在感知自身风险的基础上产生保险需求，但并未付诸投保的行动。此时，消费者处于一种不安的情绪状态。如果转嫁风险的需求很强烈，这种不安还会上升为一种急切感。

（2）定向阶段。指消费者对所需险种已经形成初步印象。此时，消费者的情绪获得定向，即趋向喜欢或不喜欢、满意或不满意。

（3）强化阶段。如果消费者对保险商品的情绪趋向喜欢、满意，这种情绪会明显强化，强烈的投保欲望将迅速形成，并可能促成投保决策的制定。

（4）冲突阶段。消费者对保险商品进行全面评价。由于某一特定的险种不能满足多种保障的需要，消费者将体验不同情绪之间的矛盾与冲突。如果积极的情绪占上风，就可作出投保决定，并付诸实施。

（三）投保心理活动的意志过程

意志过程是消费者在投保活动中表现出来的有目的地、自觉地支配和调节自己行为的心理活动。

1. 消费者投保的意志过程的基本特征

消费者投保的意志过程有三个基本特征：

首先，有明确的投保目的。消费者在投保过程中的意志活动以明确的投保目的为基础。为了满足转嫁风险的需要，消费者经过思考决定投保，然后自觉地、有计划地根据目的去支配和调节投保行为，如向谁投保，投保哪些险种，投保金额多大。

其次，排除干扰和困难，实现既定目标。意志过程还阻止了与既定目标相矛盾的情况和行动，帮助消费者在实现目标的过程中克服种种阻碍与困难。例如，由于有限缴费能力与保障需求的矛盾，消费者既想获得充分保障，又想尽量少交保费，难以抉择。这就需要排除矛盾、冲突与干扰。所以，在投保目标确定后，消费者还需作出一定的意志努力。

最后，调节投保行为全过程。消费者意志对其投保行为的调节，包括发动行为与制止行为两个方面。发动行为激发起积极情绪，制止行为抑制消极情绪，制止与达到既定目标相矛盾的行为，从而使消费者得以控制投保行为的发生、发展及完成的全过程。

2. 消费者投保的意志过程

消费者投保的意志过程包括三个阶段：

第一，作出投保决定。这是消费者投保行为的初始阶段，包括确立投保目的、选择投保方式和制定投保计划。这实际上是投保前的准备阶段。

第二，执行投保决定。消费者的投保决定转化为投保行动，需通过一定方式和分销渠道投保。执行投保决定是消费者意志活动的中心环节。

第三，体验执行效果。投保后消费者的意志过程并未结束，保险消费体验会持续较长一段时间。消费者将评价其投保行为是否明智、检验反省投保决策，以便对今后的行为有所借鉴。

二、投保人的个性心理

投保人的投保心理活动过程体现着投保心理活动的一般规律。但是，发生在特定的个体身上时，既有一般规律，又有其明显的个性特征。这就是投保人的个性心理特征。

个性心理特征具体表现为一个人的能力、气质、性格等心理机能的独特结合。其中，能力体现投保人完成投保活动的潜在可能性特征，气质是投保人投保心理活动的动力特征，性格则反映投保人对现实环境和完成投保活动的态度上的特征。能力、气质、性格的独特结合，构成投保人个性心理的主要方面，形成各具特色的投保行为。

（一）能力与投保行为表现

能力是一个人能顺利完成某种活动，并直接影响活动效率的个性心理特征。能力的种类多种多样，有一般能力与特殊能力、优势能力与非优势能力之分。对投保能力有影响的能力主要是注意能力、记忆能力、思维能力和比较能力。消费者投保行为的果断程度，反映出他对公司险种的识别能力、评价能力、决策能力与支付能力。

根据消费者在投保过程及整个保险消费过程中的能力表现，可将投保人的投保行为分为成熟型、一般型和缺乏型。

（二）气质与投保行为表现

气质是人典型的稳定的心理特征，它表现为人的心理活动中动力方面的特点。气质一般是在先天生理素质的基础上，通过生活实践，在后天条件影响下形成的。由于先天遗传因素不同及后天生活环境的差异，不同投保人之间在气质类型上存在着多种个别差异，这种差异会直接影响投保人的心理和行为，从而使每个人的行为表现出独特的风格和特点。

气质一经形成，便会长期保持下去，并对人的心理与行为产生持久影响。但是，随着生活环境的变化、职业的熏陶、所属群体的影响以及年龄的增长，人的气质也会有所改变。

由于不同投保人的气质类型不同，投保行为有以下四种对应的表现形式：（1）主动型与被动性；（2）理智型与冲动型；（3）果敢型与犹豫型；（4）敏感型与粗放型。这些都是较为典型的表现，现实中大多介于中间状态，或以一种为主，兼有另一种，属于混合型。

（三）性格与投保行为表现

在现代心理学中，性格是指个人对现实的稳定态度和与之相适应的、习惯化的行为方式。性格是个性心理特征中最重要、最显著的方面。

人的性格是在生理素质的基础上，在社会实践活动中逐渐形成和发展起来的，且性格的形成主要取决于后天的社会化过程，具有较强的可塑性。性格虽然并非个性的全部，但它是表现一个人的社会性及基本精神面貌的主要标志，在个性结构中居于核心地位，是个性心理特征中最重要的方面。而性格又是十分复杂的心理构成物，包含多方面的特征，如态度、理智、情绪、意志等方面。因而，一个人的性格是通过不同方面的性格特征表现出来的，由各种特征有机结合并形成独具特色的性格统一体。

投保人的性格是在投保行为中起核心作用的个性心理特征。不同投保人之间的性格特点不同，形成了千差万别的投保行为。从投保的态度来看，投保行为有节俭型、保守型和随意型；从投保行为方式来看，可分为习惯型、慎重型、挑剔型和被动型；从投保时的情感反应来看，可分为沉着型、温顺型和激动型。

（四）投保人的自我概念与投保行为表现

自我概念也叫自我形象，是指个人对自己的能力、气质、性格等个性特征的感知、态度和自我评价。在现实生活中，每个人内心深处都有关于自我形象的概念。这种概念以潜在的、稳定的形式参与到行为活动中，对人们的行为产生极为深刻的影响。同样地，自我概念渗透到消费者的投保活动中，作为深层的个性因素影响消费者的投保行为。

运用自我概念理论，可以清楚地解释消费者投保动机，投保行为中的某些微妙现象，并揭示这些现象背后的深层原因。例如，有些消费者在投保时，选择购买巨额保单，不仅仅是为了满足其转嫁特定巨额风险的需要，同时还是出于维护与增强自我概念的意愿。

三、投保人的投保动机

按照心理学理论，当一种需要未得到满足时，人们会产生内心紧张；这种紧张状态激发人们争取实现目标的动力，即形成动机；在动机的驱使下，人们采取行动以实现目标；目标达到，需要得到满足，内心紧张状态消除，行为过程即告结束。

由此看出，在一次行为过程中，直接引起、驱动和支配行为的心理因素是需要和动机，其中，动机又是在需要基础上产生的。需要是消费者行为的最初原动力，动机则是消费者行为的直接驱动力。因而，研究消费者的投保行为，有必要深入研究消费者的投保动机。

动机把消费者的需要行为化，消费者在投保时通常也是按照自己的动机去选择公司和险种的。按照心理学定义，动机是引发和维持个体行为并导向一定目标的心理动力。动机是一种内在的驱动力量。通常，人们在清醒状态下采取的任何行为都是由动机引起和支配的，并通过动机导向预定的目标。因此，人类行为实质上是动机性行为。同样地，消费者的投保行为也是一种动机性行为，源于各种各样的投保动机。

(一) 投保动机的形成

投保动机的形成要具备三个基本条件：

（1）有保险需要的存在。即投保动机的产生必须以对保险保障的需要为基础，只有当投保人感受到有通过保险转嫁风险的需要，并已达到足够强度时，才有可能产生采取保险方式来转嫁风险的动机。所以，投保动机实际上是保险需要的具体化。

（2）有相应的刺激条件。虽然动机基于需要而产生，但并不是所有的需要都能形成动机。动机的形成还需要相应的刺激条件。当消费者受到某种刺激（如营销员推销、广告等）时，其对保险的内在需要会被激活，内心产生某种不安情绪，形成紧张状态，这种不安情绪和紧张状态会演化为一种动力，由此形成投保动机。

（3）有满足保险产品需要的对象和条件。例如，当消费者意识到自己面临各种风险威胁时，尤其是看到有人遭遇风险事故时，会因此而感到生理紧张。但只有保险人愿意并且提供相应的保险险种，并在适当的外部刺激下，消费者才会产生投保动机。

在投保动机的形成过程中，三个条件缺一不可，尤以外部刺激更为重要。消费者的保险需要通常是处于潜伏或抑制状态。保险是一种典型的非渴求商品，因而需要外部刺激激发。外部刺激越强，需要转化为动机的可能性就越大。否则，需要将维持原状。因此，给消费者更多的外部刺激是推动其投保动机形成乃至实现投保行为的重要前提。

专栏 4-1

空难与航意险购买率上升

2002年"4·15"空难后，北京市保险行业协会有关负责人曾遗憾地说，经北京航空意外险事故理赔工作小组反复、认真核查，甚至用了最原始的办法，一张一张地数票根，怎么也不敢相信，"4·15"空难国航CA129航班在京购票的21名乘客，无一人随机票或在机场登机前购买航空意外险。

2002年"5·7"空难中103名遇难的旅客，有44人购买了航空意外险，购买率上升到42.7%，其中还有一名旅客购买了7份航空意外险。专家认为，这种空难刺激后的购买率上升可能不会维持多久。从最近几年空难发生后的情形看，1999年"2·24"温州空难，机上乘客50人遇难，购买航空意外险者14人，不足30%。空难发生后一段时间内，购买航空意外险的旅客大幅增加。然而，没多久后，投保率回落。2000年"6·22"武汉空难，机上38名乘客全部遇难。武汉天河机场在此后的一段时间里承保率一度高达60%。然而，不到半年，投保率回落。

2004年"11·21"包头空难之后，据昆明机场出售航空意外险的工作人员介绍，他们已卖出3 000份保险（一天），等全部航班结束后有望达到3 400份，而平时每天只卖2 600份左右。

2010年"8·24"伊春空难给世人以深深震撼，随着救援进行，保险公司也紧急行动起来，在138小时24分钟的时间里完成赔付1 659.37万元。与此同时，航空意外险突然火爆起来，空难之后短短两天内销售量暴涨30%。

2014年马航MH370航班在南印度洋坠毁的消息公布后，国内各大保险公司迅速启动理赔程序。据不完全统计，事件共涉及国内保险公司23家，理赔预估金额超3 000万元人民币。受马航事故影响，人们对航空安全的担忧程度显著加深，各大保险公司航空意外险的销量均大幅增长。

资料来源：根据搜狐新闻、人民网、凤凰网等网站整理。

（二）投保动机对投保行为的影响

按照心理学理论，投保动机在激励消费者的投保行为活动方面具有下列功能。

(1) 发动和终止投保行为。投保动机是引起投保行为的直接动因，其重要功能之一就是引发和终止投保行为。当消费者通过投保转嫁风险的需要得到满足后，投保动机会自动消失，相应的投保行为活动也告终止。

(2) 指引和选择投保行为方向：① 投保动机能在各种保险需要中进行识别，确认最基本的需要，分清轻重缓急。② 投保动机能促使确定的需要具体化，成为投保某一种或某类险种的具体投保意愿。③ 选择、比较、评价不同的公司信誉。在多种需要的冲突中选择，使投保行为朝需要最强烈、最迫切的方向进行，从而求得投保行为效用最大化。

(3) 维持与强化投保行为。在消费者进行投保活动的过程中，某种投保动机将贯穿于投保行为的始终，不断激励消费者努力采取行动，直到目标最终实现。另外，某种投保动机还有可能加强或减弱投保行为。

第二节 个体投保人投保行为

一、个体投保人的投保行为模型

个体投保人投保行为模型的中心是自我概念与生活方式（见图4-1）。

自我概念是个人在社会化进程中，通过与他人交往及与环境发生联系，对自己的行为进行反观自照而形成的，受许多因素影响，如自我评价、他人评价、社会评价等。自

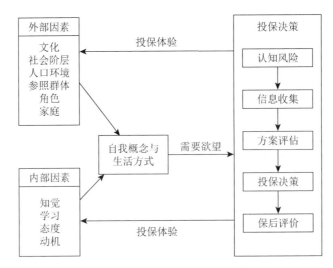

图 4-1　个体投保人的投保行为模型

我概念实际上是在综合自己、他人或社会评价的基础上形成和发展起来的，是一个人对自己的信念和情感的评价。自我概念有四种类型：（1）实际的自我——目前我如何现实地看待自己；（2）理想的自我——我希望如何看待自己；（3）社会实际的自我——我如何现实地被他人看待；（4）社会理想的自我——我希望如何被他人看待。

通常情况下，人们都具有从实际的自我概念向理想的自我概念转化的意志和内在冲动，这种冲动成为人们修正自我行为，以求自我完善的基本动力。而且，人们还力求使自己的形象符合他人或社会的理想要求，并为之而努力按照社会的理想标准从事行为活动。正是在这样的意志和动机推动下，自我概念在更深层次上对人们的行为发生影响，制约和调节行为的方式、方向和程度。

自我概念通过生活方式反映出来，我们如何生活，包括对生活的兴趣、态度、期望、情感等，它由一个人内在的个性特征所决定，是自我概念的折射。个人与家庭都有不同的生活方式，不同的生活方式影响消费者的投保行为，决定消费者的投保决策。

二、影响个体投保人投保行为的外在因素

外在因素主要指社会、人文和人口统计等方面的因素，包括文化、年龄、社会地位、参照群体、家庭等。

（一）文化因素

文化是包括知识、信念、艺术、法律、伦理、风俗和其他为社会大多数成员所共有的习惯、能力等的复合体。文化首先具有综合性，它几乎包含影响个体投保人投保行为的所有方面；文化又是与后天学习有关的行为，而非与生俱来。每个投保人都是在一定

的文化环境中成长并在一定的文化环境中生活，其投保行为必然受到文化环境的深刻影响。文化的影响无时不有，无处不在。在不同的文化环境中，价值观、人口特性等方面均存在差异，因而都影响投保人的投保行为。

1. 文化价值观的差异与投保行为

文化价值观是一个社会的大多数成员所信奉，被认为应为社会所普遍倡导的信念。文化价值观通过一定的社会规范影响投保人的投保行为。文化价值观包括三种形式。

(1) 他人导向价值观，即反映社会关于个体与群体的合适关系的观点与看法。例如，集体取向的文化就比个人取向的文化更加重视集体的作用，投保人在作出投保决策时可能就会较多地依赖于他人的帮助和指导。

(2) 环境导向价值观，即反映社会与其经济的、技术的和物质的环境之间相互关系的看法。例如，一个安于现状、对承担风险采取回避态度的社会，投保人在投保时可能对新险种较为谨慎。

(3) 自我导向价值观，反映的是社会成员认为值得追求的生活目标和实现的途径、方式。例如，一个鼓励人们居安思危、细水长流而不是及时行乐的社会，投保人在投保时会表现出积极、主动且比较理智的行为。

2. 亚文化与投保行为

文化很少是完全同质的，大多数文化中还会包含许多亚文化。亚文化实质是主文化的细分和组成部分。亚文化是一个人种、地区、宗教、种族、年龄或社会团体所表现出来的一种强烈的有别于社会中其他团体的行为方式。亚文化既有与主文化一致或共同之处，又有自身的特殊性，其对投保行为的影响更直接、更具体。亚文化通常有种族亚文化、宗教亚文化、民族亚文化、地域亚文化等。

从投保人来看，他们的投保行为不仅带有某一社会文化的基本特性，而且带有所属亚文化的特有特征。例如，以民族亚文化为例，中华民族是一个偏好安全的民族，在投保行为上会表现得比较保守；以地域亚文化为例，我国北方人的性格比较豪爽，在投保行为上会表现得比较果敢与粗放。

(二) 社会阶层

社会阶层是依据经济、政治、教育、文化等多种社会因素所划分的社会集团。关于社会阶层的具体划分，常用的有综合指标法（即同时使用几种尺度的综合衡量法）和单一指标法（即只使用单一尺度衡量的方法），不同阶层人员的投保行为差别较大。美国的社会学家将美国人划分为六个阶层：上上层、上下层、中上层、中下层、下上层和下下层。我国有经济学家曾将消费层次分为五个类型：超级富裕型（由成功的私有企业或中外合资企业的企业主组成）、富裕型（由中外合资企业的高级管理人员或专业技术人员、高级知识分子、演职人员等组成）、小康型（如合资企业的中层管理人员、知识分子、个体业主或商人)、温饱型(主要指效益较好的企业职工)、贫困型等。

(三) 人口环境

人口环境主要指人口的规模、结构和分布。其中,规模指社会中个体的数量,结构是关于年龄、收入和职业的统计,分布是指人口的地域或地理分布。例如,人口密度很高的社会可能形成集体取向而非个人取向的价值观,从而投保人在投保时会表现出较强的依赖和从众行为。

(四) 参照群体

参照群体又称相关群体或榜样群体,是指一种实际存在的或想象存在的,可以作为投保人判断其投保行为的依据或楷模的群体。参照群体对投保人有强大的影响力,其标准、目标和规范会成为投保人的"内在中心"。投保人会以参照群体的标准、目标和规范作为行动的指南,将自身的行为与群体进行对照。一般来说,影响投保人投保行为的参照群体有家庭、同学、同事、邻居、亲朋好友、社会团体、名人名家等。

参照群体对投保人投保行为的影响体现在:提供信息性影响,使其投保行为更加果敢;提供规范性影响,使其投保行为更受赞赏与认可;提供价值表现上的影响,使其投保行为更为主动。

(五) 角色

角色是指社会对具有某种地位的个人在特定情形下所规定和期待的行为模式。例如,由于保险公司强调寿险对于扮演父母角色的重要性,作为父亲的角色会使一个人在安排家庭的消费支出时倾斜于投保的保费支出。

(六) 家庭

家庭也是保险商品的基本消费单位。家庭对投保行为有着直接影响:家庭的类型(核心家庭、单亲家庭、扩展家庭等)影响投保人投保行为的独立性;家庭结构的变化(主要表现为规模的日渐缩小和单亲家庭的增多)使投保行为更加果敢。处于家庭生命周期(青年单身期、家庭形成期、家庭成长期、家庭成熟期、退休养老期)的不同阶段,投保行为的理智性、果敢性也不同。家庭的实际收入水平影响购买保险的支出金额,对家庭预期收入的估计影响投保行为。

三、影响个体投保人投保行为的内在因素

内在因素主要是指生理和心理方面的因素,主要包括知觉、学习、动机、态度等。

（一）知觉

知觉是人脑对直接作用于感觉器官的客观事物个别属性的整体反映，是人们选择、组织和解释信息以便理解其含义的过程。知觉对投保行为的影响更为直接、更为重要，经知觉形成的对保险商品的认知，是投保行为发生的前提条件。

（二）学习

学习是投保人在投保活动中不断获取知识、经验和技能，不断完善其投保行为的过程。事实上，投保行为很大程度上是后天学习得来的。投保活动的每一步都是在学习，从感知保险商品到投保决策及保后体验，都是学习的过程。学习是投保行为的关键。通过学习，消费者增加了保险商品知识，丰富了投保经验，从而有助于促发投保人重复性的投保行为。如果一个消费者在较长的时期内持续地、习惯性地购买某保险公司的险种，就证明他对该保险公司品牌忠诚。

（三）态度

态度是投保人确定投保决策，执行投保行为的感情倾向的具体表现。态度的形成与改变直接影响投保人的投保行为。对保险持积极肯定的态度会推动投保人完成投保活动，持消极否定的态度则会阻碍投保活动。例如，对某险种有较好体验的保户会对该险种及提供该险种的公司产生积极的态度，而对某险种有较差体验的保户会对该险种及提供该险种的公司产生消极的态度。态度一旦形成便很难改变，而且那些持有消极态度的消费者不仅不会继续购买该公司的险种，还会影响其他消费者对保险商品或特定保险公司的态度。

由于保险商品的特殊性，在保险营销实践中，投保人经常表现出两种态度：一是拖延，特别是涉及需要长期支付保费时，认为满足今天的需求比满足明天的需求更容易，因而往往使长期保障服从于其他更为现实的需求；二是避免，因为保险总使人联想到不愉快，对风险的恐惧抑制了人们考虑保险保障，人们不愿意去面对死亡的不可避免并提前做准备。这都会影响消费者的投保行为。

（四）动机

转嫁风险的需要是投保行为的最初原动力，投保动机则是投保行为的直接驱动力。大多数消费者面临许多未满足的需要，包括生理的和心理的。马斯洛的需要层次论从总体上解释了消费者行为。

按照马斯洛的理论，人的需要有五个层次：生理需要、安全需要、归属需要、自尊需要和自我实现需要，而且在高层次的需要出现之前，较低层次的需要必须首先得到满足。投保能帮助消费者满足其中的某些需要，具有不同层次需要的消费者在险种选择、保费交付方式、保险金额确定等方面都会表现出不同的特点。

四、个体投保人的投保决策

(一) 个体投保人的投保决策参与者

在个体投保人的投保决策中,有五种常见的角色,各自在决策中发挥不同的作用:倡议者首先提出投保建议;影响者对倡议者所提出的投保建议发表个人意见,影响该建议的最终选择;决策者对倡议作出最后决定(家庭决策中有丈夫主导型、妻子主导型、联合型与自主型);购买者(即投保人)与保险公司签订保险合同,并履行交付保险费的义务;享用者(即被保险人)享受保险合同的保障。

(二) 个体投保人的投保决策内容

个体投保人投保决策的内容就是作出投保决策时要解决的问题,主要包括六大方面:

(1) 为什么投保?即权衡投保动机,是寻求保障还是期望高回报。

(2) 投保什么险种?这是投保决策的核心。即确定投保的具体险种和具体内容,包括险种名称、保险期限、保险金额、缴费方式等。

(3) 投多大保额?即根据被保险人的需要与投保人的缴费能力确定投保金额。

(4) 向哪家公司投保?即确定投保的公司。对保险公司的选择主要考虑其实力、服务水平、险种特色等。

(5) 何时投保?即确定投保时间。这主要取决于投保人转嫁风险的迫切程度和保险行业的发展前景。

(6) 怎样投保?即确定投保的方式。可供选择的方式有网上投保、上门投保、通过代理人投保、通过经纪人投保等。付费方式有银行代扣款、支票、银行转账等。

(三) 个体投保人的投保决策过程

投保决策是投保人谨慎地评价某一公司的特定险种、服务质量等因素后,进行理性的选择,即用最少的保费支出换取最大的保险保障的过程。投保决策过程包含风险认知、信息收集、方案评估、投保决策与保后评价五个阶段。

(1) 风险认知。投保决策过程基本上是一个解决风险威胁的过程,这一过程首先始于投保人对风险的认知。消费者在投保过程中,有很多因素可能影响其对所面临的风险的认知,如风险意识、教育水平、家庭责任感。消费者在内外部刺激下,例如,通过保险公司的广告宣传、促销活动、营销人员的上门服务、重大保险赔案等,都会对自身所面临的风险有所认知,进而寻求解决的最佳方案,从而也就可能产生对保险的需求。

(2) 信息收集。在认知风险的基础上,消费者受转嫁风险的动机驱使,开始寻求解决方案。为使方案充分而可靠,需要广泛地收集有关保险的信息。信息可以通过不同的途径获取。一般来说，消费者的信息首先来自内部信息源，即以往保险消费的经验。其次就是通过外部信息源包括个人信息源（亲朋好友、家人同事）、公众信息源（报纸杂志、网络等）及保险公司的广告、营销员、促销活动等来获取。投保人获取信息主要依赖于保险营销人员所提供的信息源和个人信息源，保险代理人是信息的主要来源。获取的信息包括有关各保险公司的情况、险种情况、投保的便利性等。在广泛搜寻的基础上对所获信息进行适当筛选、整理、加工，即可形成解决问题的多种方案。

（3）方案评估。形成的各种解决方案的利弊各有不同，消费者需要对此进行评估与比较。首先要确定评估准则，即投保人在作选择时考虑的因素。特别是对待购的保险商品涉及的保险责任、保险金额、保险费率、保险期限等要确定一个可以接受的标准，并按这些标准对信息逐一进行评价。同时对主要保险公司的声誉、财力、售后服务及代理人的素质等也要确定评估准则。其次是作出投保选择，在确立评估准则后，消费者要按照重要性进行排序，从而根据自身的价值标准作出投保选择。保险代理人在这一阶段扮演着非常重要的角色，其服务水准比保险公司的声誉更为重要。

（4）投保决策。投保人根据一系列评估准则，对所有方案进行评估后，最终作出投保决策。决策包括保险公司和保险代理人的选择、投保时间、投保金额的确定、缴费方式的确定等。

（5）保后评价。投保后，投保人会评估他们的投保选择。先要评估投保的险种是否符合其真正的期望，从而感到满意或不满意。满意的投保人可能会重复投保并向他人推荐；不满意的投保人可能会在冷静期内退保，若冷静期已过，则可能任由保单失效，甚至会向有关机构投诉或诉诸法律。

第三节　团体投保人投保行为

团体投保人是指那些购买保险的组织或集团，包括企业单位、机关单位、事业单位或其他团体。

一、团体投保人的投保特点

同个体投保人相比，团体投保人的投保行为具有如下特点：

（1）投保人数量少，但较集中。团体保险以企业或单位作为投保人，而且大多数团体集中在大中城市或城镇。因而，团体投保人比个体投保人的数量少，但地域比较集中。

（2）投保金额大。团体规模较个体大，面临的风险相对较为集中，尤其是经营性团体。因而，他们一旦产生投保的愿望，往往投保金额较大，甚至产生巨额保单。

（3）投保决策参与者多。团体内的决策单位涉及面大且决策流程复杂，尤其是一些大型和等级严密的企业，在作投保决策时会涉及来自不同的职能部门、不同层级的参与者，而且在决策的不同阶段，参与者也不同。

（4）投保行为波动大。团体投保人的投保金额大，尤其是那些大型团体，其保费负担是其支出项目中非常重要的一项。团体投保行为受外部经济形势、团体经营绩效影响较大。此外，由于团体投保人往往要交付大额保费，因而其对费率的敏感性要比个体投保人强，还可能因为费率不合适而改变投保计划。相对于个体投保人，团体投保人的投保行为波动较大。

二、团体投保人的投保行为模型

个体投保人投保行为模型的中心是自我概念和生活方式。一个团体也有一种自我概念，它存在于团体成员对团体及其运作所持有的信念和态度中。团体的运作方式实际上相当于个体的生活方式，我们统称这两方面为团体文化，也就是常说的企业文化。它反映和影响团体的需求和欲望，进而影响团体的投保行为与投保决策（见图4-2）。

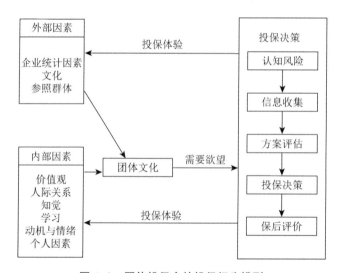

图 4-2　团体投保人的投保行为模型

三、影响团体投保人投保行为的外部因素

（一）企业统计因素

企业统计因素包括企业特征（如规模、目标、地理位置、所属行业类别等）与企业成员特征（如性别、年龄、受教育程度、收入分配等）。企业规模大小不同，其职能部门设置有差异，从而也意味着投保决策的参与者不同。大型企业里很多人参与投保决

策，要对其投保行为产生影响，必须将广告、销售努力瞄准其不同的职能部门，而且要具有针对性。但小型企业的投保决策可能只涉及业主或经理，其个人行为代表团体行为。企业处在不同的地理位置，会受地区亚文化的影响，从而形成不同的业务运作方式与商务风格，在投保过程中也就呈现出不同的行为特点。

（二）文化因素

不同文化下的价值观和行为的差异性既影响个体，也影响团体。一个以股东和所有者财富为决策标准的企业和一个将员工福利与企业利益同等对待的企业，在是否为员工投保以及保障程度选择上会有不同的行为方式。

（三）参照群体

参照群体的保险观念不仅影响企业的投保行为，也左右企业的投保决策。例如，同行业中的领先者是富有创新精神的企业，如果他们投保，会带动其他企业竭力效仿，跟上市场潮流。

四、影响团体投保人投保行为的内部因素

（一）价值观

一般来说，团体投保人的投保行为较个体投保人的投保行为更加"理性"与"经济"。但是，企业或其他组织也是由人组成的，投保决策是由人而非企业作出的。企业独特的文化价值观能影响其成员的投保行为。

（二）人际关系

人际关系因素主要是指处于企业或组织投保决策的核心位置的成员之间的关系。在团体投保人的投保过程中，投保意识以及投保决策往往受这类人际关系因素的影响。人际关系中各个参与者的权力大小、地位高低、情绪好坏以及说服能力的强弱会在一定程度上影响决策的方向和决策内容。

（三）知觉

同个体一样，企业或组织也有记忆，并将其投保决策建立在这种记忆的基础上。而且一旦形成对保险的记忆与看法，就很难再改变。

（四）学习

同个体一样，企业或组织也从经验与知觉中学习。当从保险公司或代理人那里得到

积极的体验时，就会激励团体重复投保。有效的投保过程和程序也会以规则和政策的形式被确定下来，从而形成制度。相反，消极的体验会导致学习终止和避免投保行为，同时无效的投保程序会被摒弃。

（五）动机与情绪

企业或组织通常比个体投保决策带有较少的感情色彩。但是，在组织投保决策中经常存在个人或职业风险。担心作出错误的投保决策的风险会导致自我怀疑和精神上的不安，这种情绪进而会对投保决策产生影响。

按照心理学理论，个人既有个人动机也有组织性动机。组织性动机鼓励个人作出正确的投保决策，但是当"正确"不易界定时，个人动机就会起作用，从而对团体的投保行为产生影响。

（六）个人因素

每个参与投保决策的人，难免会受到个人价值观、年龄、受教育程度、职务、个性以及对风险的态度等因素的影响。这些因素进而会影响他们对风险的认识和理解，并最终影响投保决策。

五、团体投保人的投保决策

（一）决策单位

投保决策单位可依据职责范围来划分。作出最终投保决策，部分取决于个人的权力、专长、决策问题的性质、各职能部门在投保决策中所具有的影响力等因素。另外，决策单位的成员扮演的角色各不相同，如信息搜集者、关键影响者、决策者、购买者和受益者。同一部门在团体决策中的角色也随决策类型和组织文化的不同而不同。在投保过程的不同阶段，决策单位也可能发生变化。

（二）团体投保决策的参与者

在团体投保行为的发生过程中，有许多人参与投保决策，扮演了不同的角色。他们分别是信息收集者、关键影响者、决策者、购买者和受益者。

（三）团体投保人的投保决策过程

团体投保人的投保决策过程包括下面五个阶段。

（1）风险认知。团体投保决策过程是一个为了满足团体的保险保障需要而努力的过程，这一过程通常是当团体认识到其面临着风险而引发的。一个企业或组织通过保险公司的广告宣传、促销活动、营销人员的上门服务、重大保险赔案等，都会对其所面临的风险有所认知。

（2）信息收集。这一阶段，企业或组织要收集所有可能得到的解决其风险的信息。这一阶段所需时间取决于企业的规模和投保习惯。信息收集的途径可以是通过代理人或经纪人，信息的类型可以是各保险公司关于费用和险种的建议和信息。

（3）方案评估。在信息收集阶段网罗了大量的保险公司提供的保险计划，为了确定每份建议书是否符合组织的要求，要对这些建议书作出评估，评估的过程以费用、服务与赔付之间的权衡为基础。评估的方式可以是与保险代理人直接会谈协商，也可以由组织邀请专家进行评审。

（4）投保决策。经过一轮或多轮谈判协商后，组织就要对保险公司的建议书最终作出决策。

（5）保后评价。这一阶段与个体投保决策相同。主要是投保的险种是否解决了原来的问题，从而感到满意或不满意。保险公司对这些信息可以通过打电话跟踪回访，甚至上门拜访取得。

本章小结

投保人心理支配投保行为。投保人心理活动可以分为三个步骤，即认知过程、情绪过程和意志过程。投保人的个性心理或投保动机对其投保行为有影响。

按照投保主体不同，可以将投保人分为个体投保人和团体投保人。个体投保人的投保决策过程包括风险认知、信息收集、方案评估、投保决策和保后评价等。个体投保人的投保行为受到文化、社会阶层、人口环境、参照群体、角色、家庭等外部因素影响，也受到知觉、学习、态度、动机等内在因素的影响。

团体投保人与个体投保人除了在购买目的上不同外，在其他方面也有明显区别。团体投保人的投保决策过程与个体投保人类似。团体投保人投保行为也受到内外部因素的影响。

本章关键词

个体投保人　团体投保人　投保心理　投保行为　个性心理　投保动机　自我概念　参照群体

复习思考题

1. 简述投保人投保心理活动的过程。
2. 投保动机对投保行为有何影响?
3. 影响个体投保人投保行为的内外部因素有哪些?
4. 个体投保人投保决策过程可分为哪几个阶段?
5. 团体投保人与个体投保人有何区别?

第五章

保险目标市场细分、选择与定位

学习目标
- 了解市场细分的作用与依据
- 理解有效市场细分所需的条件
- 掌握三种目标市场策略
- 掌握市场定位的步骤及定位策略

第一节 保险市场细分

市场细分也叫市场区别、市场划分或市场区隔化,是由美国市场营销学家温德尔·斯密在 20 世纪 50 年代中期首先提出来的一个新概念。它是第二次世界大战以后市场营销理论和战略的新发展,表现出极强的生命力,不仅立即被理论界和保险公司接受,而且至今仍被广泛应用。

一、保险市场细分的概念

(一) 保险市场细分的定义

从整个保险市场来看,人们受不同文化习俗的影响,会有不同的保险需求;而且不同收入水平、不同文化程度、不同职业、不同年龄的人,由于文化、生活方式、家庭结构、消费心理、消费行为的差别,也会对保险有不同的需求。随着社会经济的发展,这种保险需求的差异性会逐渐扩大。如何根据不同的保险需求以合适的方式和险种予以满足,保险市场细分就显得更加重要。

所谓保险市场细分,就是保险公司根据保险消费者的需求特点、投保行为的差异性,把保险总体市场划分为若干子市场(即细分市场)的过程。每一细分市场都由需求大致相同的保险消费者群体构成。因此,保险市场细分不是根据不同的险种细分市场,而是根据保险消费者需求的不同划分市场。

由于不同的消费者具有不同的保险消费心理和消费行为,保险市场细分就是将需求大致相同的保险消费者归为一类,这样就可以把一个保险市场分成若干个子市场。在不同的细分市场之间,保险需求存在着明显的差异,而在每个细分市场内部,保险需求的差异比较小。因此,每个保险细分市场实际上就是根据保险消费者需求的差异性来划分同质市场的过程。

(二) 保险市场细分的作用

保险市场细分的过程,就是保险公司对市场进行深入了解研究的过程。通过细分保险市场,不仅可以反映出不同消费者的不同需求,还可以使保险公司发现消费者尚未满足的需求。对于保险公司,满足这方面的需求是极好的营销目标。保险市场细分对保险公司具有重要作用,主要体现在以下四个方面。

(1) 有利于保险公司发现和比较市场机会。通过保险市场细分,可以找到现有保险市场上未满足的保险需求,即保险市场机会,通过对这些市场机会的分析与比较,最终可以确定最有利的保险营销目标。一个未被竞争者注意的较小的细分市场，可能比大家激烈争夺的大市场带来更多的经济效益。友邦保险公司在1992年刚刚进入中国保险市场时，就运用市场细分的原理对中国保险市场进行了分析研究，发现中国市场对人寿保险的需求潜力很大，尤其是个人寿险的需求满足程度极低。因此，该公司抓住这一市场机会，大力推销个人寿险业务，迅速在中国保险市场站稳脚跟。

（2）有利于保险公司对资源进行有效配置。通过保险市场细分，营销人员能更清楚地知道各细分市场的消费者对不同营销策略的反应及差异，据此对保险公司的人、财、物等资源进行统筹分配、有效使用。这样，不仅可以避免资源的浪费，而且可以把有限的资源用在最有利的地方，发挥最大的功效。

（3）有利于制定相应的营销策略。保险市场细分后，每个子市场小而具体，保险消费者的需求相似，因而保险公司可以有针对性地制定市场营销策略规划，调整产品结构，设计并开发适销对路的新险种，确定适宜的保险费率，选择最佳的营销渠道和促销手段。同时，经过细分的保险市场，信息反馈快，保险公司能比较容易地了解消费者的需求动向，一旦消费者需求发生变化，保险公司可以迅速地改变原来的经营策略，制定相应的对策，提高保险公司的应变能力。

（4）有利于提高社会效益，满足消费者的差异化需求。通过细分市场，挖掘消费者的保险需求，并针对某些未满足的保险需求进行保险产品的开发，消费者可以买到能解决痛点的保险产品。例如，既往症人群在投保商业健康保险时往往遇到障碍，针对目前既往症人群保障不足的现状，部分城市定制型医疗保险扩展了既往症的保险责任，使既往症人群获得更好的保障，满足人民群众多样化保障需求，实现消费者、企业和社会共赢。

二、保险市场细分的依据

（一）细分市场的一般原理

一个整体市场中的所有消费者，如果需求和欲望完全一致，市场就没有细分的必要，但现实中他们的需求往往是有区别的。根据需求的特征，按不同方法可将一种保险产品和服务的市场划分为若干类。根据细分程度的不同，一般有三种方法，即完全细分、单因素细分和多因素细分。

（1）完全细分。完全细分就是将每个消费者细分成一个单独的市场，细分后的子市场的总数量等于总体市场消费者的数量。但在实际工作中，这只是一种极端现象，考虑到保险公司自身的能力及经济效益，一般情况下都很难满足单个消费者的独特需要。因此，大多数保险公司都在寻找消费者需求之间的相似之处，然后将市场加以区分。

（2）单因素细分。即以对消费者需求影响最大的某个因素（如收入水平）来细分一个市场。尽管它是最简单、最方便的细分方式，但是它通常不能将一个细分市场的需求同其他细分市场的需求区别开来。

（3）多因素细分。即利用两个或两个以上的影响因素来细分一个市场。多因素市场细分能比单因素市场细分提供关于一个细分市场更为详细的信息。因此，它能使保险公司针对特定细分市场中的消费者，开发出更为精确的营销组合。例如，一家保险公司知道某一细分市场由已婚、有孩子、有稳定的工作、每年有20万元以上收入的男士构成，它为这一细分市场开发一个营销组合，就比为仅知道是由男士构成的细分市场开发一个营销组合处于更为有利的位置。

多因素市场细分增加了整体市场中细分市场的数量，而细分市场越多，每个细分市场的潜在销售量就越小，因为每个细分市场中的消费者数量较少。但是，在许多情况下，因素的增加会有助于营销人员集中力量于那些潜在销售量最大的细分市场，保险公司就不会在追求那些不可能盈利或不可能对保险公司的产品有反应的细分市场上浪费资源。当然，利用过多的因素有时候只会增加用于覆盖这些细分市场的时间和费用。所以，在细分一个市场的时候，每位营销人员都必须分析具体情况，以确定需要考虑哪几个变量。

在互联网保险得到长足发展的情况下，碎片化、小众化、定制化的市场需求日益得到重视和满足。

（二）市场细分的依据

保险市场细分的依据是保险需求的差异性。但是保险需求的差异性很多，不可能考虑到每一种差异而完全彻底地细分，只能根据一些保险需求的基本差异，对保险市场进行细分，以求得最佳的保险营销机会。

影响保险消费者市场需求的因素，即保险市场细分的主要标准有：地理区域因素、人口统计因素、经济收入因素、保险消费心理和消费行为因素等。

1. 据地理区域因素细分保险市场

即把保险市场分为不同的地理区域，每个区域中的保险消费者构成一个保险细分市场，如北方市场、南方市场、沿海市场、内陆市场、山区市场、平原市场、城市市场、农村市场等。不同地区的文化背景、经济发展及收入水平等因素使人们形成不同的消费习惯和偏好，表现出不同的需求特征。因此，要根据人们的客观需要，向不同的营销对象推荐不同的险种和营销组合。以城市市场和农村市场为例：

（1）城市市场。城市是经济、文化交流的中心，是人口稠密集中的地区。因此，城市对保险的需求较强烈。目前，我国的保险业务收入也大部分集中于城市。随着社会的进步和经济的发展，城市人们的工作节奏加快，财产与人身面临很大的风险，人们逐渐提高了保险意识,因而城市市场有必要更进一步开发。

(2) 农村市场。2023 年年底,我国乡村人口超过 30%,这是一个潜力非常大的保险市场。由于农业经营中的劳动对象相对稳固,生产力水平较低,撇开自然灾害风险,农民经营操作带来的风险相对较小,且农民风险自留的传统习惯形成了他们淡漠的保险意识。因而农村市场潜力虽然巨大,而开发却绝非轻而易举。

泰康之家:8 城 11 园高密布局,组建长三角最强医养"集团军群"

2023 年 9 月 16 日,由世界 500 强泰康保险集团在南京打造的首家、在江苏的第二家大规模、全功能、国际标准的高品质医养社区——泰康之家·苏园正式开业运营。值得一提的是,这不仅是泰康在全国投入运营的第 17 家持续照护医养社区,同时也标志着由泰康之家"养老社区+三级医院"的升级配置开启医养融合 3.0 模式,为南京及长三角地区的长辈带去了更高层次的医养融合享老新生活。

人口老龄化已经成为当前长三角面临的一个重要挑战。截至 2022 年底,长三角"三省一市"老年人口共 4 789 万,占总户籍人口的 22.2%,高于全国平均水平。而长三角地缘相近,人缘相亲,生活习惯和饮食习惯等都非常接近,这也为长辈在该区域异地养老提供了更多可能。近年来,多地也相继出台支持政策,积极探索推进长三角养老服务一体化。

作为泰康最重要的长寿经济试验田之一,泰康之家目前在长三角三省一市已经完成了"8 城 11 园"的超高密度养老社区布局。随着南京苏园的开业,仅在长三角地区就有 7 家社区投入运营,让当地长辈在长三角异地享老成为现实。

资料来源:中国网财经,泰康之家·苏园开业,"养老社区+三级医院"实现更高层次医养融合,https://baijiahao.baidu.com/s?id=1777377160059970924&wfr=spider&for=pc,2023-09-08。

国内首家相互制寿险组织挺进上海市场 打造"保险+"服务体验

2024 年 5 月 26 日,信美人寿相互保险社(下称"信美相互人寿")上海分社正式开业,这是继 2022 年其深圳分社成立后开设的第二家分支机构,也是其服务当地会员、协同当地渠道合作的关键阵地,具有重要的战略性意义。

> 信美相互人寿共同创始人、副董事长、总裁胡晗表示，此次选择在上海开设第二家分社，主要有两大原因。第一，作为我国的超大城市、国际金融中心，上海具有得天独厚的地位、区位及资源优势，呈现出高速、可持续的高质量发展态势，形成了庞大的保险市场。与此同时，上海监管部门也鼓励保险机构的高效稳健经营，尤其是产品和服务的打磨，深度倾听并满足消费者多样化的需求。第二，信美相互人寿的数字化基因和"相互制"特色在上海这片开放的创新土壤中生长，可以与股份制保险公司优势互补，信美相互人寿在服务中高净值客群和互联网普及人群的"双翼战略"也与上海群体相契合，可以满足消费者的差异化保险保障和服务需求，共同推动上海保险市场的发展。
>
> 设立分支机构不仅为了扩大经营区域，还可以增强信美相互人寿对属地会员的服务能力，为持续健康发展奠定基础。
>
> 资料来源：经济观察网，https://www.eeo.com.cn/2024/0527/663311.shtml，2024-05-27。

2. 根据人口统计因素细分保险市场

即按照年龄、性别、家庭结构、收入水平、职业、文化程度等人口统计因素划分不同的保险消费者群体。

（1）年龄结构。根据保险消费者的年龄结构，一般将保险市场细分为老年人、中年人、青年人和儿童等不同的消费者群体。由于各种年龄结构的消费者所面临的疾病风险和意外风险有较大的差别，因而对保险的需求也有明显差异。早在2000年，我国的老年人口已达到1.3亿左右，占总人口的10.4%，标志着我国步入老龄化社会，养老保险市场将是一个极具开发潜力的市场。2020年第七次全国人口普查结果显示，我国60岁及以上人口已达2.64亿人，占总人口的比重比2010年上升了5.44%。老年人口规模日益庞大、老龄化程度日益加深，老年人对养老保险、医疗保险、护理保险的需求构成了保险行业广阔的市场。

（2）文化程度。人口的文化程度结构是衡量人口素质高低的一个重要指标。人口素质又是影响保险发展的质的因素，对人身保险尤其如此。一般来说，文化程度较高的人，风险意识及处理风险的能力较强，因而保险意识也较强；文化程度较低的人则难以接受新事物，并且学习能力也较差。因而对文化程度不同的消费者，需要作针对性较强的宣传，采取不同的营销策略。

（3）家庭结构。一个家庭的各个成员在其不同的生命周期阶段，对保险会有不同的需求。例如，独身成年人收入较多，一般关心的是重疾和养老等问题；婚后随着家庭成员的增多，对各种人身保险的需求也有所增加，如孩子的教育基金；退休老人则主要对医疗保险、护理等的需求较为迫切。

3. 根据经济收入因素细分保险市场

即按照经济收入水平的高低将保险消费者分为若干个消费者群。收入水平的高低，对保险需求的影响很大。就人寿保险来讲，个人收入的层次不同，其人寿保险的消费水平也有差别。根据目前我国居民的收入水平，大体可以把保险市场细分为高收入阶层市场、高薪金阶层市场和工薪阶层市场。

（1）高收入阶层市场。这一层次的消费者主要是高收入人群，由于收入很高，他们对普通的人寿保险险种一般不太感兴趣，需要根据其保险消费心理等特点为其推出险种，如资产传承、资产配置等。

（2）高薪金阶层市场。这一层次的人平均收入低于第一层次，但高于社会平均收入水平，并且人数较多。他们主要是外企、私企职员和个体户，比较关心高额医疗费用支出、养老保险等。

（3）工薪阶层。这一层次是我国人口中的绝大多数，他们最关心的是在享受社会保险的基本保障之外的补充性商业保险保障。

4. 根据保险消费心理细分保险市场

即根据影响投保者的心理因素进行细分。有的消费者为了显示自己的身份和地位而购买保险，有的为了转嫁风险而购买保险，有的则无任何目的地盲目从众。例如，根据保险消费者的不同心理特征，可以把人身意外伤害保险市场细分为名人市场、旅游者市场、新婚夫妇市场、独生子女市场等。

一般情况下，投保者投保的心理主要是规避风险。除这种规避风险的心理因素外，还有许多别的心理因素在起作用，如趋时（仿效）心理，没有受过正式教育的人往往会成为这一类的冲动型和从众型消费者，在代理人的热情讲解下，较容易作出投保决定。再如，新兴起的特约保险中有一种器官保险。一些地位显赫、身居要职或具有某一专长的人物，对自己身体的某一部位十分看重，这个器官受损，就会直接影响到他们的事业和前途，于是便为这一器官投保，如"钢琴王子"理查德·克莱德曼为自己的双手投保金额高达 50 万美元的意外伤害保险，"香水巨星"艾佛里温为自己具有奇异嗅觉功能的鼻子购买 500 万美元的保险。这些做法的背后，不可否认地存在着一种成就心理，由此可增强投保人的光环效应，这比做广告的作用要大得多。

近年来，"雾霾险""高温险""爱情险"等创新险种抓住了一部分消费者的心理，获得较高的知名度，甚至获得较好的经济效益。

5. 根据保险消费行为细分保险市场

即根据消费者的投保行为将保险市场进行细分。投保行为因素包括消费者的投保时机、利益驱动、忠诚程度以及对保险的态度等。根据消费者不同的投保行为来细分保险市场称为行为细分。行为因素是进行市场细分的最佳起点。

（1）投保时机。这是根据消费者提出保险需求、购买保险单或得到保障的时机进行分类。某些险种在某个时机更为适用，例如：秋季开学是推销学生平安险的时机；旅游旺季时，人身意外伤害保险和各种交通工具保险的需求会增加。又如，随着我国社会保障制度改革的深化，越来越多的人投保各种养老保险、长期寿险以满足自身需要。

（2）利益驱动。每个消费者购买保险时都有追求的利益，根据所追求利益的不同可将其划分为不同的群体。这也是一种很有效的细分保险市场的方法。利用利益细分市场需要注意以下几点：首先，必须了解消费者购买某种产品所寻求的主要利益是什么；其次，要调查寻求某种利益的消费者是哪些人；再次，要了解市场上的竞争品牌各自适合哪些利益，以及哪些利益还没有得到满足。运用利益细分法来细分保险市场，可将保险消费者分为四种类型：

① 追求安全保障利益。这类人购买保险的主要目的是为在风险损失发生时能得到保险公司的补偿或给付，他们看重的是保险条款提供的各类保障，以及保险公司提供的防灾、防损服务。因此，保险公司在发生保险事故后如能及时合理地给予赔付，或平时如能经常给予安全指导等服务，就可以满足这类消费者的需求。

② 追求投资效益。这类消费者看重的是投保后将可以获得的资金回报率，即保险本金返还性和利率的高低。保险公司应大力开发储蓄性保险险种和分红保单业务，以适应这类消费者的需求。

③ 追求时尚。这类消费者也叫趋时型消费者。他们比较年轻且收入高，对生活、工作、收入、储蓄及未来持有新的观念，并愿意购买一些带有创意的保险险种。因此，保险公司应密切注意国际保险市场的发展趋势，不断开发、推出有时代特征的新险种，满足这类人的求新心理。

④ 侧重节俭。这类消费者在选择投保时，十分看重保费的多少，他们是否投保往往取决于保险费率的高低，并不看重保险所提供的保障范围。因此，保险公司除了要有综合保障型、费率高的服务项目外，还要有保障项目单一、费率低的险种，也要有适用性强、保障项目可分可合的险种。例如，定期死亡保险险种保障单一，费率较低，还能附加意外伤害保险和医疗费用保险，适用性较强，能使这类消费者的投保需求得到满足。

（3）忠诚程度。消费者对保险公司及其所推出的各种险种的偏好或忠诚程度也可以作为细分保险市场的依据。保险公司分析保险市场上消费者的忠诚程度是很有益处的。例如：分析研究绝对忠诚者的特点，可以比较清晰地知道自己的目标市场都是些什么人；分析不稳定忠诚者，可以发现本公司哪些险种最具竞争性，从而改善自己的市场定位；研究见异思迁者，可以了解消费者放弃本公司险种的原因，找出本公司营销工作中的弱点，以便及时改正；对于那些犹豫不决者，则可以通过推出新险种或特殊的促销办法来吸引他们。

(4) 对保险的态度。消费者对保险所持有的态度可分为五类：热爱、肯定、冷淡、拒绝和敌视。保险公司针对不同态度的消费者，可以采取不同的营销策略。对热爱和肯定者，应尽力提供良好的服务；对态度冷淡者，应尽力设法提高他们的兴趣；对拒绝和敌视者，则应加强保险宣传，提高他们的保险意识。消费者对保险的态度是保险业发展中要解决的一个重要问题。北京某媒介团体就京城百姓对保险认知情况进行过一次专项调查，其结果表明，有超过八成的被调查对象表示对保险不太了解或一点也不了解。因此，保险公司应制定出符合市场规律的营销策略，不但让更多消费者知道保险，更重要的是让他们尽可能多地了解保险各方面的知识，从而激发他们参加保险的热情。

三、保险市场细分的要求

划分细分市场的关键是确定消费者中哪些特征促使他们有相似的需求或产生明显的购买行为。并不是每个市场都能够或应该被细分的，成功有效的市场细分，必须符合一定的要求。

（一）分片集合化

市场细分的过程应从最小的分片开始，根据消费者的特点先把总体市场划分为一个个较小的分片，然后把相似的小片集合到一起，形成一个个较大的分片，对这些集合后的相对大的分片要求特征明确。每个分片（即细分市场）必须有各自的构成群体、共同的特征和类似的购买行为。

（二）可衡量性

细分市场必须是可识别、可衡量的，即细分出多少市场不仅范围要明晰，而且能大致判断出该市场的大小。作为细分市场标准的资料应该是能够得到的，有些消费者特征虽然重要，但不易获取或衡量，不适宜作细分的标准。细分后的子市场的人数、购买量及潜在购买能力应该是可以衡量的，否则，细分市场是不成功的。

（三）效益性

一方面，细分出来的市场必须在一定时期内具有稳定性。细分出太易改变或消失的市场是无价值的。保险公司占领市场后，要能在较长时间内无须改变自己的目标市场，从而制定较长时期的基本策略，避免目标市场的经常变动可能带来的风险，减少不必要的损失。另一方面，细分市场必须具备一定的市场潜力，能保证保险公司实现一定的利润（或者非利润）目标。一般来说，市场细分并不是越细越好，市场细分要取决于子市场的消费者人数与需求量。一个合适的细分市场，应该有足够多的潜在消费者,保险公司在该细分市场进行营销活动时,能够补偿经营成本,并能获得一定利润。

(四)可进入性

可进入性即细分出来的市场应是保险公司的营销活动能够通达的、保险公司的商品或服务能送抵的、保险公司的信息通过适合的媒体能传达到的市场。

四、保险市场细分的步骤

保险市场细分应包括一定的程序,如图 5-1 所示。

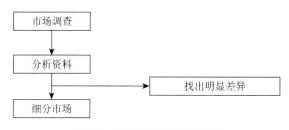

图 5-1 保险市场细分程序图

(一)市场调查

保险市场细分首先要进行市场调查,掌握大量市场环境、消费者的购买行为、竞争情况的资料。为了搜集充足的资料,达到精确地细分市场的目的,在进行抽样调查中,抽样的人数以较多为宜。调查的内容包括:(1)对保险重要性的认识程度;(2)保险公司的知名度;(3)保险的投保方式;(4)调查对象的人口变数、心理变数及宣传媒体等。

(二)分析资料

保险公司在搜集大量资料的基础上,了解到不同消费者的需求,分析可能存在的细分市场。在分析时,保险公司应考虑到消费者的地域分布、人口特征、购买行为等方面的情况。此外,保险公司还应根据自己的经营经验,作出估计和判断。确定细分市场所考虑的因素时,保险公司应分析哪些是重要的,然后删除那些对各个细分市场都是重要的因素。例如,保险费低可能对所有潜在消费者都是很重要的,但是,这类共同的因素对细分市场并不重要。

(三)细分市场

保险公司应根据有关市场细分的标准,对保险市场进行细分,还应根据各个细分市场消费者的特征，确定这些细分市场的名称，然后把各个细分市场与人口地区分布和其他有关消费者的特征联系起来，分析各细分市场的规模和潜力，以帮助选择目标市场。

第二节 保险营销目标市场选择

目标市场是指在需求异质性市场上，保险公司根据自身能力所能满足的现有和潜在的消费者群体的需求，是保险公司决定要进入的市场，准备为之提供保险服务的顾客群体。如果保险公司经过营销研究，决定开发满足白领阶层需求的保险产品，白领阶层便是它的目标市场的主体。有了明确的目标市场，保险公司才可以提供适当的产品或服务，并根据目标市场的特点制定一系列的措施和策略，实施有效的市场营销组合，即目标市场营销。保险公司的一切营销活动都是围绕目标市场进行的，目标市场的性质会对保险公司所做的营销决策产生巨大影响。

保险公司的内部因素，财力、物力、人力及产品的特征各有差异，市场竞争的状况也不相同，产品所处的经济生命周期也不会在同一阶段。因此，关于市场细分的策略应用、用不用细分的办法、细分到什么程度，都要根据具体情况确定。

一、评估细分市场

为了选择适当的目标市场，保险公司必须对有关子市场进行评估。保险公司评估细分市场主要从三方面考虑：一是细分市场的规模和增长潜力；二是细分市场的吸引力；三是保险公司本身的目标和资源。

（一）市场规模和增长潜力

评估细分市场是否具有适当规模和增长潜力，所谓适当规模，是就保险公司的规模与实力而言的。较小的市场对于大保险公司，不值得涉足；而较大的市场对于小保险公司，又缺乏足够的资源来进入，并且小保险公司在大市场上也无力与大保险公司竞争。同时，市场增长潜力的大小，也关系到保险公司销售和利润的增长，但有发展潜力的市场也常常是竞争者激烈争夺的目标，这又减少了它的获利机会。

（二）细分市场的吸引力

吸引力主要指长期获利的大小。一个市场可能具有适当规模和增长潜力，但从获利观点来看不一定具有吸引力。有五种力量决定整体市场或细分市场是否具有长期吸引力，分别是现实的竞争者、潜在的竞争者、替代产品、购买者和供应者。保险公司必须充分估计这五种力量对长期获利能力所造成的威胁和机会。

如果某个市场上已有为数众多、实力强大或者竞争意识强烈的竞争者,该市场就失去吸引力;如果某个市场可能吸引新的竞争者进入,他们将会投入新的生产能力和大量资源,并争夺市场占有率,这个市场也没有吸引力;如果某个市场已存在现实的或潜在的替代品,这个市场就不具有吸引力;如果某个市场购买者的谈判能力很强或正在加强,他们强求降价,或对产品或服务苛求不已,并强化买方之间的竞争,这个市场就缺乏吸引力。

(三)保险公司本身的目标和资源

有些细分市场虽然规模适合,也具有吸引力,但还必须考虑:(1)是否符合保险公司的长远目标,如果不符合,就不得不放弃;(2)保险公司是否具备在该市场获胜所必要的能力和资源,如果不具备,也只能放弃。

众诚车险:"大树"底下好乘凉

众诚汽车保险股份有限公司(以下简称众诚车险)于2011年6月在广州市成立,不仅实现了广州中资保险法人机构零的突破,同时也成为国内首家由汽车集团控股的保险公司。

在众诚车险6家发起股东中,除广汽集团外,广州汽车集团零部件有限公司与广州汽车集团商贸有限公司同为广汽集团子公司,广州市长隆集团也是广汽集团的股东之一。其余两家股东为广东粤财信托及广东粤科风险投资集团。不仅如此,据了解,广汽集团及其下属公司持股六成以上,实现绝对控股,广汽色彩相当浓厚。

众诚车险董事长袁仲荣表示,众诚车险的成立既有助于完善汽车产业链,又可整合汽车产业资源优势,打造新型的保险平台。

首都经济贸易大学保险专家庹国柱认为,众诚车险在销售渠道和维修成本上颇具优势。目前,导致国内车险行业难见承保利润的主要几个原因,就在于渠道竞争的激烈和赔付率居高不下等。一旦与汽车相关产业建立起资本纽带关系,那么,车险公司的盈利空间将会上升。这将打破车险承保利润低的怪圈。

业内认为,众诚车险背靠广汽集团,在销售渠道和维修成本上更具优势,将打破车险承保利润低的怪圈。这或将改写广东车险市场的竞争格局,乃至全国车险市场的竞争格局。

资料来源:《保险中介》杂志,众诚车险:大树底下好乘凉,http://finance.sina.com.cn/money/insurance/bxyx/20111107/155010708313.shtml2011-11-07。

二、目标市场策略

保险公司对细分市场评估之后，就要决定采取何种营销策略。可供保险公司选择的目标市场策略主要有无差异性市场策略、差异性市场策略和集中性市场策略。

（一）无差异性市场策略

无差异性市场策略是指保险公司用一种无差异产品和一套营销方案吸引所有的消费者。保险公司只推出一种产品，将整个市场确定为该产品的目标市场，并为该产品设计单一的直接面向整个市场的营销组合。采用无差异营销策略的主要优点是：可以节约成本，并相应地降低消费者的购买价格。例如，泰康人寿保险公司面向所有客户销售"泰康 e 顺综合意外险"，该险种的费率低至万分之五点五，是当时国内最低价格水平之一，仅为常规渠道同类险种费率的四分之一左右。

采用无差异营销策略的一个潜在危险是，它忽略了在整体市场的各个细分市场中存在的差别，消费者多样化的需求得不到充分满足。当保险公司遇到定制化的保险产品提供者时，保险公司试图以一种产品来满足整个市场中的所有消费者的需求就会处于不利地位。另外，如果在同一市场上许多保险公司都采用无差异性策略，就会使市场上的竞争异常激烈，最后可能形成全行业亏损的后果。

一般而言，无差异性市场策略适用于两种情况：一是具有同质性市场的产品；二是具有广泛需求、可能大批量销售的产品，如那些需求差异小、需求范围广、适用性强的保险险种。值得一提的是，市场是不断变化的，那些具有同质需求的产品和需求差异性较小的产品，随着时间的推移，很可能在多种因素的作用下，由同质渐变为异质，由差异性较小渐变为差异性较大。如果保险公司不注意这些变化并及时改变策略，有可能使保险公司陷入困境。

（二）差异性市场策略

差异性市场策略是指保险公司针对每个细分市场的需求特点，分别为之设计不同的产品，采取不同的市场营销方案，满足各个细分市场不同的需要。当保险公司采用差别营销策略时，消费者通常会获得较好的服务。而且，增加分处不同细分市场的消费者的满意程度，通常也会取得比其他两种策略更多的销售量。然而，采用差别营销策略的成本一般会超过其他策略的成本。

采取差异性策略的保险公司，一般拥有较宽、较深的产品组合和更多的产品线，实行小批量、多品种生产；不仅不同产品的价格不同，同一产品在不同地区市场价格也有差异；分销渠道可能各不相同，也可能几种产品使用同一渠道；促销活动也有分有合，具体产品的广告宣传分开进行，而保险公司形象的宣传则常常是统一的。运用这一策略的前提是销售额扩大所带来的利益必须超过营销总成本的增加。由于受有限资源的制约，许多中小保险公司无力采用此种策略。较为雄厚的财力、较强的技术力量和高水平的营销队伍，是实行差异性市场策略的必要条件。

(三) 集中性市场策略

集中性市场策略又称密集性策略，是指保险公司选择一个或少数几个子市场作为目标市场，制定一套营销方案，集中力量为之服务，争取在这些目标市场上占有大量份额。这是一个比较特殊的策略。前两种策略不论哪一种，面对的都是整个市场。采取集中性策略，是集中针对部分市场。这样的决策主要是考虑要避免财力资源的过于分散，也就是说把保险公司的实力集中用于一部分细分市场来求得成功。这个策略的出发点，不是在一个大的市场当中寻求一个小的占有率，而是谋求在小的市场当中获得比较大的占有率。这种策略的优点是可以节省费用，可以集中精力创名牌和保名牌。

这是一种特别适用于小保险公司的策略。小保险公司的资源和营销能力，使其无法与大保险公司正面抗衡。但通常市场上总存在着这样一些子市场：它们的规模与价值对大保险公司来说相对较小，因而大保险公司未予注意或不愿满足，但却足以使一个小保险公司生存并发展。如果小保险公司能够为这样的子市场推出独特的产品，并全力以赴加以开拓，则往往能够实现目标。实行这种策略，可以使某些子市场的特定需求得到较好的满足，因此有助于提高保险公司与产品的知名度，今后一旦时机成熟，便可以迅速扩大市场。

这种策略的不足之处在于经营风险较大，相当于将全部鸡蛋放在同一个篮子里。因为选择的市场面比较窄，把全部精力都集中在一个地方，一旦市场中的消费者突然改变了需求偏好，或某一更强大的竞争对手闯入市场，或预测不准以及营销方案制订得不利，就会使保险公司因为没有回旋余地而陷入困境。因此，采用这一策略的小保险公司必须特别注意产品的独到性及竞争方面的自我保护，还要密切注意目标市场及竞争对手的动向。采用集中性市场策略的另一个危险是成为"从众谬误"的牺牲品。"从众谬误"的意思是对最大的、最容易识别的或者最容易进入的细分市场盲目追求。当公司成为"从众谬误"的牺牲品时，它们全都去追求人人都相信最好、最大、最可能获利的细分市场。由于竞争的压力，保险公司可能会发现这些"较大、较好"的细分市场实际上比某些被忽略的较小的细分市场的获利性更小。识别并将其他保险公司没有充分满足的小细分市场确定为目标市场，这是一种有利可图的集中营销形式。

三种可供选择的目标市场策略见图 5-2。

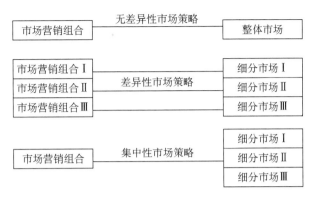

图 5-2 三种可供选择的目标市场策略

三、目标市场选择的依据

上述三种目标市场策略各有利弊和适用范围，保险公司在选择目标市场策略时，必须全面考虑各种因素，权衡得失，慎重决策。需考虑的因素主要有以下四个方面。

（一）保险公司的实力

一般地，大型保险公司的实力比较雄厚，人力、物力、财力资源比较充足，它们有条件采用无差异性市场策略和差异性市场策略。而中小保险公司由于没有这个实力，比较适用集中性市场策略。

（二）市场差异性的大小

指市场是否同质。如果市场上的所有顾客在同一时期偏好相同，对营销刺激的反应也相近，则可视为同质市场，宜实行无差异性营销策略；反之，如果市场需求的差异性较大，则为异质市场，宜采用差异性或集中性策略。

（三）保险产品所处的市场生命周期的阶段

新产品在试销期和成长期较适合于采用集中性市场策略或是无差异性市场策略，到了成熟期，适合采用差异性市场策略和集中性市场策略。

（四）竞争对手状况

一般来说，保险公司的目标营销策略应该与竞争对手有所区别，反其道而行之。假如竞争对手采用的是无差异性市场策略，则本保险公司应当采用差异性或集中性市场策略。当竞争对手已经采取了差异性营销策略，本保险公司就不宜采用差异性市场策略。当然，这些只是一般原则，并没有固定模式，保险营销者在实践中应根据竞争双方的实力比较和市场具体情况灵活运用。

第三节 保险营销市场定位

保险公司目标市场确定后,就必须为吸引目标顾客而给自己定位,以突出自己的个性,树立一种形象,形成自身优势,并与竞争对手相区别,增强自己的吸引力和竞争力。

一、市场定位的概念

市场定位是指为某产品确定一个与竞争者及其产品相对的位置或市场地位,并整合营销策略来支撑这一地位。具体地说,就是要在目标顾客的心目中为保险公司和险种创造一定的特色,赋予一定的形象,以适应消费者一定的需要和偏爱。这种特色和形象可以是实物方面的,也可以是心理方面的,或者两方面兼有。市场定位的基本出发点是竞争,是一种帮助保险公司确认竞争地位、寻找优势、制定竞争策略的方法。通过定位,保险公司可以进一步明确竞争对手和竞争目标;通过定位,保险公司也可以发现竞争双方各自的优势和劣势。实质上,市场定位最终就是要设法建立一种竞争优势,以便在目标市场上吸引更多的顾客。保险公司的市场定位是一种战略,所以,定位决定其市场营销组合。

二、市场定位的程序

一个完整的市场定位过程,通常由以下四个环节组成。

(一)了解竞争者的地位

调查了解竞争者为其产品设计的形象和该产品在市场上(或者在消费者或用户心目中)实际所处的位置。这样才可以知彼知己,对症下药。

(二)明确自身可利用的竞争优势

保险市场上可利用的竞争优势有两种类型:一是在同样条件下比竞争者定出更低的费率;二是提供更多的特色险种和优质的保险服务,以满足消费者的特殊需要。对于前者,应该看到保险费率的厘定是以风险发生的频率和程度以及保险公司经营状况为依据的,不能随意浮动。在第二种情况下,保险公司应努力发展特殊险种,提供全方位的保险服务。因此,保险公司高层次的竞争优势应该放在后者上。

(三)正确选择竞争优势

保险公司在多种竞争优势并存的情况下,要运用一定的方法评估选择,准确地选择对保险公司最适合的竞争优势加以开发。如果有些优势过小而开发成本太高,或与公司的形象不一致,可以弃之不用。例如,有些保险公司机构小、人员精干、经营成本低,可以选择低费率的策略去战胜竞争对手;有些保险公司经营成本高,就只有选择开发新险种和提高服务质量的竞争优势。

(四)正确营销竞争优势

保险公司必须采取具体方法建立自己的竞争优势,进行保险公司形象设计并大力宣传推广,因为保险公司的竞争优势不会自动在市场上显示出来。想要建立优质服务的保险公司,就应该增加招聘保险代理人和经纪人,并严格加以培训,然后让他们去宣传本公司的服务能力及优势,把自己公司的定位准确地传播给潜在的保险购买者并且成立专门的客户服务部门为客户提供专业服务。

总之,市场定位是一个连续的过程,它不应仅仅停留在为某个保险公司及其产品设计和塑造个性与形象的阶段,更重要的是如何通过一系列营销活动把这种个性与形象传达给顾客。市场定位的最终目的是使产品的潜在顾客觉察、认同保险公司为产品所塑造的形象,并培养顾客对产品的偏好和引发购买行动。因此,保险公司在实施定位的过程中,必须全面、真实地了解潜在顾客的心理、意愿、态度和行为规律,提出和实施极具针对性的促销方案。只有这样,才能从真正意义上使保险公司或产品在市场上确定适当的竞争地位。

专栏 5-4

太平养老:聚焦养老国家战略,助力养老高质发展

作为我国首家国有专业养老保险公司和首批企业年金法人受托机构,太平养老积极参与养老第二支柱的实践与探索,助力多层次养老保险体系建设,其企业年金受托管理金额超千亿元,受托管理企业数过万家。

受托人是企业年金治理结构中的核心,承担着其他管理人选择与考评、战略资产配置、投资监督、运营管理等重要职责,被称为"大管家"。

科技赋能,当好"大管家"

为了当好"大管家",太平养老致力于用科技赋能,打造"数据接口化、运营自动化、管理标准化"的运营体系,提升运营管理效能。太平养老在其构建的"四位一体"受托信息系统架构中,除了委托人服务系统,还包含养老金核心系统、受托资产管理系统、受托投研分析系统。其中,养老金核心系统是国内第一套自主研发的受托系统,近二十年间持续迭代开发,系统功能仍在不断丰富。

管好"钱袋子",守护"最美夕阳红"

为管好职工补充养老基金的"钱袋子",太平养老以"科学配置、严控风险、动态把控、稳健收益"为受托资产管理目标，依托专业的受托资产管理团队、不断优化的资产配置理念以及先进的受托资产管理模式，形成了以资产配置、投资管理人评价及投资监督为核心的受托资产管理体系，确保年金基金稳健运营和保值增值。

随着我国社会老龄化程度的不断加深，积极应对人口老龄化已成为国家战略。作为养老"三支柱"建设的重要参与者、中国企业年金受托的行业先锋，太平养老将在探索中不断规范，在前行中不断创新，在发展中践行使命，以专业的养老金管理和优质的客户服务，一同守护"最美夕阳红"。

资料来源：上海新闻网，http://www.sh.chinanews.com.cn/swzx/2022-11-16/105477.shtml2022-11-16。

本章小结

细分市场有各自的特点，保险机构应该能够区分并加以利用，这样有利于保险机构发现和比较市场机会，有利于保险机构对资源进行有效配置，有利于保险机构制定适当的营销策略。

市场细分可以完全细分、单因素细分或多因素细分，可以按照地理区域因素、人口统计因素、经济收入因素、消费者心理因素、消费者行为因素等进行细分。细分时要注意细分市场的有效性，即差异性、可衡量性、效益性和可进入性。

保险机构要根据市场规模和增长潜力、细分市场的吸引力、保险机构本身的目标和资源等评估细分市场，可以灵活运用无差异性市场策略、差异性市场策略和集中性市场策略来满足市场需求。

保险机构要为其产品确定一个与竞争者及其产品相对的位置或市场地位，并整合营销策略来支撑这一地位，包括了解竞争者的地位、明确自身的竞争优势、正确选择竞争优势、建立营销竞争优势等。

本章关键词

市场细分　细分市场　目标市场　市场定位　目标营销　无差异性营销　差异性营销　集中性营销

复习思考题

1. 细分保险市场的标准主要有哪几类?
2. 举例说明市场细分、目标市场选择和市场定位之间的关系。
3. 保险公司评估细分市场主要从哪些方面考虑?评估细分市场有什么意义?
4. 保险公司目标市场营销策略有哪几种?对每一种作简要说明。
5. 保险公司如何做好市场定位?

第六章

保险产品策略

学习目标
- 理解保险产品概念的层次
- 了解保险产品的特点
- 熟悉保险产品生命周期与营销策略
- 掌握保险产品的分类
- 了解保险产品开发的程序
- 掌握保险产品组合策略

第一节　保险产品概述

一、保险产品整体概念

保险营销工作以消费者需求为出发点，通过提供某种产品（或服务）满足需求，如果没有适合市场、有竞争力的产品，其他工作都无从谈起，这首先要求对保险产品有清晰的认识。保险产品本身所具有的无形性等特征决定其内涵更具复杂性。

广义的产品也称商品，包括物质形态的产品和非物质形态的服务。消费者购买某种产品，不仅仅得到该产品的物质实体，还通过购买该产品来获得某方面利益的满足。从市场营销学的角度来看，产品是一个整体概念，是指能够提供给市场从而引起人们的注意，通过购买和消费，满足消费者某种欲望或需求的综合体。它既包括具有物质形态的产品实体和产品的品质、特色、品牌，也包括产品所带来的非物质形态的利益，如服务、策划、主意等。具体地说，产品的整体概念包括核心产品、形式产品和延伸产品。

保险产品是保险人以市场需求为导向开发的，并提供给市场，满足消费者转嫁风险、补偿损失等需要的服务承诺。保险产品同样包含三个层次（如图6-1所示）。

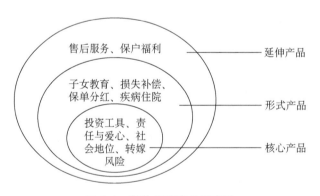

图6-1　整体保险产品示意图

（一）核心产品

核心产品是产品整体概念中最基本、最主要的层次，它是消费者购买产品的目的所在，是消费者追求的效用和利益。消费者购买一种产品，不仅是为了占有一种有形的、可触摸的物体，而且是为了满足自身特定的需要和欲望。就保险产品而言，其核心功能是经济补偿，即保险人对被保险人遭受保险合同约定的风险事故时，按照合同和法律规定对被保险人或受益人进行补偿或给付。保险产品的一个基本价值就是它承保的风险范围及相应的保障程度。因此，在设计保险产品时，首先必须确定核心产品给消费者带来的利益。

（二）形式产品

保险产品是一种服务产品，服务产品的最大特点之一是无形性。有形服务是指把保险产品的核心部分转换为一种有形的服务标志。也就是说，消费者的某一需求必须通过特定的形式来满足。为了让客户能够获得核心产品的服务，需设立服务系统和服务项目。如人寿保险的服务形式具有为消费者提供生活保障、子女教育费用、养老费用、伤残费用、保险单分红等功能。保险产品这些服务的不同组合能满足消费者的不同需求。

（三）延伸产品

延伸产品也称附加产品，是消费者在购买保险产品时所获得的各种附加利益的总和，能满足消费者的更多需要。它包括售后服务、促销赠品、保户福利等。这说明，未来保险市场竞争的关键在于保险产品所提供的附加价值。出售保险产品本身就是提供服务，服务水平和服务质量的高低关系到保险企业的生存和发展，所以，许多保险企业千方百计地为客户提供真诚、周到的服务，如为客户提供老人、儿童或病人的看护，协助安排养老院，定期健康检查等。因此，保险公司期望在激烈的市场竞争中获胜，就必须正确发展附加产品。

保险产品整体概念的三个层次，十分清晰地体现了一切以消费者为中心的现代营销观念。一个保险险种的价值是由消费者决定的，而不是由保险人决定的。因此，保险公司必须更多地关注客户而不是保险产品，必须努力为保户创造附加价值。

二、保险产品的特征

（一）保险产品的无形性

保险产品的无形性特征对保险产品的营销具有重要影响。保险产品通常不为人们提供一个直观的客体，它既没有自己独立存在的实物形式，也不能以某种物理属性直接满足人们生活和生产上的需要。因此，保险消费者很难通过所看到的保险产品来激发自己的购买欲望，或对这些产品进行检查、评价。由于保险产品的抽象性和无法预知购买效用的特点，消费者在购买保险产品时，实际上是在购买保险公司的信誉及业务人员的专业服务。因此，保险营销人员的首要任务就是将这种无形的保险产品增加其有形的成分，即通过保险服务和保险宣传等各种有形的方式，让广大顾客认识、感知以及判断保险产品的质量及效用，从而作出购买决策。

（二）保险产品需求的潜在性

保险产品所保障的是风险事故和损失，而这些风险是发生在将来的。但是，将来究竟会在何时、何地、如何发生何种程度风险损失都是无法预料的，而且人们往往觉得风险的发生，如养老、死亡都是太遥远的事情。因此，虽然有预防风险的想法和打算以及得到这些风险保障的需求，但是，这种需求并不急切。消费者在日常生活中很少有机会认识到风险保障的重要性，除非身边发生了不幸事故。由此可见，保险营销人员要把这种潜在的需求变为现实的、有效的需求，就需要付出远比其他产品营销人员更多的精力与时间。同时，也要求保险营销人员具有相当的保险专业知识，能够将保险产品的潜在需求一针见血地指出来，促使消费者意识到保险产品的重要性，认同并购买。在生活中，每次重大灾难事件发生，都会促进保险需求的释放。保险业务人员应该抓住这些机会，提供优质服务，满足保险需求，切实发挥保险的作用。

（三）保险产品的可替代性

保险非常重要的职能之一就是风险分散与经济补偿，它能够满足人们生活安定和社会生产稳定的需求，但这种职能并不一定非要通过保险来完成。例如，人寿保险的作用就是为人们提供养老和家庭收入的保障，而养老和保障家庭收入的办法有很多，如通过社会保险制度也可以满足人们的这种需求。世界各国的社会保障制度证明：一个国家的社会保障制度覆盖面越广，提供的养老金水平越高，则该国国民对养老保险的需求就越低，反之，则越高；一个国家社会保障制度提供给遗属的保障越高，则该国国民对死亡保险的需求越低。此外，人们还可以通过银行存款、购买房地产等其他资产来储蓄退休后和身故后的家庭生活费用。因此，保险营销人员如何将大多数消费者的需求吸引到保险产品上来，建立稳定的顾客群，是一个值得研究的问题。

（四）保险产品交易的长期性

保险产品的核心功能决定了其交易的长期性。因为保险是提供在将来发生特定保险事故时支付一定保险金的承诺，其实际履行与否基于将来是否发生保险事故。因此，保险交易的完成，短则几个月或一年，长则几年或几十年。尤其是人寿保险产品，无论是生存保险、死亡保险或两全保险，其合同往往长达几年或几十年之久。例如，一个20岁的人，购买以60岁生存为给付条件的养老保险，要到40年后保险单的使用价值才开始显现。保险合同期限久远的这一特征，使得消费者对保险产品的作用不能真正或充分了解，认为缴了许多保险费，所得到的只是一纸承诺，要到若干年后才能兑现。因此，有些人不会主动向保险公司购买保险，需要保险营销人员做大量的招揽业务工作，广泛宣传，解释保险产品的真谛。

（五）保险产品的隐性等价交换关系

保险产品交换是不是等价交换？从价值规律出发，产品交换必须是等价的，至少交换双方均认为是等价的。无论是个别交换，还是总体交换，都不能违背等价交换原则，保险产品的交换也是一样。但是，保险产品的等价交换关系不如其他产品表现明朗化。

从表面现象来看，个别保险产品交换活动似乎是不等价交换的，如有些人交了保险费却未得到赔偿，有些人得到的赔偿金额却超过所付保险费的百倍、千倍以上。但是，从保险产品交换的总体上看，以保险人总体为一方和被保险人总体为另一方的双方交易具有等价交换关系。投保人支付保险费来取得保险保障，是因为他们在比较风险处理财务的机会成本上，认为保障值这个价，两相情愿就是等价交换。保险营销人员如不能讲明这个道理，投保人也就不会下决心购买保险。

三、保险产品的分类

关于保险产品的分类，在保险基础课程中有详细介绍，在此只做简单概述。

（一）财产保险产品

广义的财产保险产品包括所有为物质财产及相关利益提供保障的保险产品或险种，如各种财产保险、责任保险、信用与保证保险等。狭义的财产保险一般只包括火灾保险、海上保险、货物运输保险、运输工具保险、工程保险、科技保险、农业保险等。

（二）人身保险产品

人身保险产品是为人的寿命和身体提供保险保障的保险产品或险种。传统的人身保险产品主要包括人寿保险、人身意外伤害保险、健康保险。由于分红保险、投连保险、万能保险等在目前占据极大的保费收入份额，得到日益重视，这一类险种被统称为新业务或新型寿险。严格来讲，新型寿险本质上仍然属于人寿保险的范畴，只是其预定利率不再固定而已，这一点与国外利率变动型产品（变额寿险）相似。

以上保险产品的分类主要是依据保障标的物不同而区分。除此之外，还可以用其他依据进行区分，例如，依据购买者身份来区分的个险与团险，依据立法而区分的商业险和法定险等。保险公司甚至可以依据渠道对产品进行区分，例如，个险、银保、电销、网销等渠道专属产品。熟悉产品分类，可以加深对产品的理解，有利于在保险产品开发与设计中拓展思维。

第二节　保险产品开发与设计

一、保险产品开发概述

（一）保险产品开发的概念

保险企业之间的竞争不仅表现在价格、促销等方面，而且越来越多地从商品本身表现出来。随着消费者的购买需求迅速发生变化，保险企业要不断推出新产品，满足投保人的需求，以求在激烈的竞争中立于不败之地。保险产品开发是指保险公司根据保险目标市场的需求，在市场调查的基础上，组织设计保险新产品及改造保险旧产品等活动的过程。它是实现保险公司经营目标的手段，是保险公司经营的起点。保险产品的开发对于保险公司的市场开拓以及保险经营目标的实现具有重要意义。

（二）保险产品开发的原则

1. 市场需求原则

市场经济和保险业发展的内在规律要求保险公司在险种的设计、开发、销售上必须按市场需求进行运作。市场需求是保险产品开发的标杆。没有市场需求，产品即便是开发出来也没有生命力。因此，以市场需求为导向开发新产品显得尤为重要。例如，随着信息技术的飞速发展，电脑已在科技、卫生、金融、电信等众多领域得到广泛应用，相应的电脑硬件以及信息安全等保险需求日益增长。企业的转制和改制、国家重点工程建设、环境保护、住房商品化、国家医疗制度改革、社会保障体制改革、专业技术人员的职业化、教育产业化等，均为开发新的寿险和非寿险产品、培育新的业务增长点提供了广阔的空间。

2. 效益性原则

保险公司的经营必须讲效益，而产品的开发就必须从效益性出发，做到保险新产品的开发既能适应国民经济发展的需要，又能合理防范和减少风险，为公司带来合理的商业利润。新开发的保险产品要取得可观的经济效益，必须注意处理好三个关系：第一，社会效益和自身经济效益的关系；第二，产品开发与销售推广的关系；第三，眼前利益与长远利益的关系。

3. 合法性原则

保险产品开发必须坚持合法性原则，尤其不能与社会公共利益相违背。例如，寿险产品的开发，其费率、预定利率的确定都必须符合《保险法》及监管部门的相关规定，不得随意提高或降低费率标准，不得随意提高预定利率，否则，所开发的险种就是违法的，也不允许在市场上销售。

专栏6-1

保监会134号文件出台

不管保险行业怎么创新和发展，都要坚持行业根本价值理念，"保险姓保"的价值理念不能变。近日，保监会下发人身险〔2017〕134号文件——《中国保

> 监会关于规范人身保险公司产品开发设计行为的通知》，对人身险产品设计提出了更高的要求。134号文件被称作史上最严新规，引发了整个保险市场震动。文件将于10月1号正式施行。
>
> 两条红线不能碰：
>
> 一、产品不能附加万能险账户，即万能险不能以附加险形式存在；
>
> 二、年金保险5年内不得返还，5年以后每年返还金额不能超过已交保费的20%。

4. 规范性原则

开发新产品与完善现行险种是保险公司业务管理的重要内容之一，建立有效的保险产品开发机制，实行规范化管理，提高防范保险经营风险的能力，是保险市场竞争和发展的需要。对于新产品的开发，要有一套规范的流程及严格的管理办法，并实行条款逐级报批制度，自觉接受监管部门的监管；条款的名称、体例应符合CI[①]规定，充分体现公司的CI形象。

5. 国际性原则

我国加入WTO后，中资保险公司要想在中国保险市场中站稳脚跟，在竞争中立于不败之地，保险产品开发工作必须适应经济形势的发展需要，增强与国际保险市场接轨的能力，在条款设计上积极吸收国外的先进技术。因此，必须加强对国外保险市场的调研，使条款设计更趋完善，更加贴近市场。如我国保险市场上新开发的计算机设备保险、知识产权保险、律师责任保险及寿险方面的分红产品、投资连结产品，都向国际化保险产品迈进了一大步。

当然，在熟悉国内外保险产品的前提下，国内保险公司也应该结合国情和公司实际，尝试开发具有国际领先水平的保险产品。

二、保险产品开发的策略

保险产品开发策略是指保险产品开发的方法和途径，集中体现着保险公司的业务经营战略，是保险公司经营策略的重要构成部分。产品开发的目的在于选准公司的业务经

---

① CI是英文Corporate Identity的缩写，有些文献中也称CIS，是英文Corporate Identity System的缩写，直译为企业形象识别系统，意译为企业形象设计。CI是指企业有意识、有计划地将自己企业的各种特征向社会公众主动地展示与传播，使公众在市场环境中对某一个特定的企业有一个标准化、差别化的印象和认识，以便更好地识别并留下良好的印象。CI一般分为三个方面，即企业的理念识别——Mind Identity（MI）、行为识别——Behavior Identity（BI）和视觉识别——Visual Identity（VI）。

营方向和战略,争取有利的竞争地位和较大的市场份额。各保险公司在产品开发时可以根据保险市场的具体情况和公司的现实条件,采用不同的技术策略、组合策略、组织策略、时机策略。

(一)保险产品开发的技术策略

(1)创新策略。即根据市场需求特点及趋势,设计开发出全新保险产品。著名的英国劳合社开发过无数个新险种,设计了世界上第一张汽车保险单、第一张飞机保险单、第一张海洋石油保险单、第一张卫星保险单等,从而奠定了在世界保险业中300年来的特殊地位。泰康人寿开发的"飞常保"、华泰财险开发的"退运险"等都取得了良好的经济效益或社会效益。但是因创新型产品属于首创,保险公司要承担较大的风险。产品技术创新需要企业具有雄厚的技术实力、管理实力和营销实力,一般的小保险公司难以持续为之。

(2)改进策略。即对现存保险公司的险种进行技术改进,保持其长处,克服其缺陷,以便对保险客户更具有吸引力。该策略的运用可节省公司的人力、物力,所以,许多保险公司采用这一策略来竞争保险业务,但它也存在着险种易被其他公司效仿的缺陷。对于小保险公司而言,走技术创新之路比较困难,而对现有产品进行适当改进,应该是一条捷径。如在传统的人寿保险产品基础上推出变额人寿保险、可调整的人寿保险、万能人寿保险和变额万能人寿保险等产品。改进可以是功能上的完善,也可以是保险费率、缴费方式、服务形式等方面的进步。

(3)引进策略。即直接从其他保险公司那里原样引进险种。这种策略因有具体参照物而不费财力、人力,风险甚小,虽然在具体运作中具有滞后性,但也为许多保险公司所采用。例如,中国平安保险公司参照日本一家保险公司率先在国内开办了癌症保险,结合中国的实际情况,推出了保障癌症风险的"平安康乐"保险。

(二)保险产品开发的组合策略

(1)财产险之间的组合。即对现有财产保险产品进行合理重组,如汽车保险与汽车第三者责任保险组合在一起销售,家庭财产保险附加盗窃险等。

(2)人身险之间的组合。即对人身险所属的各种产品进行合理重组,如以养老保险为主险,以大病保险为附加险的组合等。

(3)财产险和人身险相组合。即对这两个大类所含小类进行合理组合,如财产保险系列中附加人身意外伤害保险。《保险法》规定:"保险人不得兼营人身保险业务和财产保险业务。但是,经营财产保险业务的保险公司经国务院保险监督管理机构批准,可以经营短期健康保险业务和意外伤害保险业务。保险公司应当在国务院保险监督管理机构依法批准的业务范围内从事保险经营活动。"如某财产保险公司按照其业务范围,将在旅游险组合方案中将意外险和个人第三者责任险进行组合,以满足游客在旅行中的保险需求。

(三) 保险产品开发的组织策略

保险产品的开发过程需要有效地组织和协调,如何组织人力、财力、物力和技术,保险企业需要根据实际情况采取不同的组织策略。

(1) 自主开发险种。即由保险企业通过自己的市场调查部门、产品设计部门及专门人员来开发产品,一般为实力雄厚的大保险企业所采用。

(2) 联合开发险种。联合开发险种是指保险公司与其他保险公司、代理人、经纪人或有关社会机构合作,共同设计推出新险种。例如,直接聘请有关社会机构的专家(保险及法律专家等)介入险种开发,让他们参与险种设计,就可以少走弯路,并提高险种的质量;还可依靠代理人或经纪人的调查和意见开发新险种。对一些涉及较大的巨额风险,多个保险公司联合攻关、共同承保。这些均是各国保险公司惯常采用的险种开发组织策略。

(四) 保险产品开发的时机策略

(1) 抢先策略。即争取在保险市场上最先推出某种新产品。因为市场上有需求,又无竞争者,所以,抢先推出新产品可能为企业带来可观利润,可最先占领某类保险市场,提高企业形象和信誉。但正因为抢先一步,无先例可资借鉴,也面临着一定的风险。竞争中处于市场领先地位的企业通常采用这一策略。

(2) 跟随策略。即根据其他保险公司的某一新险种的经营情况,摸清市场情况及该险种效益情况后,结合本企业特点,紧紧跟随潮流开发新产品分享该险种市场和效益。当某一险种的效益滑坡,走向衰竭之时,迅速撤离市场,避免损失。

(3) 拖后策略。先观察其他企业的产品经营绩效,借鉴其经验,吸取其教训,再开发或改进产品。虽然在产品开发时间上落后了,但往往具有后发优势,能开发出更新、更有吸引力的险种,取得良好的营销效果。

三、保险产品开发的程序

保险产品开发是一项十分复杂而又极具风险的工作,它直接关系到保险营销的成功和失败。因此,保险产品的开发必须按一定的科学程序来进行。保险产品开发的程序有构思、构思的筛选、新险种测试、开发设计、试销与推广和商品化。

(一) 构思

构思是对未来保险产品的基本特征的构想,是新产品开发的起点。这些构思可以通过内部途径和外部途径获得。从内部途径来看,主要有保险公司的有关职能部门及其人员，如保险理赔部及理赔人员、保险企业管理人员、保险营销员、保险核保员等。从外部途径看，主要有客户调查、客户抱怨和建议、竞争者、科研机构、政府部门等。构思必须具有新意、前瞻性。构思的基本方法一般有以下五种。

(1) 客户期望法。即将了解到的市场上所关心、期望甚至急需的风险防范事项进行研究，从而为开发能够唤起消费者需求的保险产品提供思路。例如，随着我国人口老龄化的来临，老年人的保险需求，尤其是对护理保险的需求量将大大增加，由此可以进一步调查分析这种需求的规模有多大。近年来，市场上出现了一些医养结合的保险产品。

(2) 增减保险责任法。该方法是将现有保险产品的保险责任，结合市场情况进行增减，从而产生新险种。例如，2020年实施车险综合改革，《中国保险行业协会机动车商业保险示范条款（2020版）》的机动车损失保险在现有责任基础上，进行了大幅增加，如：增加机动车全车盗抢、玻璃单独破碎、自燃、发动机涉水、不计免赔率、无法找到第三方特约等；还开发了车轮单独损失险、医保外用药责任险等附加险产品，为消费者提供了更完善的车险保障服务；条款还删除了实践中容易引发理赔争议的免责条款，如地震及其次生灾害等。条款取消了现有条款中机动车事故责任免赔率，使得消费者保障更充分，有利于减少理赔纠纷；制定了增值服务附加险条款，融合车生活产业链条，为消费者提供更多更好的用车保障。

(3) 产品组合法。该方法是利用多种思维方法将现有产品进行横向、纵向、交叉等组合，以创造出适合市场需求的产品。比如，某财产保险公司将传统家庭财产保险与投资理财型保险产品进行组合，于2001年4月推出国内首个理财型家庭财产保险险种"居安理财"险，很快获得市场的认可，第一期"居安理财"险产品每天销售额都在100万元以上。

(4) 专家意见法。即邀请保险、营销等方面的专家进行座谈，就现有产品的市场适应性及市场发展趋势等问题进行深入探讨，从中发现有价值的创意。

(5) 竞争启发法。即从竞争者已推出的产品和国外同类产品中得到启发，形成新险种的构思。

(二) 构思筛选

新产品的构思可以富有创意，多种多样，但并不是每一种构思都能为保险公司所用。也就是说，保险公司还要根据自身的资源、技术和管理水平，放弃那些不切实际的构思，保留切实可行的构思。为了筛选出有开发前途的方案，在进行比较和选择时，应重点把握以下标准：(1) 市场潜力的大小；(2) 方案特色如何；(3) 风险损失统计资料是否准确翔实；(4) 新产品开发所需投入的人力、物力与资金的测算；(5) 哪个方案的销售渠道更加畅通。同时，对构思进行筛选时，要防止两种偏差：一种是对新险种构思的潜在价值估计不足，造成误会，使保险公司失去开发新产品的机会；二是筛选有误，将没有发展前途的新险种仓促推向市场，招致保险公司经营失败。

（三）新险种测试

初步确定方案后，在对新险种大量开发前，一般要进行测试。其内容大致包括以下四个方面。

1. 进行新险种试制

即将创意或构思转化为试制性的新产品，也就是设计出试行的保单雏形。其中要特别突出投保人员极为关心的问题，如保障对象、保险责任、责任免除、保险费率、交费方法等，以便向客户征求意见。

2. 展开典型调查活动

针对试行的保单邀请相关客户参与讨论，请他们对该新险种作出评价。

3. 市场潜力预测

对新险种的预计销售额、成本和利润等因素进行分析，判断新险种是否符合企业目标和营销战略。

4. 方案的最终确定与完善

管理和设计人员要再一次认真研究顾客的评价与反馈信息，对新险种的开发作出最终决定。如果结论是可行的，就将进入新险种开发和销售等实质性阶段。

（四）新险种开发设计

一般来说，一个好的产品设计至少应包括以下四方面内容：险种的基本属性设计，险种的结构设计，险种的品牌设计以及险种的形象设计。

1. 险种的基本属性设计

险种的基本属性主要是指保险产品所具有的客户需要的核心利益，也就是最为基础的使用价值。保险产品的基本属性设计实际上就是为客户提供某种基本的核心价值的设计。

（1）险种的功能设计。

保险商品具有基本功能和派生功能两类。保险商品的基本功能是能够组织经济补偿和实现保险金的给付、派生功能则包括防灾防损和资金融通。因此，任何险种在设计时都必须从险种的功能出发，开发出既适合投保人需要，又能保证实现保险人利益的险种。

（2）险种的质量设计。

险种的质量主要是指险种对所承保的标的提供的咨询、承保、防灾、理赔等服务形式与服务水平。新险种所能提供的服务形式以及服务水平关系到该险种对投保人的吸引力和保险人的未来经济效益。

2. 险种的结构设计

险种的结构设计即保险单设计，主要是对保险合同的基本条款和附加条款等内容的设计。保险单简称保单，它是投保人与保险人之间保险合同行为的一种正式书面文件。保险单的设计根据各险种的不同而有所区别，保险单作为保险合同的正式书面凭证，应包括声明事项、保险事项、除外事项和条件事项等。由于险种是由多种因素构成的复合体，因此，在险种结构设计时应主要考虑以下内容：

（1）保险标的。

保险标的是保险合同中指明的要承保的基本项目。确定哪些是可承保标的，哪些是不可承保标的，这是险种结构设计的基本前提，其设计合理与否、科学与否，对保险市场的销售与保险企业经济效益有重要影响。保险标的与承保范围必须根据保险企业的实力与市场需要而定。

（2）保险责任。

在险种结构设计时，必须明确保险人的保险责任，即保险人在哪些风险（或条件）发生时以及这些风险发生时引起何种程度损失的情况下，保险人负赔偿或给付责任。保险人承担的风险通常分为两类：一类是以火灾、意外伤害、生死等单一风险为对象；一类是以多种风险的组合为对象。保险责任过大，保险企业无力承担，险种就难以正式推出；反之，保险责任过小，投保人的利益得不到满足，该险种也难以为人们所接受。险种设计为单一保险责任还是综合保险责任，是扩大保险责任还是缩小保险责任，要根据市场需求、现实购买能力、经营技术以及世界保险市场的发展趋势等因素来决定。

（3）除外责任。

每一种险种的设计，都明确规定了保险人的除外责任，也就是保险人对被保险人的损失不承担经济补偿或给付责任的范围。如除外地点、除外风险、除外财产和除外损失等。一般保险条款规定，战争、军事行动、暴乱、核污染、被保险人的故意行为、间接损失、自然损耗等为除外责任。

（4）保险金额。

保险金额简称保额，是由保险合同当事人根据保险标的的价值或具有的经济利益确定、并在保单上载明的被保险标的的金额。对保险人来说，保险金额是收取保险费的计算标准，也是补偿和给付的最高限额。对投保人、被保险人和受益人来说，它既是缴纳保费的依据，也是索赔和获得保险金的最高数额。在设计保险金额的大小时，应遵循两个基本原则。一是保险利益的原则。不论保险标的的保险金额是多少，必须以投保人具有保险利益为接受投保的前提。二是不超过标的价值的原则。例如，在财产保险中，通常用保险估价确定保险金额，保险财产估价过低，保险金额相应减少，保障效果随之降低；反之，财产估价过高，保险金额也相应增加，保障效果随之提高。然而，当保险财产遭受损失时，保险人只能按照实际损失负责赔偿。

（5）保险费率及其支付办法。

保险费率是指保险人承保每一危险单位的价格。就被保险人而言，保险费率是被保险人对每一危险单位所付出的代价。保险费率是保险人根据保险标的的危险程度、损失概率、责任范围、保险期限和经营费用等诸多因素来确定的，通常由纯费率和附加费率构成。设计保险单时还必须列明保险费的交纳办法及交纳时间。保险人可根据不同的险种灵活确定。

（6）保险合同当事人的权利、义务。

规定保险双方的权利、义务，以保证保险合同的顺利履行。如缴纳保险费的义务、危险增加或发生时的通知义务以及防止损失扩大的义务等，一方违反合同约定的义务，另一方有权解除保险合同。

（7）违约责任和争议处理。

违约责任是指保险合同当事人因其过错致使保险合同不能履行或不能完全履行，即违反保险合同规定的义务而应承担的责任。保险合同作为大诚信合同，违约责任在其中的作用更加重要。因此，在保险单中必须载明违约责任条款。争议处理条款是用以解决保险合同纠纷适用的条款。争议处理一般采用协商、调解、仲裁、诉讼等方式。

3. 险种的品牌设计

任何一种新险种的推出都应该有名称。名称本身的适宜度如何，该名称能否继续延伸到其他新险种等，都是险种品牌设计所应考虑的。

（1）名称的选择。

一种新险种推出时，首先需要决定的是该不该为该险种取名。如果决定取名，应取什么样的名称才是合适、有效的。正像有形商品起名很有学问一样，保险商品险种名称的确定与选择也是有讲究的。首先，名称必须与所承保的标的相关。如人保公司的"人居两旺"财产保险。其次，名称必须有积极意义，并富于联想，如新华人寿的"福如东海"终身寿险、泰康人寿的"吉祥相伴"定期险、华夏人寿的"健康人生"重疾险等。最后，名称应简洁、好记，朗朗上口。例如，常见的险种名字多是四字语，较符合我们的听说习惯。

（2）名称的宣传。

过去人们信奉的是"酒香不怕巷子深"，然而，在市场竞争日益激烈的今天，人们开始相信"酒好还得勤吆喝"。因此，为险种名称做宣传应是一件不容忽视的事情。宣传名称时，应注意以下几点：① 宣传的时机要抓准；② 宣传的力度要适当；③ 宣传的形式要新颖；④ 宣传的内容要简明扼要。

（3）名称的延伸。

当一种名称深受人们喜爱并被很多人知晓时，是否可以将这个众人皆知的名称用于任何新推出的险种呢？这就涉及名称的延伸。名称的延伸具有一定的优势：其一，它能通过晕轮效应①将一种已深得人们喜爱的名称用于其他新推出的险种上,从而借助知名险种的形象提升新险种的市场效应,提高知名度。其二,它可以节省资金,避免创新名称所带来的风险。因为一种已为人知的名称不必再过多地宣传,而新的名称则需要花费财力、时间让人们知晓和记忆。但是,名称的延伸也是一个需要谨慎从事的决策,因为许多实例表明,不相关的产品名称延伸,只能带来市场占有率的下降,以及名称在人们心目中的定位模糊。

4. 险种的形象设计

从一定意义上说,险种代表着企业的实力、思想、精神,险种形象实际上就是企业形象的具体体现。因此,设计险种形象实际上就是设计企业形象。首先,险种形象应能体现企业的宗旨。每个公司都有其经营宗旨,例如,日本三井住友海上火灾保险公司的"提供最佳的商品与服务,满足客户需求",中国人民财产保险公司的"人民保险、造福于民",中国人寿保险公司的"成人达己、成己为人"等。其次,险种形象应是形式与内容的完美结合,险种本身要能体现企业的信誉、服务。在险种的形象设计上,可以借鉴企业形象识别系统中的三个组成部分,即MI(理论识别)、BI(行动识别)以及VI(视觉识别),使其达到形式与内容的完美结合。

(五)试销与推广

新险种设计出来后,可在一定范围内进行试销,以求得潜在客户、营销人员、市场潜力等方面反馈的有价值的信息。例如,要在多大范围的保险市场上销售、用什么方法开展市场营销等。在新险种试销的基础上,保险公司应根据市场反馈的情况,修改或重新制订营销策略。将新险种推向市场时,应注意不同险种的营销策略在实施时的差别。

(六)商品化

通过试销,保险公司要考虑新产品正式成为商品推向市场的问题。在作出正式推出决策时,必须考虑针对已选定的目标市场决定推出的时机、地域、预期目标市场的占领以及导入市场的方法等。

1. 推出的时机

在新产品正式上市时,进入市场时机的选择是个关键问题。保险公司在推出新产品时会面临三种选择:

(1)先期进入。一般情况下,首先进入市场的保险公司通常会得到好处,如掌握了主要的客户群和较高的声誉。但也应该看到,如果该险种未经过仔细的评估就匆匆上

---

① 晕轮效应又称光环效应,属于心理学范畴,是指当认知者对一个人的某种特征形成好或坏的印象后,他还倾向于据此推论该人其他方面的特征。本质上是一种以偏概全的认知上的偏误。

市，则会使公司的形象受到影响。

（2）平行进入。保险公司如果知道竞争对手急于进入市场，自己也可采取同样的方式，以便与竞争对手共享好处。如果知道竞争对手不急于进入市场，保险公司也可这样做，利用上市前的时间来改进产品。保险公司这样做的目的是使新险种上市的促销费用由双方共同承担。

（3）后期进入。保险公司可有意推迟进入市场，而等竞争对手进入市场后再进入。采取这种方法的好处有：第一，竞争对手已为开拓市场付出了营销费用；第二，竞争对手的险种可能暴露出缺陷，后期进入者则可以避免；第三，保险公司可以进一步了解市场规模。

2．推出的地域

新险种正式上市时应考虑地域范围，即是在当地市场还是在某些地区市场、是国内市场还是在国际市场、是在城市市场还是在农村市场推出该新险种。因为不同地域的风险是不同的。一般来说，新险种设计出来后，应先在小区域内推广测试，然后再推向其他地区乃至全国。保险公司应首先选择具有吸引力的地区将新险种推向市场。所谓具有吸引力的市场，是指具备下列条件的市场：第一，有一定的市场潜力，销售量可观；第二，在该市场上无竞争对手或竞争对手力量弱；第三，保险公司在当地的信誉较高；第四，该地区营销成本低，营销渠道畅通。

3．推出的预期目标市场

通过试销，保险公司可掌握主要潜在的消费者群。保险公司应将其营销渠道和营销活动集中于最佳的潜在消费者范围，当保险公司推出中、小学生平安保险时，它的目标市场就是中、小学生的家庭，销售渠道的选择为教育主管部门和各中、小学校。这样做，保险公司就能够获得较高的销售额，并能吸引其他潜在消费者。

4．推出市场的方法

如何推出新险种？在新险种上市之前，应作出详细的计划，对各营销组合因素进行预测，并列出各项活动的步骤及方法。针对不同的险种或不同的目标市场，上市计划也应不一样。为了对推出新险种的各项活动更好地排列顺序，可采用各种网络规划技术，如关键路线排列法。

产品开发与管理循环

1．产品开发需求

充分了解市场需求是整个产品开发管理过程的根本，产品开发工作也由此推动。在这一环节中，产品开发人员需要明确潜在市场及其存在的原因，同时了解潜在市场需求无法通过本公司或竞争者的现有产品来满足的原因。所谓潜在市场，可能是公司进入了一个新的市场开展业务，或是基于现有的市场而来。例如，人寿保险最初仅对确定的死亡事件进行赔付，但随着医学技术的进步，人们需要重疾保险以便在死亡之前得到赔偿用以支付昂贵的治疗费用。而新的需求会导致新产品的开发，技术进步会带来全新的生活方式和产品，从而带来相应的保险需求。既然需求已经存在，为什么市场上现有的公司都没有提供合适的产品呢？有可能是产品本身价格很高，或者风险很大，也有可能是产品过于复杂，或者其潜在市场比较小等原因，这些构成了产品开发的限制条件，应在开发新产品之前充分考虑。

2. 产品开发实施

在充分明确并了解市场对某种产品的需求后，将进入产品开发实施环节。整个产品开发过程包括产品定义、定价、测试、营销、宣传，有些还会涉及核保和再保险计划。产品初步设计完成后，需要根据最初的产品定义重新检查设计过程，并进行必要的修改。例如，若保单初步设计定价过高，则可通过引入免赔额，或去掉一些不重要的风险保障，或降低支付代理人佣金，使新的价格达到预期。产品的测试主要考虑盈利性是否达到公司要求、定价水平与市场相比是否有竞争力等。若对产品进行修改，则需要重复进行整个循环。虽然看似过于谨慎，但产品在某一方面的微小改变都会带来无法预测的影响。

3. 产品管理

在产品上市推出以后，即进入产品管理阶段。产品管理涉及对现有产品的追踪评估、老产品的停售及更新换代等。如对产品上市后的销售情况进行追踪，定期或不定期地进行产品回顾并形成报告报送管理层，提出管理建议。具体的管理建议可能包括修改现有的产品推广方案、改变公司的整体销售策略、停售现有产品等。不同的管理措施都可能引发新的产品需求，如配合销售策略的改变，公司须开发新的产品予以支持；若停售原有产品，则需要新的产品来替代以维持产品线的完整，启动新一轮的产品开发管理循环，如此反复。除此之外，在产品开发与管理工作中，保险风险的种类、核保核赔标准等，都构成了产品开发与管理工作中需要面临和解决的问题。

资料来源：李凯.保险产品的开发与管理流程分析[J].中国管理信息化，2012，(12).

四、产品开发应注意的问题

(一) 要适应消费者需求

新险种开发的首要条件，就是要投消费者所好。对消费者而言，该险种的需要程度越高,就越有魅力刺激消费者的购买欲望。其次,新险种价格必须是在消费者可能的负担范围内,否则,销售必遭困难。也就是说,保险费水准必须维持在消费者可以购买的水准,或者说消费者经合理判断之后会产生购买意愿。再次,一般消费者在购买保险产品时,持有被动姿态的倾向。因此,在开发新险种时,要站在消费者的立场来设想,同时不忘保险公司一向扮演走在时代前面,创造消费新需求的角色。

(二)要培养优秀的营销人员

近年来,因新险种的开发与组合更加复杂化,特别是寿险行业推出了许多创新险种,与传统寿险相比,其给付方式、给付时间以及缴纳保险费的方式等变化更加多样化。因此,保险公司在推销这些新险种时,要更加注意对保险营销组织及人员的选择和培训,要让他们对新险种的内容、销售知识与技术十分了解与掌握,以便他们能够胜任推销这些新险种。营销人员直接面对消费者并说服消费者购买保险,他们是提升保险产品销售业绩的最大功臣,他们的意愿直接影响到新险种能否成功进入市场。所以,保险公司应在开发新险种的同时培养一支有高度热情和良好营销技术的营销队伍。

(三)要解决经营目标的问题

新险种的开发除了要迎合消费者需求之外,还要能解决保险公司在经营目标上的问题。保险公司的经营目标可能是增加保险费的收入或是开拓新的市场领域。不论保险公司的经营目标如何,都会产生预期与实际状况出现差距的问题。尤其是近年来,保险市场日趋成熟,在竞争更加激烈的情况下,经营目标的实现更非易事。因此,开发新险种要针对保险公司的经营目标,实事求是,有的放矢地设计切合实际的险种。

(四)要开发能与对手竞争的险种

保险公司的竞争对手不仅仅是同行业各家公司,还有社会保险团体和各种金融服务机构,如银行、证券公司和信托组织等。面对这些竞争对手,保险公司与之抗衡的本领就在于开发险种的差异性与优异性。也就是说,这些新险种既要具备与其他竞争商品相抗衡的内容,又能将保险产品的本来功能和特性发挥得淋漓尽致。"保险姓保",抓住保险的本质,其竞争优势自然就非常显著。

此外,在开发新险种时要能弥补原有市场的不足,以期达到提供全面服务、扩大业务的目的。例如,火灾保险只保障因火灾引起的直接损失,于是,保险公司设计出营业中断保险承保企业因火灾引起的间接损失。又如,美国社会保障制度为65岁以上人口提供每年若干天的住院保险金,商业保险公司则设计出提供超出这个天数的住院损失保险险种。这样开发新险种,就使现有保险中不予承保的标的、事故和损失由新的险种来提供保障,以便防止发生承保脱节的现象。

第三节　保险产品生命周期与营销策略选择

一、保险产品生命周期的概念

保险产品生命周期是指一种新的保险产品从进入保险市场开始,经历成长、成熟到衰退的全过程。保险产品的生命周期包括投入期、成长期、成熟期和衰退期共四个阶段(如图 6-2 所示)。

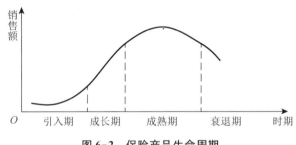

图 6-2　保险产品生命周期

(1) 投入期。投入期是指保险产品进入保险市场的开始阶段。在此期间,由于保险消费者对新的保险产品还未接受,因此,保险销售额增长缓慢,销售费用却较高。保险公司在此阶段无利可图。

(2) 成长期。成长期是指新的保险产品经过宣传促销,销路已打开,销售量迅速增长的阶段。这一时期,由于保险产品迅速被市场接受,利润大大提高,而费用开始下降。竞争者此时介入的可能性较大。

(3) 成熟期。成熟期是指保险产品的销售量增长率逐渐下降的阶段。在此时期,由于保险产品已被大部分潜在购买者所接受,为了应付日益加剧的竞争,保险公司要适当增加营销费用,巩固市场占有份额。同时,保险公司的利润稳定或者略有下降。

(4) 衰退期。衰退期是指保险产品已不适应保险市场需求,竞争力衰退导致销售量大幅度下降的阶段。在此时期,保险产品销售量呈现严重下降的趋势,保险公司利润迅速降低。

研究保险产品生命周期要树立四个观点:第一,保险产品的生命是有限的;第二,保险产品销售经过不同的阶段,每一阶段保险公司都面对不同的挑战;第三,在保险产品生命周期的不同阶段中,利润有升有降;第四,在保险产品生命周期的不同阶段中,保险产品需要不同的营销、融资、制度和人事策略。

二、保险产品生命周期的营销策略

研究保险产品生命周期,是为了正确判断保险产品的发展变化趋势,从而作出相应的经营决策。

(一)投入期的营销策略

在保险产品投放保险市场的初期阶段,保险消费者对新的保险产品有个接受过程,需要采用多种手段对新产品进行促销,力争提高该产品的知名度。同时,由于保险公司在设计、研发新产品时,对风险因素的评估、费率的厘定都要依据以往一些损失的经验数据,因此,保险公司在经营新产品时也有一个检验过程。在这一阶段,保险公司要强化广告宣传,诱导保险消费需求。为达到扩大承保面的目的,保险公司通常采用以下四种营销策略:

1. 快速掠取策略

快速掠取策略是指以高价格和高水平的营销费用推出新的保险产品的策略。保险公司提出高的价格,是为了尽可能在每个单位的销售中获得高额毛利。保险公司在促销方面耗费巨资,目的是使保险市场上客户相信用高价格购买保险会得到相应的回报。采用这种营销策略时,保险市场应具备的条件有:(1)该保险产品的市场潜力较大;(2)保险消费者对此产品需求强烈并接受高的价格;(3)市场上的竞争对手较少。

2. 缓慢掠取策略

缓慢掠取策略是指以高价格和低水平的营销费用将新的保险产品投入保险市场的策略。高价格是为了获得更多的利润,低促销费用则可以减少费用开支,降低成本。采用这种营销策略的保险市场应具备的条件是:(1)保险市场的规模有限;(2)市场上大部分消费者已了解这种保险产品;(3)保险消费者愿意出高价购买这种保险产品;(4)市场竞争不太激烈。例如,卫星保险由于标的少,且属于高损失不确定性,为保证经营稳定,保险商较少经营这种保险业务。

3. 迅速渗透策略

迅速渗透策略是指用低价格和高水平的营销费用推出新的保险产品的策略。这种策略可望以最快速度渗透市场,并达到最大市场占有率。采用这种策略的市场应具备的条件是:(1)保险市场的规模大;(2)市场上的保险消费者不了解新的保险产品;(3)大部分保险消费者对价格敏感;(4)市场潜在的竞争激烈;(5)保险公司大范围地承保某保险产品使经营成本下降,能获得一定的效益。

4. 缓慢渗透策略

缓慢渗透策略是指用低价格和低水平的营销费用推出新的保险产品。低价格会刺激保险市场尽快接受这种保险产品，保险公司保持低促销费用能降低营销成本，获得更多利润。采用这种策略的保险市场应具备的条件是：（1）市场庞大；（2）保险消费者非常了解这种保险产品；（3）保险消费者对低价格特别感兴趣；（4）存在潜在的竞争对手。

（二）成长期的营销策略

在保险产品经过试销后，销售额急剧上升的时期为保险产品的成长期。这一阶段的特点是：保险公司已掌握风险出现的规律，该产品设计在经过验证后日趋完善；保险费率更加合理；保险需求日益扩大；风险能够大量转移；承保成本不断下降等。同时，这一阶段的市场竞争对手也开始增多，为了能够在产品成长期占领市场，保持一定的市场占有率，加速提高销售额，保险公司可采取以下策略：

1. 产品策略

保险企业要注意根据客户的需求改进产品的性能、功能，以产品的新特色吸引客户。例如，2016年8月，众安保险以"尊享e生"产品进入中端医疗市场。由于其具有高保障额度、低保费门槛等特点，产品上市就获得了众多好评，上市4个月内吸引了超过20万个家庭投保。在我国众多家庭全面走向小康的过程中，这种具有特色的新险种将会受到众多家庭的关注和喜爱。

2. 价格策略

保险企业要根据生产成本和市场价格的变动趋势，分析竞争者的价格策略，保持原价或适当调整价格。如果产品有垄断性，可采用高价销售；一般竞争性产品可采取低价吸引客户。仍以众安的"尊享e生"为例，为了争取客户投保，该险种不但运用了产品策略，而且运用了价格策略：该产品除了高保额，另一个卖点就是低价格，低至100多元也能享受百万医疗保障。

3. 渠道策略

为了进一步向市场渗透，开拓新的市场领域，保险企业应根据自身特点和市场定位，选择合适的销售渠道。目前，国内常见的营销渠道主要有个人营销、经代渠道、银行保险、团体保险、电话和网络营销等。

4. 促销策略

此阶段的促销重点应从介绍保险产品、扩大产品知名度转向树立企业和产品的形象上来。在广告宣传上，应着重宣传产品的特色与个性化的服务，通过对产品和服务的介绍，向社会展示本公司的优势，树立品牌形象，强化客户的信任感和投保的信心。例如，许多新公司通过赠送短期意外险的方式来宣传公司、宣传产品，提升顾客的信任感，以达到销售的目的。

5. 服务策略

保险公司一定要坚持做好售后服务工作，特别要重视热情为客户提供多种附加值的服务，这对于树立保险公司的良好形象和提高市场竞争力很有必要。

（三）成熟期的营销策略

当保险产品的销售额的增长率趋于零，利润开始稳定或者有所下降时，保险产品就步入了成熟期。此时，保险市场开始饱和，潜在保险消费者的数量开始减少，保险产品的替代品已经开始出现。由此，保险市场上出现承保能力过剩的情况，而承保能力过剩又引发保险市场更加激烈的竞争，因此，这一时期的营销策略应突出"改"字，通过改良，尽可能延长险种的市场寿命。这一阶段可采用的具体策略有以下四种。

1. 市场改良策略

从广度和深度上拓展市场，争取新客户，刺激老客户增加购买。例如，当保险商品在城市已处于市场饱和状态时，可以将营销重点转向农村，随着农民收入水平的不断提高，可能形成一个新的更为广阔的市场。

2. 产品改良策略

保险公司通过对现有险种的改进，创造新的险种特色，从而增加客户的购买。例如，国内一家寿险公司将传统的名为"美满人生"养老保险产品，改造为投保年龄放宽到80岁的"全家福"保险，初步拓展了市场空间。接着该公司又将市场拓展到家庭保险市场，推出"全家福家庭保障计划"业务，结合现代家庭的结构特点，将"健康增额""阳光灿烂""吉庆有余"和"美满人生"组合在一起，解决了三代同堂家庭的健康、教育、养老、理财等问题。这种围绕家庭保障并且不断拓展市场空间的策略，为产品改良策略提供了借鉴。

3. 服务改良策略

该阶段要进一步强调"以顾客为本"理念的重要性，理念上的任何动摇，都有可能使自己的竞争优势丧失。首先，为了使服务理念持久地深入人心，一方面，要把服务文化作为企业文化的重要内容；另一方面，要用制度保证售前、售中和售后优质服务的落实，使客户从投保开始到保险责任终让，都能真正享受到不间断的保险服务。其次，要进行服务手段的创新。要充分利用现代科技的最新成果，不断充实服务内容，提高服务的科技含量，如建立客户热线电话、开展网上保险、电话营销和通保通赔等措施。同时，要认真研究客户的需求，不断扩大服务的内涵，在常规服务之外，要发挥自身优势，积极向客户提供风险咨询、风险管理、风险评估、投资咨询、理财顾问、信息交流、法律顾问、汽车优惠保养、免费检测等责任以外的高附加值服务。要在差异化服务上下功夫，多为客户提供一些竞争对手所没有的个性化服务。

4. 营销组合改良策略

保险公司通过改变定价、营销渠道以及促销方式来延长成熟期的策略。例如，将产品适当降价，进一步扩大营销渠道、拓展销售网点、调整广告媒体等多种措施配合运用，往往会使保险业务获得新的发展空间。

(四) 衰退期的营销策略

当大部分保险产品的销售量开始下降，利润也开始下降时，保险产品就开始进入衰退期。导致保险产品销售量下降的原因很多，例如，一些在特定历史条件下所产生的保险产品，当其所赖以生存的特殊环境不复存在时，该保险产品会逐渐消亡。还有的是因为更完善的保险替代产品出现了，旧的保险产品便逐渐失去需要并退出市场。保险公司在处理正在老化的保险产品时，要采取的稳妥策略有以下两种。

1. 放弃策略

放弃意味着险种停办。险种的淘汰，大部分都是由于不适应客户的要求，而被新险种代替。因此，在进入衰退期之后，保险公司应立即停办旧险种，同时要避免仓促收兵和难于割舍的错误做法。如果一家保险公司决定要放弃某个已衰退的保险产品时，还必须继续为已投保该险种的客户做好服务，逐步地、有计划地限制推销，直至停办。另外，也要避免感情用事，认为保险公司过去依靠该保险产品获得了较多的利润，现在放弃它，有些于心不忍。应该看到，如果继续保留这种衰退的保险产品，保险公司之后将为之付出高昂的代价。因为它的不适用，除无法收回间接费用和利润外，甚至可能损害公司形象。

2. 新险种开发策略

有预见性地、有计划地开发新的保险产品，可以使那些寻求保险替代产品的消费者再一次被吸引过来，并使保险市场重新启动。总之，保险产品衰退期应尽可能缩短，以达到保险公司稳定经营为目的。

第四节　保险产品组合策略

一、保险产品组合的概念

保险产品组合是指保险公司根据市场需求、保险资源、公司经营能力和市场竞争等因素，确定保险公司所经营的全部产品的有机构成方式，或者说是保险公司所经营的全部产品的结构。保险产品的组合关系到保险公司险种开发的计划与保险资源的利用，关系到保险公司的经济效益和发展前途，必须予以重视。保险产品组合应遵循一定的原则，主要有以下几个原则。

(一) 满足客户需求的原则

每一种保险产品组合的形成都是以保险需求为基础的。例如，现行的家庭财产保险组合，就是在火灾保险的基础上，根据人们对自然灾害和盗窃风险的保险需求而产生的。

（二）以基本保障为主体的原则

保险产品的基本保障是提供安全保障，而且人们对保障的基本需求也是财产和人身的安全。例如，传统的人寿保险所提供的定期死亡保险和终身保险就属于这一类。但是，随着社会经济的发展和人们生活水平的提高，人们不满足于已获得的基本保险保障，开始寻求更大范围的保险保障。保险公司就要适时推出以死亡保险为主，附加人身意外伤害和医疗费用保险的保险产品组合。

（三）提高保险公司效益的原则

保险产品组合要遵循保险市场经济规律，以较少的投入获得较大的经济效益和社会效益。因此，在进行保险产品组合时，保险公司要科学地确定保险责任范围和保险费率，并选择合适的销售渠道和销售方式。

（四）有利于保险产品促销的原则

保险产品组合后，尽管险种保障范围扩大了，保险费率也有所上升，但由于更适合投保人的需要，而且投保手续更为简便，对于提高保险产品的销售量就会更为有利。保险产品组合不适当常常造成消费者对保险的误解，如社会上有些人认为保险骗人、保险不划算等，其实这与保险产品组合不适当有密切关系。另外，保险产品的组合要考虑其完整性。为什么有些人认为购买保险没有什么用，这也是因为保险产品组合时没有考虑到完整性问题。例如，人寿保险具有储蓄、投资、节税、养老、保障遗产等多元化功能，因此，在保险产品组合上，就要考虑保户的年龄、经济能力、婚姻、子女及有无其他社会保险等因素，把有限的保险费进行最佳分配，使保险产品的功能趋于完整。

保险商品组合一般是由若干条产品线组成，每条产品线又由若干产品项目构成。保险产品线是指那些密切相关满足同类需求的一组产品。产品项目是指因保险对象、保险期间、缴费方式或给付方式的差异而区别于其他产品的任何产品，也就是在保险公司产品目录中列出的每一个保险产品。例如，某人寿保险公司经营人寿险、健康险和意外伤害险三类产品，其中，健康保险产品开发出医疗保险、住院医疗保险、疾病保险、生育保险等，这些就称为产品线。每一个产品线都包含若干产品项目。例如，生育保险线中的母婴安康保险则是一种保险产品项目。

二、保险商品组合的要素

保险商品组合包括组合广度、组合深度和组合密度三个基本要素，确定保险产品组合，就是要有效地选择其广度、深度和密度。

(一) 保险商品组合广度

保险商品组合广度是指保险公司所经营产品线的数量。拥有的产品线越多，则其组合广度越充分，越有利于充分发挥公司人、财、物的优势，满足客户的多方面需求，并能实现保险企业的稳定经营。但是，产品组合广度越充分，对企业技术和管理的要求越高。如果保险企业的产品线数量适宜，则有利于提高产品质量和管理水平，如果产品线过少，则会导致保险公司的承保责任过于集中，可能面临较大的经营风险。

(二) 保险商品组合深度

保险商品组合深度是指产品线中每种产品品牌有多少品种。如果保险公司经营的某一品牌下面险种多，就说明其保险商品组合深度深；反之，则保险商品组合深度浅，例如，"非典"[①] 疫情期间，中国人民保险公司提供的"非典"责任险产品包含：医务人员法定传染病责任保险、医务人员法定传染病责任保险附加治疗期间工资福利补偿保险、承运人非典型肺炎责任保险、承运人非典型肺炎责任保险附加司乘人员非典型肺炎保险。其中的两个是主险，两个是主险加附加险。

(三) 保险商品组合密度

保险商品组合密度又称产品组合关联度，是指各种保险产品在适用范围、设计特点、销售渠道等方面相互联系的紧密程度。例如，一家健康保险公司开发的近百种健康保险产品，其设计原理、销售对象以及营销渠道等都有较紧密的联系，说明此公司产品组合密度较大。产品组合密度大，更有利于产品适应市场需求多样化的要求。

保险产品组合的广度、深度和密度不同，可以形成保险公司营销的特色。如果某保险公司合理地扩展保险产品的组合广度，增加保险产品系列，就可以使其在更大的市场领域内发挥作用，承保更多的风险，提高市场份额。如果某保险公司注重挖掘保险产品组合的深度，围绕某一类保险产品去开发更多的险种，就可以满足不同的保险需求，吸引更多的客户。如果某保险公司的保险产品组合的密度高，就可以有更强的营销力量去占领保险市场。

三、保险产品组合策略

(一) 保险产品组合分析

保险公司在对保险产品组合作出决策时，首先要对保险产品组合进行分析，其分析

[①] "非典"是指重症急性呼吸综合征（英语缩写为SARS），于2002年11月在中国广东暴发，并扩散至东南亚乃至全球，直至2003年中期疫情才被逐渐消灭的一次全球性传染病疫潮。

内容主要针对保险产品市场的"六个层次"进行。

（1）未来的主要保险产品可能是由目前的主要险种改革而成的；

（2）目前主要险种的状况；

（3）在市场竞争的情况下可能成为主要盈利的险种；

（4）过去效益最好、销量最大的险种可能会变成销路逐渐萎缩的险种；

（5）销路尚未完全失去且仍然可能继续经营的险种；

（6）已经失去销路或销路未打开就衰退的险种。

通过上述分析，为保险公司进行保险产品组合的决策提供了重要依据，以便保险公司选择合适的细分市场，配以合适的保险产品组合，从而实现长期发展的目标。

（二）保险产品组合策略

1. 扩大保险产品组合的策略

扩大保险产品组合有三个途径：一是增加保险产品组合的广度，即增加新的险种系列；二是加深保险产品组合的深度，即增加险种系列的数量，使保险险种系列化和综合化；三是保险产品广度、深度并举。扩大保险产品组合有以下两种策略可供选择：

（1）保险产品系列化策略。

即将原有的保险产品扩充成系列化产品，也就是在基本险的保障责任上，附加一些险种，扩充保险责任范围。附加险可根据适用的条件和范围分为一般附加险、特别附加险和特殊附加险。例如，海洋运输货物保险在基本险水渍险的基础上，可以选择附加11种一般附加险、6种特别附加险和2种特殊附加险，从而达到扩大承保风险的目的。另外，保险公司还可以用附加险的方式来扩大原有险种的责任范围，将只承保直接损失扩大为既承保直接损失又承保间接损失。例如，财产保险附加营业中断保险，不仅对火灾造成财产的直接损毁负责赔偿，而且还对因火灾引起营业中断造成利润损失的间接损失也负责赔偿。保险产品组合的系列化，使保险消费者的需求获得更大的满足。

（2）增加保险产品策略。

即在原有的保险产品线的基础上增加关联性大的保险产品线。如人身保险可细分为人寿保险、意外伤害保险、健康保险等相关保险产品线。人寿保险又可细分为死亡保险、生存保险、两全保险等相关的保险产品线。如果保险公司确定在某一时期以增加某种保险产品线为策略，就可能迅速占领某一保险细分市场。

扩大保险产品组合对保险公司的好处是：第一，充分利用现有的人力、物力和财力，发挥保险营销人员的潜力，使原来对一个客户只能销售一个或两个险种的情况，改变为可同时推销四个或五个险种。例如，机动车辆保险组合的推出，使投保人在购买第三者责任险、车辆损失保险的同时，也购买了车上人员责任保险、承运货物责任保险、驾驶人员意外伤害保险等附加险种，并且只须填写一张投保单，交付一次保险费。在投保人感到方便的同时也增加了保险公司的保险费收入。第二，增强保险公司经营的稳定性。保险产品组合的优化，使各保险险种相互关联、相互影响、相互推动、相互促销，有利于保险公司化解风险。第三，满足了客户的多样化需求。保险公司在基本险的基础上，附加一个或多个险种，使客户在获得基本保障的同时，只须再加交少量的保险费，就能获得更多方面的保障。

2. 缩减保险产品组合策略

缩减保险产品组合策略是指保险公司缩减保险产品组合的广度和深度，即减少一些利润低、无竞争力的保险险种。这是在保险市场处于饱和状态、竞争激烈、保险消费者交付保险费能力下降的情况下，保险公司为了更有效地进行保险销售，或者为了集中精力进行专业化经营，取消某些市场占有率低、经营亏损、保险消费者需求不旺盛的保险产品而采取的策略。缩减保险产品组合策略的优点有：一是可以使保险业务人员集中精力推销保险需求高的保险产品，提高保险推销的效率和服务质量；二是可以减轻环境威胁，提高保险公司的经济效益；三是可以完善保险产品的设计，使之更适合保险消费者的需求。

3. 关联性小的保险产品组合策略

随着保险市场需求的发展和保险公司之间的激烈竞争，越来越多的保险公司将财产保险与人身保险进行组合，每种组合或是以财产保险为主，或是以人身保险为主，使新组合的保险险种更能满足消费者的需求。例如，有的保险公司将家庭财产保险与家庭成员的人身意外伤害保险相组合；有的保险公司将驾驶员意外伤害保险与机动车辆保险相组合，形成具有特色的新险种。从保险业发展来看，财产保险与人身保险的组合，适应了保险市场的需求变化，受到广大消费者的欢迎。

四、保险产品组合的方法

大部分保险公司推出的保险产品的保险责任趋向单一化，为产品的组合提供了广阔的空间。对不同的险种可进行多种组合，不但有利于营销，也有利于充分体现营销人员的专业水平。保险产品可以通过功能的互补、时间的搭配、需求的分析、层次的确定等，形成不同特色的组合方案，满足客户不同的需求。

（一）按条款功能组合

针对不同的保险条款所提供的不同保险责任进行组合，突出不同功能的互补作用，既注重保障面的拓展，又突出主要保险责任的比重。如组合年金保险＋意外伤害险、重大疾病险＋定期寿险＋健康险等结合顾客情况的保险产品。

(二)按时间段进行组合

针对人生旅途中不同年龄段的不同需求,设计既阶段鲜明又连贯互补、重点突出的组合方案。例如,单身期间(20—30岁)的年轻人,主要以保障自身为主,最好的组合是保险费不高但保障高的产品,如定期寿险+意外伤害险、重大疾病险+健康医疗险等。又如,进入退休规划期(40—50岁)的中年人,主要面临的是退休后生活水平上的保障,最佳组合是养老保险+终身寿险+意外险+医疗险。

(三)按家庭责任组合

根据家庭成员在家庭中所扮演的角色、承担的责任进行组合。不同角色的家庭成员发生意外给家庭带来的影响程度是不同的。非经济支柱的家庭成员如发生不幸,所带来的主要是精神打击;而经济支柱的家庭成员如发生不幸,整个家庭将陷入严重的困境。营销人员在设计保险产品组合方案时,对家庭中的主要经济支撑者要注重保障责任,可以定期寿险+意外伤害险为主;对非经济支柱的家庭成员则以疾病+养老险为主。如果丈夫是家庭中主要经济支撑者,为他定做的保险套餐可以是定期寿险+意外伤害险+重大疾病险;如果妻子是家庭中的非经济支撑者,其保险套餐可以是养老险+重大疾病险;子女则以重疾+教育储蓄险为主。

(四)按需要层次组合

保险消费者的需求是多层次的,不同的经济水平、不同的文化素养、不同的性格都会表现出对保险需求的差异性,马斯洛的需求层次理论对保险产品组合有一定的启示。依据保险需求的层次性原理,险种组合也应遵循这种分层组合的原则,适应由低到高的需求渐进,由浅层组合转入深层组合。目前,我国居民的总体收入水平还不高,大部分人的保险需求仍处于低层次,传统的保障型产品组合大有市场。但也要注意到,大中城市的高收入者购买保险的目的不仅是满足生命和身体的保障需求,而且是当作自己地位、身份、责任心的一种表现,这时的保险产品组合应该是高层次的"身份组合"或"责任组合"。

专栏6-3

华夏福产品组合解析

【投保规则】

谁能保:出生满28天—55周岁

怎么保:一次交清、5/10/15/20年交

保多久：终身

等待期：90 天

【产品条款】

主险：华夏福两全保险——身故、全残、88 岁祝寿金

附加险：华夏福重大疾病保险——82 种重疾＋42 种轻症（三次赔付分别为 25％、30％、35％）

其他可附加险种：

附加住院费用补偿医疗保险（2013）

附加住院费用补偿医疗保险（2014）

安心无忧住院给付医疗保险

附加同祥保费豁免定期寿险（A 款）

附加投保人豁免保费重大疾病保险

金管家系列产品（B、C、黄金版、铂金版）

【保障内容】

1. 42 种轻症疾病

不同轻症之间最多可以赔付三次，累计高达保额的 90％。赔付后，合同继续有效。

第一次轻症赔付基本保额的 25％；

第二次轻症赔付基本保额的 30％；

第三次轻症赔付基本保额的 35％。

2. 82 种重大疾病

18 岁前，患重大疾病，赔付基本保额的 2 倍，合同终止。

18 岁后至 60 岁前，患重大疾病，赔付基本保额，合同终止。

60 岁后，患重大疾病，赔付基本保额的 1.2 倍，合同终止。

3. 身故或全残

18 岁前，身故或全残，赔付已交保费的 2 倍，合同终止。（保监会针对未成年人身故赔付限额：未满 10 周岁不得超过 20 万元，未满 18 周岁不得超过 50 万元。）

18 岁后，身故或全残，赔付基本保额、已交保费或现价较大者，合同终止。

4. 终末期疾病

18 岁前，确诊达到疾病终末期，赔付已交保费的 2 倍，合同终止。

18 岁后，确诊达到疾病终末期，赔付基本保额、已交保费或现价较大者，合同终止。

5. 祝寿金

存活至 88 周岁保单周年日，未发生重疾或身故赔付的情况下，返还所有已交保费，合同继续有效至终身。

6. 双重豁免

自带 42 种轻症豁免保费，另可附加投保人轻症、重疾、全残、身故豁免后期保费。

【附加服务】

1. 绿色通道。10 年期保费大于 6 000 元即可享受"三专一免"：专家门诊、专家病房、专家手术，（省内限 2 000 元，省外限 5 000 元，报销客户就医差旅费用）。

2. 万能账户。满足不同需求，灵活搭配多款万能账户。

资料来源：沃保网，http://news.vobao.com/，2016 年 11 月 21 日，有删节。

本章小结

保险产品是保险营销工作的重要起点，其他营销工作都在此基础上展开。保险产品概念的三个层次是：核心产品、形式产品、延伸产品。保险产品的无形性等特点决定保险产品的概念比较难以理解和掌握。

保险产品可以根据保障标的不同区分为财产保险产品和人身保险产品，也可以依据其他标准进行分类。

保险产品开发要遵循市场需求原则、效益性原则、合法性原则、规范性原则等。保险产品开发可以灵活地运用技术策略、组合策略、组织策略、时机策略等。保险产品开发的程序一般有构思、构思筛选、新险种测试、新险种开发设计、试销与推广、商品化等。

在保险产品生命周期的不同时期，保险营销面临的环境差异较大，应该采取不同的营销策略。

保险公司要围绕客户需求进行产品组合，从组合的广度、深度、密度等方面入手，在基本保障得到满足的基础上增强产品的竞争力，实现保险公司的利益目标。保险公司要结合本公司的内外部条件选择产品组合策略和组合方法。

本章关键词

保险产品　核心产品　形式产品　延伸产品　创新策略　改进策略　保险产品生命周期　保险商品组合广度　保险商品组合深度

复习思考题

1. 保险产品的概念有哪几个层次？
2. 保险产品的特征有哪些？
3. 保险产品开发应遵循哪些原则？
4. 请介绍保险产品开发的一般程序。
5. 保险产品开发的技术策略有哪些？
6. 保险产品生命周期各个时期有何特点？应该采取哪些营销策略？
7. 请举例说明保险产品组合的策略和方法。

第七章

保险定价策略

学习目标
- 掌握保险费、保险价格和保险定价的含义
- 熟悉保险价格的构成
- 熟悉保险定价的目标
- 掌握影响保险定价的因素
- 了解保险定价的原则
- 熟悉保险定价的方法
- 掌握保险定价的策略和调整策略

第一节 保险价格概述

一、保险费、保险价格和保险产品定价

保险费是投保人按一定的保险条件,为取得保险人的保障,向保险人缴付的费用。例如,在财产保险中,保险人根据法律或合同办理的各种保险,在保险事故发生后,要承担一定的义务,即赔偿财产损失。很显然,投保人为此必须向保险人交付一定的费用,这种费用即保险费。及时收缴保险费是保险合同生效的重要因素。保险人所取得的保险费,应当能够履行对投保人所负担的赔款并建立各种准备金,弥补保险公司在经营上的支出及满足股东利润需求。

保险价格也称保险费率,是保险人按单位保险金额向投保人收取保险费的标准,即收取的保费与提供的保险金额之间的比率,一般用千分比或万分比来表示。单位保险金额一般为1 000元或10 000元。例如,财产保险综合险每千元保险金额收取保险费2元,用千分号表示为"2‰","2‰"即为保险价格。

保险产品定价简称保险定价,也称保险费率厘定,是指保险人在保险产品开发过程中,依据保险标的所面临风险的规律性(财产保险如损失概率、人身保险如死亡率等)、保险公司经营费用及经营状况、保险市场供求状况等因素而确定单位保险金额所应收取的保险费的行为。保险费率的厘定是否科学、公平、合理,直接影响保险供求双方的切身利益,对保险营销工作成败有着深远影响。厘定保险费率,应根据保险标的的客观环境和主观条件形成的危险程度,运用数理统计方法来进行。保险费率不同于一般产品和劳务的价格,它具有一些特殊性:

(1)保险费率的厘定在成本发生之前。

保险费率厘定依据的成本是过去的、历史上支出的平均成本,而一般产品价格制定所依据的成本是现有条件下消耗的平均成本。基于这种特点,市场上一般产品讨价还价的余地较大。对保险产品价格而言,买方一般只能作出接受或者不接受的表示,与卖方商议的余地较小。

(2)保险费率的合理度较其他产品价格低。

保险费是根据过去的损失经验和费用成本制定的现时保险价格,现时价格又用来补偿将来发生的成本。因此,保险费率的厘定除要求有大量的统计数据和资料外,还要求有较为准确的预测。当保险公司无法获得足够的历史资料和数据时,就无法作出对未来损失的准确预测。风险因素,特别是心理和道德风险起伏较大,对保险人的预测干扰更大,容易影响保险费率的合理性和适当性。一般产品的价格确定后,只要利用比较完备的会计制度和手段,就能制定出较为合理的价格。

(3) 保险费率的厘定受到的监管较严。

众所周知，一般商品价格主要由市场供求关系决定，并可随着市场状况变化调整。但保险费率除根据市场与风险情况进行厘定外，还受到相关法律法规的严格监管。如《保险法》第一百三十五条规定："关系社会公众利益的保险险种、依法实行强制保险的险种和新开发的人寿保险险种等的保险条款和保险费率，应当报国务院保险监督管理机构批准。"

(4) 保险费率对需求的刺激不明显。

一般产品的供求数量主要由产品的价格因素决定。虽然保险产品同其他产品一样，较低的价格也能够赢得更多的投保人，但投保人对保险的需求，主要是对于潜在风险的忧虑和现实风险的威胁，以及人们的安全意识决定，保险费率对需求的刺激不明显。

二、保险价格的构成

保险价格（保险费率）由纯费率和附加费率两部分构成。

（一）纯费率

纯费率是根据财产平均损失率或人口死亡率以及利率确定的。它所计算的保险费用于对正常损失进行赔偿或给付。财产保险的纯费率是为准备未来损失赔偿所确定的费率。它是根据各类财产在一定时期内的总保险金额和总赔款支出的比率（即保额损失率）确定的。依据财产危险不确定因素，保险人要在纯费率的基础上加一定比例的稳定系数，使纯费率更具科学性和准确性。

人身保险的纯保费用于支付保险金的给付，其计算方法有三种：

(1) 自然纯保险费。自然纯保险费是指直接以各年龄组的死亡率为标准计算的保险费。由于死亡率有随年龄提高而增大的特点，保险费也随被保险人年龄的增长而增加，按自然纯保费方式计算纯保险费的人寿保险，比较适用于以青壮年为对象的时间较短的定期保险。

(2) 趸交纯保险费。趸交纯保险费是指一次交清的纯保险费。它将保险期内在各年龄组的自然纯保险费折算成投保当时的现值，按总和一次交清。

(3) 年交均衡纯保险费。年交均衡纯保险费是指在保险期内投保人每年按固定的数额交纳保险费。年交均衡纯保险费在数量上要求投保人每年交付的全部保险费的现值必须与一次性交纳的纯保险费现值相等。

（二）附加费率

附加费率是指一定时期的经营费用总额与保险金额比率。一般来说，保险公司的经营费用主要包括下列内容：

（1）业务费用。包括代理费用、宣传广告费用、税金、工资、办公费用、培训费、招待费等。

（2）防灾防损费用。包括为被保险人购置防灾器材费用、防灾宣传费用和防灾奖励费用等。

（3）准备金。为了保持保险财务的稳定性，保险公司必须积累一笔准备金，即用于应付发生重大损失时，当年保险基金不足以赔付时而准备的资金。

（4）利润。保险经营还需满足股东对利润的需求，实现一定的利润目标。

下面以财产保险为例来说明保险费率的构成。财产保险费率的构成是保险成本加利润和税金。

（1）保险成本。财产保险的保险成本与工业生产成本、商业成本不同，工业生产成本是指产品在生产过程中实际消耗的物化劳动（包括劳动资料和劳动对象）和活劳动（工资）的价值量；商业成本是指商业企业购进产品的价格和支付的各项经营费用；而财产保险的保险成本是保险赔偿金额和支付的各项经营费用。保险赔偿金额是指保险人所承保的保险业务中，对因保险风险而损毁、灭失的保险标的物给予经济赔偿的货币量。保险公司支付的各项经营费用，是指在保险经营中，在流通领域中耗费的物化劳动和活劳动的价值量。

保险成本与生产成本和商业成本形成的过程也不相同。企业生产的生产资金在生产过程中逐渐转移到产品中去，产品生产完工，生产成本即已形成；商业成本是商业垫付的资金，用于组织产品流通。企业生产成本和商业成本都可以在产品销售收入中得到补偿，然后继续投入生产或组织流通。保险成本则不同，它不是保险公司垫付的资金，而是为了厘定保险费率时寻求的一个平均值。这个平均值就是每百元或每千元保险金额的成本额，通常以保险成本率表示。保险成本率以纯费率和附加费率组成。

纯费率是根据历年保额损失率和稳定系数计算出来的，计算公式是：

$$保险纯费率 = 保额损失率 \times (1 + 稳定系数)$$

附加费率根据保险公司以往若干年度保险经营费用的实际支出占纯保险费的比率计算，其计算公式是：

$$附加费率 = \frac{业务开支总和}{纯保费收入总和} \times 100\%$$

保险成本率是作为计算财产保险费率基础的平均值，其计算公式是：

$$保险成本率 = 保险纯费率 \times (1 + 附加费率)$$

（2）保险平均利润。保险公司收取保险费主要是为了履行支付经济损失补偿之用。确定保险费率，可以在每一个单位保险金额分摊一定的损失率的基础上附加费用就足够了。然而保险费数额在签订保险合同时就已经确定了，因此，保险公司必须事先估计到保险经营的结果。如果保险公司已经意识到所收的保险费有可能不够经济损失补偿时，就只有依赖于从历年保险费收入中提取的准备金来进行补救；保险业务经营开支包括业务经营发展基金、职工奖励基金、职工福利基金等，是保险公司增强自身发展能力所必需的。所以，保险公司应该从生产部门创造的剩余产品中分得一定的份额，合理取得社会平均利润。这部分平均利润除了留作企业专用基金外，也是一切非生产部门向国家缴纳所得税的主要来源。计算保险利润的公式如下：

$$保险平均利润总额 = 保险预付总资本 \times 平均利润率$$

在厘定财产保险费率时，采用的是保险成本利润率，其计算公式如下：

$$保险成本利润率 = \frac{保险平均利润总额}{保险成本总额} \times 100\%$$

（3）保险税金。税金是国家为了行使其职能，按照法律规定的标准，强制地、无偿地向纳税人收取的财政收入。

三、保险定价目标

保险定价目标，是指保险企业通过特定水平的价格的制定或调整所要达到的预期目的。保险定价目标是保险营销目标体系中的具体目标之一，必须服从于保险营销总目标，也要与其他营销目标相协调。一般企业的定价目标主要包括：追求盈利最大化、短期利润最大化、实现预期的投资回报率、提高市场占有率、实现销售增长、适应价格竞争、保持营业、稳定价格水平以维护企业形象等。保险企业的定价目标也可以归纳为以下几类：

（一）生存导向型目标

如果遇上生产力过剩或激烈的竞争，或者要改变消费者的需求时，保险公司要把维持生存作为其主要目标。为了能够继续经营，继续销售险种，保险公司必须定一个比较低的价格。此时，利润比起生存而言要次要很多。

（二）利润导向型目标

利润导向型目标分为三类：获得最高当期利润目标、获得适量利润目标和获得预期收益定价目标。获得最高当期利润目标通常以一年为准；获得适量利润是指与保险人的投资额及风险程度相适应的平均利润；获得预期收益为预期的总销售额减去总成本。

（三）销售导向型目标

采用销售导向型目标的保险人认为最高收入将会导致利润的最大化和市场份额的成

长。收入最大化只需要估计需求函数即可。销售导向型目标又可细分为达到预定销售额目标、保持和扩大市场份额目标、促进销售增长目标。

(四) 竞争导向型目标

竞争导向型目标可分为市场撇脂策略和稳定价格目标。一些经营规模大、经营效率高、资金雄厚、竞争力强的保险公司,有时喜欢制定高价来"撇脂"市场,而后通过逐步降低价格,将竞争者挤出市场或防止竞争者进入市场,即采用市场撇脂策略。一些规模大、实力雄厚的保险公司,常以稳定价格作为定价目标,以避免激烈的价格竞争造成的损失。同时,也可通过稳定本身产品价格来稳定行业竞争态势,保持其优势地位,获得稳定收益。

四、影响保险定价的因素

保险定价与其他行业的产品定价类似,也会受到以下因素影响:(1)市场结构;(2)产品定位;(3)市场需求因素,如需求的价格弹性、需求的收入弹性、需求的交叉弹性;(4)市场竞争因素,如价格竞争;(5)企业自身因素,如成本费用、销售数量。除此之外,保险定价还有其特殊影响因素,下文分别讨论影响财险和寿险的定价因素。

(一) 财产保险费率厘定时需考虑的因素

这里以汽车保险费率厘定的实例来说明确定保险费率时需要考虑的因素。

(1) 车辆使用区域。主要考虑汽车行驶和停放的区域。每个地区的交通、治安情况都有所不同,一般按城市、郊区和农村地区的汽车遭受损失的统计数据来计算汽车保险的基本费率。因为城市交通拥挤,城市汽车保险投保人交付的保险费一般高于农村地区。

(2) 驾驶员年龄、性别和婚姻状况。一般来说,年轻的驾驶员在车祸中占有较高的比例,因此,保险人对年龄在 25 岁以下的驾驶员一般规定的费率较高或规定另外的绝对免赔额。性别作为一个重要因素是因为年轻未婚的女性驾驶员比同一年龄的男性驾驶员发生的事故少,同样,已婚的驾驶员开车更为谨慎。年轻已婚的男性驾驶员比同一年龄的未婚男性驾驶员发生事故要少。

(3) 汽车用途。私家汽车一般分为 5 种用途:① 娱乐使用;② 上下班距离在 20 千米以内使用;③ 上下班距离在 20 千米以外使用;④ 公务使用;⑤ 农业使用。农业使用的汽车保险费率最低,其次是娱乐使用,而上下班和公务使用的保险费率最高。

(4) 驾驶员接受安全教育的情况。如果某个驾驶员通过了驾驶教育课程的考试,他就能得到费率优惠,一般能减少 10% 的保险费。

(5) 汽车数量的种类。对拥有多辆汽车的车主实行费率优惠。新车的保险费率要高于旧车，赛车的保险费率最高。

（6）驾驶记录。根据汽车意外事故和违反交通规则的计分收取相应的附加保险费。汽车保险的车辆损失险基本保费取决于汽车使用区域、汽车购置价值、车龄、免赔额等因素。确定保险费率系数，首先要确定基本费率系数，基本费率系数是根据被保险人的年龄、性别、婚姻状况、汽车用途、接受安全教育等因素进行组合分类；其次再确定第二费率系数，第二费率系数是根据汽车性能和驾驶记录的分数把汽车分为多种类别。

例如，某汽车投保车辆损失险，基本保费为 500 元，第一费率系数是 2.2，第二费率系数为 0.5。汽车保险的保险费计算如下：

$$保险费 = (2.20 + 0.5) \times 500 = 1\,350(元)$$

（二）人身保险费率厘定时需考虑的因素

这里主要介绍厘定人寿保险费率的情况。人寿保险是以人的寿命为保险标的的保险，其保险费率主要取决于预定死亡率、预定利率和预定费用率。

1. 预定死亡率

保险人要利用生命表来了解预定死亡率。生命表是以特定人群为研究对象，反映或概括特定人群的生命规律的一种表格。生命表可以带给保险人的信息有：（1）各整数年龄对应的生存人数、死亡人数、生存概率和死亡概率以及该整数年龄的平均剩余寿命；（2）生死人数总是以生命表基数为基础；（3）生死概率是相对的预期概率，反映特定群体中个体预期生死可能性大小；（4）生命表中独立的核心函数是死亡率，它是人寿保险费计算所必备的条件。

2. 预定利率

人寿保险的期限通常都比较长，因此，投保人交付保险费与保险金给付之间存在时间差。保险人收取保险费时，要考虑在预定利率下，保险费存放到一定时期内所产生的利息与本金相加是否与将要给付的保险金相等。在人寿保险保险费的计算中，预定利率均采用复利计算。

3. 预定费用率

经营人寿保险过程中所发生的各项费用，也应由被保险人负担，所以，预定费用率也是人寿保险费计算的一项重要内容。预定费用应以会计为基础，通过分析同类业务过去长期发生的费用，以此决定预定费用的额度，预定费用率高，保险费高；反之，保险费则降低。可见，预定费率的高低，对人寿保险费的影响很大。

4. 影响人寿保险费的其他因素

（1）解约率。解约是指投保人因种种原因不继续交费而使人寿保险合同解约失效。解约率是全年解约保额与该年年初有效保额的比率。对于长期寿险合同，解约后保险单具有现金价值,因此,在计算人寿保险费时,还得考虑以现金价值为基础的退保金及相应的解约率。

(2) 分红率。保险单分红源于保险中的死差益、利差益和费差益,但死差益、利差益及费差益的根本原因又受到计算基础的影响。也就是说,采取较保守的计算基础,保险单分红的来源可能相对增加。如果事先已确定了保险单的分红率,在计算保险费时,就得在死亡率、利率和费用率等方面重新进行选择,才能使分红得到实现。

(3) 残疾率。残疾率是指健康人在年内发生残废的概率。随着人寿保险的发展,寿险合同现已常常附有残疾给付或残疾优惠等条件。因此,残疾率必须成为计算保险费的因素之一。残疾率由永久完全残疾发生率与残疾者死亡率求得。

第二节 保险定价的原则、方法与策略

一、保险定价的原则

尽管影响财产保险和人身保险费率的因素不同,厘定的依据和方法不同,但在厘定保险费率时都需要遵循一定的原则。

(1) 保证补偿的原则。保险人按厘定的保险费率向投保人收取的保险费,必须足以应付赔款支出及各种经营管理费用。保险的基本职能是通过补偿或给付提供经济保障,而保险费是保险人履行补偿或给付的主要来源。因此,保险人收取的保险费应能充分满足其履行赔偿或给付责任的需要,以保障被保险人的保险权益,并维持保险人的稳定经营。保险费率是保险人收取保费的依据,从实现保险基本职能的角度看,保险费率水平应与提供充分保障的要求相适应。否则,不仅会危害保险经营的稳定性,而且被保险人的合法权益也会因此而受到损害。

(2) 公平性原则。保险费率应当与保险标的的风险性质和程度相适应。一方面,投保人所负担的保费应与其保险标的面临的风险程度、其所获得的保险保障程度、保险权利等相一致;另一方面,面临性质或程度相同或类似风险的投保人应执行相同的保险费率,负担相同的保险费,面临不同性质、不同程度风险的投保人,则应实行差别费率,负担不同数额的保险费。

(3) 合理性原则。即保险费率水平应与投保人的风险水平及保险人的经营需要相适应,既不能过高,也不能过低。费率过高,虽然有利于保险人获得更多的利润,但同时加重了投保人的经济负担,不利于保险业务的扩大;费率过低,则会影响保险基本职能的履行,造成被保险人得不到充分的经济保障。

(4) 稳定灵活的原则。保险费率一经确定,应在一定时期内保持相对稳定,以保证投保人对保险公司的信任和信心。但从长期来看,保险费率还应随着风险的变化、保险

保障项目和保险责任范围的变动及保险市场供求变化等情况进行调整，以保证保险费率的公平合理性。

（5）促进防损的原则。保险费率的厘定应体现防灾防损精神，对防灾防损工作做得好的被保险人，降低其费率或实行优惠费率；对防灾防损工作做得差的被保险人，可适当提高费率，以示惩戒。

二、保险定价的方法

保险定价方法是保险公司为实现定价目标而选择的厘定费率的方法。定价方法通常分为三类：成本导向定价法、竞争导向定价法和客户导向定价法，如图7-1所示。

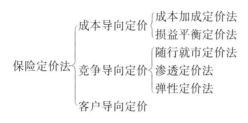

图7-1　保险定价方法

（一）成本导向定价法

成本导向定价法是指保险公司制定的产品价格包含在生产环节、销售环节以及服务环节发生的所有成本，以成本作为制定价格的唯一基础。当市场中只有一家保险公司，或者利用该方法的公司是市场的领导者时，成本导向定价法最有效。成本导向定价法可分为以下两种。

1. 成本加成定价法

成本加成定价法就是在产品成本的基础上，加上预期利润额作为销售价格。成本加成定价法有计算简便、稳定性大、避免竞争、公平合理等优点。

2. 损益平衡定价法

损益平衡定价法又称目标收益定价法，是保险公司为了确保投资于开发保单、销售和服务中的资金支出能够与收入相等的定价方法。损益平衡定价法的优点是计算简便，能向保险公司表明获得预期利润的最低价格是多少。

（二）竞争导向定价法

竞争导向定价法是以竞争对手确定的价格为基础，保险公司利用此价格来确立自己在该目标市场体系中的地位。竞争导向定价法具体有以下三种类型。

1. 随行就市定价法

随行就市定价法是指保险公司按照行业的平均现行价格水平来定价。这是一种首先确定价格，然后考虑成本的定价方法，采用这种方法，可以避免竞争激化。随行就市是本行业众多公司在长时间内摸索出来的价格，与成本和市场供求情况比较符合，容易得到合理的利润。

2. 渗透定价法

渗透定价法是指保险公司利用相对较低的价格吸引大多数购买者，以此获得市场份额并使销售量迅速上升的定价策略。在需求价格弹性高，市场潜力大，消费者对价格敏感时，保险公司采用低费率可以增加销售收入。

3. 弹性定价法

弹性定价法又称可变定价法，要求保险公司在产品价格问题上同客户协商。这种方法主要被销售团体保险产品的公司所采用，它们参与大宗团体保险生意的竞标或提交协议合同。团体保险的销售过程常常以竞标开始，在竞标过程中，竞争对手会逐个被拒绝淘汰，最后，客户与成功的竞标者签订协议合同。

（三）客户导向定价法

客户导向定价法又称需求导向定价法，是指保险公司制定分销商或保单所有人双方可以接受的价格，或者是根据购买者的需求强度来制定价格。需求强度越大，则定价越高；需求强度越小，则定价越低。

金融型保险产品定价日益重要

一般认为，传统型保险向金融型保险转型有以下几个方面的原因：其一，金融服务的一体化，金融混业经营的推动，尤其是保险与银行的合作日益密切；其二，各国保险市场放松监管的趋势；其三，与金融相关的保险产品的出现，如巨灾债券、巨灾期货、巨灾期权等；其四，风险管理模型和技术的进一步发展；其五，更多适合于保险业的负债模型向适合于全球金融业的相关模型的发展，如资产负债管理模型、风险资本模型等。

与传统保险不同的是，金融型保险的显著特征是不仅仅通过聚集保险基金来达到经济保障的目的，更看重通过资本市场来筹集资金以满足保险经营者融通资金的需求。金融型保险相关理论的提出对保险定价将会产生非常深远的影响。可以说，它不仅仅是一种保险形式的转型，更多的是一种定价理念，或者说经营理念的转型与创新。传统的保险定价模型已不能适应保险经济与金融经济融合发展的新的保险经营背景，从而不可避免地向金融型保险定价模型过渡和转型。

传统的保险定价模型关注于对损失和费用的估计与预测。这些定价模型主要强调的是损失的分布。常见的方法是通过估计期望损失、期望效用以便确定一个能保证特定承保利润边际的保费。更多的模型重视损失分布的矩用以确立利润边际或盈余条件。传统的保险定价理论主要有期望损失理论和期望效用理论。

保险产品的金融定价是建立在把保险商品当成金融产品，把保险公司当成金融中介机构的基础上发展起来的，近年来，现代金融理论与方法已被引入财产保险的定价过程中。这一趋势始于1976年CAPM（Capital Asset Pricing Model，资本资产定价模型）运用于汽车保险的定价。随后，贴现现金流模型也被运用于汽车保险费率和劳工补偿保险费率的厘定过程中。尽管将金融理论与模型运用于保险定价可以得出比运用传统保险定价模型更接近现实的费率，但由于监管当局和精算师对金融基本理论及相关术语了解的限制，通常所得出的定价结果难以真正反映保险市场产品的实际要求。换言之，理论上难以得出有效的定价结果。因此，需要加强精算师和其他与保险费率厘定相关人员对金融理论与模型的了解，从而将金融相关理论与模型更好地运用到保险定价中来。

资本资产定价模型（CAPM）、套利定价模型（APM）、期权定价模型以及评估模型（包括资产负债模型与贴现现金流模型），目的在于将金融定价理论与模型运用到保险定价中来，同时希望保险定价的过程能借以得到改进。如果我们能设计出更可靠的保险定价模型，则将在很大程度上推动保险理论中精算和投资等方面的发展，如承保周期中盈利性方面的计算将会得以简化。

资料来源：赵正堂.金融型保险产品定价模型研究[J].厦门大学学报（哲学社会科学版），2008,(04).

三、保险定价的策略

一般企业定价时可以采用心理定价、组合定价和折扣定价等策略。保险定价有自身特殊性，不能完全照搬。保险定价策略一般包括以下几种。

(一) 低费率策略

低费率策略是指以低于原价格的水平而确定保险费率的策略。这种定价策略主要是为了迅速占领保险市场，打开新险种的销路，更多地吸引保险资金，为保险公司资金运用创造条件。保险公司在实行低费率策略时，要严格控制在小范围内使用。如果使用不当，会导致保险公司降低或丧失偿付能力，最终损害被保险人的利益。正确使用低费率策略应考虑保险产品的具体情况，通常推出的保险险种应该是与人们生活密切相关的，能服务于家庭或个人的险种，如家庭财产保险和人寿保险；或者是政府或社会极为关注的险种，如农业保险。

实行低费率策略，保险公司既要从自身利益出发，考虑到保险险种的促销作用；又要考虑公司的社会效益，如保险公司为支持政府发展农业的政策，对农业保险实行低费率策略。实行低费率策略，要建立在提高管理效率、加强成本与管理费用的控制、降低保险推销成本的基础之上。实行低费率策略是保险公司在保险市场进行竞争的手段之一，但是，如果过分使用低费率策略，就会损害保险公司的信誉，导致在竞争中失败。

（二）高费率策略

高费率策略是指以高于原价格水平而确定保险费率的策略。保险公司实行高费率策略时，一般是因为某些保险标的风险程度太高，尽管对保险有需求，但保险公司都不愿意经营；或者是因为投保人有选择地投保某部分风险程度高的保险标的，或者是保险需求过剩等。实行高费率策略，保险公司可以高费率获得高额利润，有利于提高自身的经济效益；也可以利用高费率拒绝高风险项目的投保，有利于自身经营的稳定性。但是，保险公司要谨慎地使用高费率策略。保险价格过高，会使投保人支付保险费的负担加重而不利于开拓保险市场；同时，定价高，利润大，极容易诱发保险市场的激烈竞争。

因此，保险公司在运用高费率策略时，应根据"价格易跌不易涨"的道理，先高后低，当竞争者大量拥入后，应及时调整保险费率。

（三）优惠费率策略

优惠费率策略是指保险公司在现有价格的基础上，根据营销需要给投保人以折扣与费率优惠的策略。保险公司运用优惠费率策略的目的是刺激投保人大量投保、长期投保，及时交付保险费和加强安全工作，提高市场占有率。保险公司经常采用的优惠费率策略主要有以下五种。

（1）统保优惠费率。如果某个地区或某个大公司所属的分支机构全部向一家保险公司投保，保险公司可按所交保险费的一定比例给予优惠。例如，某律师协会为所有律师统一投保职业责任保险，保险公司可少收一定保费。因为统保能为保险公司节省对各个投保人所花费的营销费用和承保费用，提高工作效益。

（2）续保优惠费率。它通常运用在财产保险中。保险公司对现已投保的被保险人，如果在保险责任期内未发生赔偿，期满后又继续投保的，可按上一年度所交保险费的一定比例给予优惠。例如，某人投保了汽车保险，在一年度内未发生索赔，期满续保时，保险公司可按上年度保费的九折收费。

(3)趸交保费率优惠费率。长期寿险中,如果投保人采取趸交方式,一次交清全部保险费,保险公司也可给予优惠。因为这样减少了保险公司按月、按季或按年收取保险费的工作量。

(4)安全防范优惠费率。根据保险条款规定,保险公司对于那些安全措施完善、安全防灾工作卓有成效的企业也可给予一定的安全费返还,即按保费的一定比例给予。

(5)免交或减付保险费。在人身保险中,有些险种规定,如果投保人在保险期间中途丧失交保费的能力,保险公司允许免交未到期的保险费或减少保险费的数额,而保险合同可继续有效。如子女教育婚嫁保险,投保人死亡或完全残疾无力继续交付未到期保险费时,保险合同仍然有效,子女到约定年龄仍可领取保险金。

(四)差异费率策略

差异费率策略包括地理差异和险种差异等。

1. 地理差异

地理差异是指保险公司对同一保险标的在不同地区采取不同的保险费率的一种策略。例如,不同地区盗窃案发生率是不相同的,经济发达、流动人口多的地区,盗窃案一般要多于经济落后、流动人口少的地区。因此,盗窃保险的费率应当有所区别,发案率高的地区费率高,发案率低的地区费率低。又如,旅客人身意外伤害保险,因旅游的地点不同,其地理条件和气候状况也不同,保险公司制定保险费率时也应因地制宜,加以区别。但是,在同一地区,风险基本相同或比较接近的保险标的的费率应保持一致。

2. 险种差异

每个险种的保险费率标准、计算方法都有一定的差异,但保险公司在实务中常将一些不同险种组合在一起,以满足不同投保人的需要。因此,保险公司应对险种组合的多种费率进行必要的调整,使其符合市场需求和竞争需要。调整保险费率的具体做法有:第一,如果在同一险种中,保险标的的风险相近而保险费率相差较大,对费率要作出相应调整,使其保险费率也相近或相同;第二,如果在一个险种组合中,其中某个保险险种的风险发生显著变化,应及时调整该险种的保险费率,即保险费率应反映出该险种风险变化情况。

保险差别定价

根据保险机制的内在机理,合理保费或者说公平保费就可作如下分解:期望索赔成本、管理成本和公平利润。通常将期望索赔成本称为净保费或者纯保费,将其他因素统称为附加保费。公平保费理论所体现的最大公平在于保证保险人作为组织者收取合理的保费、同时获得合理的利润。以市场供求进行保险产品的定价不仅合理，并且必须。

价格歧视即差别定价，其基本思想是：根据需求差异细分市场，根据各市场特点对同一产品制定不同的价格，或者对有微小差异的产品制定不同的价格，且价格差异与其成本费用差异不成比例，以更多的占有消费者剩余，使厂商利润最大化。

价格歧视一般分为三个等级：一级价格歧视要求对所有消费者的需求区别对待，甄别成本太高，不大现实；二级和三级价格歧视是可行的。就中国保险市场而言，保险公司可以对不同需求的投保人进行甄别，从而进行差别定价。

（1）按照不同的价格，直接把同种保险产品卖给不同的投保人。比如，对在享受某种保险服务期间投保相近险种的投保人采取优惠，这是二级价格歧视的做法。

（2）同一保险产品在不同时间、不同空间索取不同价格。比如，根据地区之间存在的经济水平、文化观念进行差别定价，在保险公司的定价实践中已经有所体现，是完全合理而且也是可行的；对在保险合同生效前较长时间投保的消费者进行优惠等。

（3）针对不同投保人群体，对保险产品作适应性调整，分别索取不同价格，而价格差异与成本差异不成比例。例如，在当前人寿保险产品定价中，主要是对投保人的年龄和性别进行区分，实际考虑的是不同年龄、性别的投保人出险率的差异，依然局限在成本定价的模式中。还应该结合投保人的地区、职业、文化程度甚至社会经历进行考虑，对具有不同需求弹性的投保人索取不同的价格。再结合前面两种差别定价思路，操作空间会更大。这是保险差别定价的主要方法。

保险公司采取需求差别定价策略除了要具备甄别细分市场的能力，以根据各个细分市场须表现出不同的需求弹性进行差别定价外，还必须具备以下条件：一是产品难以转售，以较低价格购买某种产品的顾客，没有可能以较高价格把这种产品倒卖给别人，当前，保险商品具备这一条件；二是因为将顾客加以甄别是有成本的，细分市场和控制市场的成本费用不得超过因实行差别定价所得的额外收入，这就是说，不能得不偿失；三是竞争对手不能够利用本公司的差别定价牟利。竞争者没有可能在企业以较高价格销售产品的市场上以低价竞争销售；如果是多家保险公司在同一市场销售同质保险产品，则保险差别定价难以实现，容易给竞争对手可乘之机；四是差别定价不会引起潜在投保人的不满，即实行差别对待的标准合理，因为如果引起投保人反感并且放弃购买，则必然影响销售；五是采取的价格歧视形式不能违法。

由上可见，保险差别定价的关键，第一在于如何对投保人进行分组；第二在于产品创新，树立产品竞争优势，获得一定的市场势力，使得竞争对手难以跟进。

资料来源：百度百科，http://baike.baidu.com/view/2242358.htm，2013-04-15。

四、调整保险价格的策略

保险公司在厘定了保险费率后，在具体执行过程中，还要根据实际情况进行适当的调整，使保险费率更趋合理。此外，保险费率的调整也会给投保人和竞争者带来一定的影响。

（一）保险费率的调整策略

保险公司调整保险费率的策略有保险心理策略、促销策略、竞争策略等。

1. 保险心理策略

这是根据保险消费者购买保险时的心理对险种的费率进行调整，使之成为消费者可接受的保险费率。例如，利用保险公司良好的信誉和强大的实力来调整保险费率，这也叫声望调价，尤其像保险这种不易鉴别质量的产品，消费者只有靠崇尚信誉的心理来识别。因此，即使调高价格，也会吸引消费者的注意力。自我国银行利率不断调低以来，人身保险费率一直上扬，但是近两年来，向中国人寿保险公司购买人身保险的人不仅没有减少，反而不断增多，中国人寿保险公司的保险费收入和市场份额仍为国内保险公司之首。

2. 促销策略

针对不同消费者的需求和不同竞争者的策略，保险公司要适当调整保险费以利促销。常用的方法有普遍下调保险费率或调整个别险种的保险费率。普通下调费率实际上是采用薄利多销的方法来争取更多的客户，以获取整体保险费的增长，同时还可以提高保险公司的市场占有率。但是，如果保险公司的规模较小，资金实力不强，不要轻易采取这种策略。对个别险种费率的调整，是为了适应保险标的的风险情况、需求情况和市场竞争情况的变化。例如，航空人身意外伤害保险的赔付率降低了，保险公司就降低其费率，以适应市场需求和竞争的需要。

3. 竞争策略

在保险费率厘定的问题上，我国《保险法》规定了一些限制，例如，保险公司对一些关系社会公众利益的保险险种、依法实行强制保险的险种和新开发的人寿保险险种等保险条款和费率，应当报保险监管部门审批。因此，保险公司在竞争中，只能对上述险种的保险费率进行调整。保险公司在调整费率时采取的策略主要有：

（1）与竞争者同时进行调整。当获悉竞争对手要下调保险费率时，保险公司应立即研究对策，调整费率。根据保险公司的具体情况，可以将费率调整到与竞争者同一幅度或不同幅度，以确保自己在保险市场上占有的份额。

（2）保持费率不变。虽然竞争者已调整了费率，但是本保险公司保持原来的保险费率不变，以这种策略来维护保险公司的声誉和形象，并获得较高的利润。

（3）采取跟随策略。当知道竞争者调整保险费率时，先不急于调整本保险公司的保险费率，静观其变。如果竞争者调整后的费率对本保险公司造成威胁，保险公司要考虑是否跟随竞争者调整相关费率；如果竞争者调整费率后对市场影响不大，保险公司可不调整费率。

（二）调整费率带来的影响

调整保险费率既会给投保人带来一定的影响，也会对中介人和保险人产生一定的影响。

1. 对投保人的影响

投保人（包括准投保人）对保险费率调整的反应，在很大程度上影响着保险的销售量。例如，我国在1997年年底，在保险公司调整保险费率前的一周内，许多顾客了解到保险费率将要上调，一拥而至到保险公司购买保险，形成前所未有的购买保险热潮，保险销售量急剧上升。不过，总的来说投保人对保险费率调整的反应是很复杂的：费率下降，保险销售量一般会上升。实际上，投保人（特别是理性的投保人）会认为购买该险种意义不大，因为没有什么风险损失；或者认为保险公司的服务质量差，投保不方便；或者认为保险费率不会不降，过一段时间再购买，等等。费率上调，保险销售量理应减少，但是投保人会认为购买该险种确实有利，如分红人寿保险推出后，尽管保险费率提高了，但是投保人认为分红保险不但具有保障功能，还可以年年分红，符合自己的消费心理和实际需求，也会踊跃购买。可见，调整保险费率对投保人会产生许多影响，保险公司应对险种及费率作出相应改变，以适应投保人心理需求和市场变化。

2. 对中介人的影响

保险代理人和保险经纪人在调整保险费率时也会产生许多想法。因为调整保险费率可能使保险销售情况发生变化，而保险代理人和经纪人的收入依赖保险销售量的高低。如果保险费率的调整促进了保险销售，则保险代理人和经纪人的积极性会大增；反之，如果保险费率的调整阻碍了保险销售，则会挫伤保险代理人和经纪人的积极性。例如，近两年来，我国的人身保险费率受到银行利率下调的影响，频繁调整，当保险费率高于银行利率时，投保人积极购买保险，使得保险销售量上升，这时保险代理人的收入急剧增加，许多人都会拥入保险代理这个行业；当保险费率与银行利率持平时，投保人的资金大部分流向银行、证券和其他投资领域，保险销售量明显下滑，保险代理人也会受到影响而离开保险代理行业。当然，保险代理人和经纪人为了扩大市场占有率和市场销售总额，有时也会希望保险费率下降。总之，无论保险费率是下调或上扬，都会给保险代理人与经纪人带来显著影响，保险公司应了解保险代理人和经纪人对保险费率调整的心理状态，及时把握市场脉搏，做好保险费率调整的宣传工作。

3. 对保险业的影响

保险公司在研究调整保险费率问题时，还必须预测同行业其他保险公司的反应。如果保险公司面对几个竞争对手，还要分析每个竞争对手可能产生的反应。如果所有竞争者的反应相似，在进行分析时，只要分析一个典型的竞争者即可；如果竞争对手的规模、市场占有率和营销策略存在较大差异，它们各自持有不同的态度，就要进行逐个分析，预测它们可能采取的对策。保险公司如何预测竞争对手可能作出的反应呢？如果面对一个强大的竞争对手，保险公司可从两个方面预测竞争对手的反应：一方面，假设竞争对手作出与本公司相同的保险费率调整；另一方面，假设竞争对手根据自身的情况作出相应的保险费率调整。如果竞争对手的目标是取得较高的市场占有率，它可能很快进行相应的费率调整；如果其目标是想获得较高的利润，它可能不急于调整保险费率，而是采取增加广告开支、提高服务水平等策略。

本章小结

保险费、保险价格和保险定价有内在联系，正确掌握各自含义及其联系，有助于对保险定价策略的理解。保险定价比较特殊，例如，定价发生在成本确定之前，合理性较低，受到严格监管，对需求影响相对较小等。

保险定价目标与其他行业的企业定价目标有些类似，大体上可以归纳为生存导向型目标、利润导向型目标、销售导向型目标和竞争导向型目标。

保险定价除了受到市场结构、产品定位、市场需求因素、市场竞争因素、企业自身因素等影响之外，还会受到保额损失率、成本费用率、合理利润率等因素影响，财产险和寿险定价的具体影响因素有差异。

保险定价方法主要有成本导向定价法、竞争导向定价法和客户导向定价法。这些方法主要是从传统的产品定价发展起来，由于金融型保险产品日益增多，保险定

> 价方法也亟须创新。
>
> 　　保险定价可以采用低费率策略、高费率策略、优惠费率策略和差异费率策略。各种策略均有其适用的前提条件。

本章关键词

　　保险费　保险价格　保险定价　纯费率　附加费率　保险定价目标　成本导向定价法　竞争导向定价法　客户导向定价法

复习思考题

1. 保险定价有何特点？
2. 保险价格的构成有哪些？
3. 车险和人寿保险定价影响因素各有哪些？
4. 保险定价目标有哪些？
5. 保险定价应遵循哪些原则？
6. 保险定价方法主要有哪些？各自的适用条件是什么？
7. 保险定价可以采用哪些策略？试举例说明。

第八章

保险营销渠道与管理

学习目标
- 了解保险营销渠道的概念和种类
- 熟悉直接营销主要渠道的特点
- 熟悉间接营销主要渠道的特点
- 熟悉选择保险营销渠道的策略
- 熟悉保险营销渠道管理的主要内容

第一节　保险营销渠道概述

一、保险营销渠道的概念

市场营销渠道是连接商品生产者和消费者的桥梁。在现代社会里，大多数商品都是通过一定的市场营销渠道从生产者手中流到消费者手中。保险商品也不例外。

保险营销渠道又称保险销售渠道、保险营销体系，它是指为完成保险市场交换活动而进行的一系列保险营销活动的组织和个人所形成的体系，是联系保险公司和顾客之间的桥梁，是保险商品顺利流通和交换的关键。保险营销渠道的起点是出售保险产品的保险公司，终点是购买保险产品的各种客户，参与保险产品从保险公司向客户转移过程的每个人和组织都是保险营销渠道的组成部分。因此，一个完整的保险营销渠道不仅仅包括保险产品的生产者——保险公司和消费者——客户，还包括为把产品从生产者转移到消费者而提供便利的一切组织和个人。这些组织和个人称为营销渠道成员。这些处于中间地位的组织和个人是保险营销渠道的重要组成部分。

二、保险营销渠道的功能

从保险供给和需求的角度来看，保险营销渠道的基本功能是将满足不同保险需求的不同险种转变为顾客所需要的有现实意义的保险组合，即通过保险营销渠道，根据顾客的现实保险需要，对保险公司的险种进行组合匹配，为顾客设计保险消费方案，满足顾客的保险需求并使之消费效用最大化。保险营销渠道扮演着一个撮合保险供给和保险需求的重要角色。保险营销渠道所执行的职能是将保险商品由保险公司转移到保险消费者手中。具体而言，保险营销渠道的所有渠道成员所执行的职能主要有以下八项。

（1）沟通保险信息。搜集与传递保险营销环境中各种力量和因素变动的信息，并对其加以分析、研究和整理，以利于保险营销规划。

（2）促销。利用各种可能的营销渠道，通过生动活泼的保险宣传，发掘并传播保险商品的说服性信息。

（3）接触。主动寻找潜在的顾客并与之保持经常性的联系和沟通。或通过互联网平台集中展示产品信息，供潜在顾客浏览和体验。

（4）配合。使所提供的保险服务能够最大限度地满足顾客的需要与险种的组合。

（5）双向选择。保险营销既是保险公司选择最合适的顾客的过程，也是顾客选择最满意的保险公司和最佳保险服务的过程，保险营销渠道的所有成员必须善于并尽最大努力促成这种双向选择的达成。

（6）实际购销。即购买和销售功能，就保险经纪人而言，是代表顾客选择、评价和购买适合的保险商品。对于其他保险营销渠道的成员而言，就是销售保险商品。对于互联网平台而言，就是顾客通过平台购买保险产品。购销功能主要是完成保险商品所有权的转移。

（7）资金融通。资金（主要指保费收入，有时也是佣金）的取得和周转，覆盖销售工作的各项成本。

（8）风险承担。承担保险营销所带来的直接风险，主要指保险责任风险。

前五项职能主要是为了促成保险交易的达成，后三项职能则在于帮助履行交易。但总的来看，不管是哪项职能，都必须由人来完成。在保险营销渠道中，可以取消某一环节的人员设置，但不能取消任何一项功能，而且谁能以最低的费用和最高的效率完成，就应该由谁来承担。以往，保险公司往往愿意借助中间商完成以上功能。这样保险公司可以集中财力做好自己的主要业务（主要指保险险种的开发和资金的运用）。中间商则可以凭借自己的专业知识、经验和灵活性，常常能比保险公司完成得更出色，特别是在寿险营销中，中间商的作用表现得更突出。伴随着移动互联网、人工智能、大数据技术的兴起，以互联网平台为载体，通过大数据挖掘潜在客户保险需求和精准推送越来越引起保险公司的关注。我国主要的保险公司均在尝试扩大此种销售模式，借助互联网平台满足业务发展及成本节约的需求。

三、保险营销渠道的分类

根据有无中间商参与交换活动，营销渠道可以分为两类：一类是直接营销渠道；另一类是间接营销渠道。

（1）直接营销渠道，也称直销制，是指保险公司利用支付薪金的业务人员向保险消费者直接提供各种保险商品的销售和服务。直销渠道并无任何中介机构的介入，是直接实现保险产品销售活动的一种方式，又称为保险直销。主要方式有：员工直销、门店销售、电话销售、网络销售等。

（2）间接营销渠道，也称中介制，是指保险公司与投保人之间不进行直接的接触，而是通过中间商把保险产品销售出去。代理中间商并不取得所有权，只是帮助转移所有权。目前我国保险市场主要是通过保险代理人或保险经纪人等中介机构把保险产品推销给投保人。

第二节　主要保险营销渠道及特点

一、直接营销渠道

1. 员工直销

员工直销是指依靠保险公司的员工推销保险商品并提供客户服务，这些员工从保公司领取薪金，根据销售业绩获得一定的奖励和报酬。

保险公司设立直销营销团队，与该团队的成员签订劳动合同，从事的工作主要是推销保险产品和提供服务，其部分薪酬与业务业绩挂钩。无论是财产保险公司还是寿险公司，直销营销团队均侧重于开发和维护团体客户。如寿险公司设立团体保险营销团队，是企业员工综合福利保障、企业年金保险项目以及政府合作项目的重要渠道。保险公司的直销团队业务员的入职门槛要求较高，大部分公司要求大专或本科以上学历和金融相关专业背景，综合素质和服务能力相对较强，有利于提高业务开拓的成功率和承保业务的质量。他们熟悉公司文化，直接代表保险公司开展业务，体现公司形象。直销团队业务员与保险公司具有固定的雇佣关系，工作稳定性较强，对公司忠诚度高，公司对其直接影响力强。

2. 门店销售

保险公司门店是保险公司在特定区域内设立的服务网点，提供保险销售、理赔、咨询等服务。门店是保险公司的重要服务窗口，提高了服务的覆盖面和服务质量，更好地满足了客户的需求。保险公司安排业务员在门店提供产品咨询、产品销售服务，上门客户可以直接在门店前台进行产品咨询、投保。保险门店作为一种可信度高、亲和力强的销售渠道，能够在情感体验上做到让消费者感受到亲切感，能快速提升消费者的购买意愿和满意度，提升客户对公司的忠诚度。

3. 电话营销

电话营销是通过专业的呼叫中心针对目标客户进行销售的方式。电话营销的一般流程是：保险公司利用客户名单，以电话的形式向每一位客户提供保险建议，在客户确定投保后，由保险公司后台运营人员进行承保并出具保单，并配送至客户预留地址；或者出具电子保单，客户可以在保险公司指定网址查询到保单。

除了电话呼出之外，也可以开办电话呼入业务，不管是哪种形式，都应该对公众公布经保险监管部门备案的电话热线，在提供信息咨询和投保服务等过程中不得扰民。来自公众的隐私等权益保护立法可能是电话营销最大的系统性风险。

电话营销解决了与客户物理距离的问题，减少了往返面见客户的环节，大大提升了销售效率；同时，专业的呼叫人员结合客户历史投保的情况及行为习惯，可更好地挖掘客户其他保险需求。由于缺少面对面的交流，电话销售通常只适合简单易懂的险种。

4. 网络营销

网络营销是保险公司利用互联网技术和功能，销售保险产品，提供保险服务，在线完成保险交易的一种销售方式。保险公司的网络自营业务主要包括保险公司的互联网用户公众号、移动应用程序（App）、互联网平台小程序等；如保险公司委托第三方网络平台进行销售，则归属间接营销渠道。客户通过进入保险公司的自营业务平台，在网上选择保险产品，如有意投保某一险种，则在网上填写投保单，提出投保要约，经保险公司核保后，作出同意承保或拒绝承保的回复，由投保人在网上或通过其他方式支付保险费，保险公司收到保费后，向其发送电子保单的过程。网上保险营销的优越性在于：

（1）降低了经营成本、缩减了费用开支，使保险价格有所下降。传统的保险营销方式主要靠上门访问、电话访问以及在各地设立网点等形式。与保户之间进行信息交流与沟通，工作量大、耗时长、费用高。而网上保险则使保户更方便、更快捷、更详细地了解和收集到投保信息，迅速做出投保决定，从而精简了业务环节，为保险公司节省了大量的人力、物力和财力。保险公司通过网上销售，免去了中介机构，节省大量的佣金和管理费。一般网站的后期维护成本较低，相当于开设营业网点的销售成本和广告成本都大大减少。由于经营成本的降低，保险费也相对有所下降。

（2）开辟了新的营销渠道，拓宽了业务的时空范围。建立在大数法则数理基础上的保险经营天生具有规模效应的优势，要求将风险尽可能地分散到最大的范围。互联网的特点恰恰使保险业务可以延伸到全球的任何地区任何一台上网电脑的用户身上，实现在任何时间、任何地点以任何形成完成投保过程。

（3）更好地迎合了投保人的投保心理和保险需求。网上销售避免了销售人员与投保人之间面对面的尴尬和其他销售形式带来的强行推销的感觉，可以让投保人主动选择来实现自己的投保意愿，并且可以在多家保险公司和多种产品之间实现多元化的比较和选择，更好地满足投保人的保险需求。

（4）通过对互联网用户消费习惯、个人特征、社交习惯等大数据挖掘，可精准识别保险潜在客户及其保险需求，并通过互联网平台进行产品营销，提高产品销售成功率。

二、间接营销渠道

间接营销渠道是通过保险中介实现保险产品的销售。保险中介是介于保险机构之间或保险机构与投保人之间，专门为保险交易双方提供保险销售、业务咨询、风险管理、投保方案安排、风险评估、损失鉴定与理算、代理查勘及理赔等服务，并从中依法获取佣金或服务费的机构或个人。在保险公司，保户与保险中介之间不发生任何所有权转移，保险中介人不能真正代替保险人承担保险责任，只能参与、代办、推销或提供专门技术服务等各种保险活动，从而促协助或促成保险经济关系的建立，所以保险中介人也称为保险辅助人。保险间接分销渠道的主要成员就是保险代理人和保险经纪人等保险中介机构。

据原银保监会公布的数据，截至2022年9月，保险中介渠道实现保费收入3.56万亿元，占全国总保费收入的87.46%。可见，保险中介在保险业发展中发挥着保险销售和保险服务的主渠道作用，对保险行业的发展起到非常重要的作用。随着金融科技赋能、新型互联网保险销售渠道快速发展，中介机构不断提质增效，深度参与保险产品开发、风险管理、数字化和金融科技等领域创新发展，中介机构的稳健发展和规范经营将影响保险行业的持续发展。在互联网保险方面，中介渠道的业务占比近60%，关系到保险市场的发展。因此，各保险公司非常重视与中介机构的合作。

各国保险业的发展表明，保险业的发展带动了保险中介的发展，而保险中介的发展又进一步推动了保险业的繁荣与发展。保险中介这种间接分销渠道对保险业的作用具体表现为：

(1) 推动了保险知识的宣传与保险意识的传播。

自从打破中国人民保险公司一家垄断经营的局面后，我国的保险业进入了迅速发展时期。尤其是从1992年美国友邦保险公司把个人代理营销制度带入我国以后，保险代理人挨家挨户上门进行保险推销，走上街头设立咨询站，以及保险公司通过设立保险代理网点和各保险代理公司开展的各种展业宣传等活动，都为推动保险知识宣传与保险意识传播发挥了积极作用。

(2) 促进了服务质量的改善和业务发展。

一方面，保险中介人直接面对客户，根据客户的需求及时提供各种迅捷的、优质的服务；另一方面，利用间接分销，可以使保险公司从琐碎而繁杂的保险销售和承保业务中部分解脱出来，更加专注于提高承保与理赔等保险技术和服务质量；又可以扩大市场范围，树立和宣传保险公司的形象，从而推动保险业务的发展。

(3) 提高保险经济效益，增强企业竞争力。

保险中介具有展业面广、业务费用少、不占编制、管理方便等特点，因而对提高保险业的经济效益有积极作用。此外，保险中介还因具有对市场的敏锐观察力和迅速收集信息及适应市场发展等能力，对推动保险公司业务发展和提高竞争力有突出的作用。

(一) 保险代理人

按中国银保监会于2020年颁布的《保险代理人监管规定》定义，保险代理人是指根据保险公司的委托，向保险公司收取佣金，在保险公司授权的范围内代为办理保险业务的机构或者个人，包括保险专业代理机构、保险兼业代理机构及个人保险代理人。保险代理人应当遵守法律、行政法规和国务院保险监督管理机构有关规定，遵循自愿、诚实信用和公平竞争的原则。规定经营区域不限于注册登记地所在省、自治区、直辖市、计划单列市的保险专业代理公司的注册资本最低限额为5 000万元；经营区域为注册登记地所在省、自治区、直辖市、计划单列市的保险专业代理公司的注册资本最低限额为2 000万元；保险专业代理公司的注册资本必须为实缴货币资本。保险专业代理公司名称中应当包含"保险代理"字样。还规定保险专业代理机构可以经营下列全部或者部分业务：① 代理销售保险产品；② 代理收取保险费；③ 代理相关保险业务的损失勘查和理赔;④国务院保险监督管理机构规定的其他相关业务。

《保险代理人监管规定》规定保险代理人及其从业人员在办理保险业务活动中不得有下列行为:①欺骗保险人、投保人、被保险人或者受益人;②隐瞒与保险合同有关的重要情况;③阻碍投保人履行如实告知义务,或者诱导其不履行如实告知义务;④给予或者承诺给予投保人、被保险人或者受益人保险合同约定以外的利益;⑤利用行政权力、职务或者职业便利以及其他不正当手段强迫、引诱或者限制投保人订立保险合同;⑥伪造、擅自变更保险合同,或者为保险合同当事人提供虚假证明材料;⑦挪用、截留、侵占保险费或者保险金;⑧利用业务便利为其他机构或者个人牟取不正当利益;⑨串通投保人、被保险人或者受益人,骗取保险金;⑩泄露在业务活动中知悉的保险人、投保人、被保险人的商业秘密。

1. 保险专业代理机构

是指依法设立的专门从事保险代理业务的保险代理公司及其分支机构。据国家金融监督管理总局公布的数据,截至2023年6月末,全国共有保险专业代理公司1 702家。

近年来专业代理公司呈现出不断增长的趋势,特别是在"产销分离"的背景下,中小型保险公司更加倾向于依托专业代理公司。对于中小型保险公司来说,通过委托专业代理机构来销售保险产品,保险公司在一定程度上减少了销售网点的前期投入和代理人队伍的建设和培训成本,利用代理公司的销售队伍和平台影响能够在短时间内迅速占领市场。保险专业代理机构可以利用其庞大的销售队伍和从业人员的专业知识,向客户详细解释产品内容,便于客户理解与接受。保险专业代理机构可以代理多家保险公司产品,因此在推销保险产品时有更多的空间迎合投保人的需求。随着互联网转型的不断深化,传统的运营模式不能实现产能和效率的突破,部分保险专业中介机构逐步分化为线下营销队伍的传统模式与线上运营平台同步运作,实现线下和线上的双向渗透。在互联网转型中保险专业代理机构力求探索智能化、个性化的互联网运营模式。

保通保险代理有限公司

保通保险代理有限公司于2013年成立,是经中国银行保险监督管理委员会批准成立的集产、寿险综合服务为一体的全国性专业保险代理机构,是全国为数不多的拥有互联网保险经营资质的保险代理公司之一。

保通保险代理依托于集团提供的科技支撑,坚持以科技引领发展,旨在通过科技手段深挖消费者保险需求,解决消费者在产品选择、投保、理赔等方面的痛

> 点。在产品设计方面，秉持对消费者利益更友好，消费体验更优化的原则，集合保险从业者、市场信息、消费者需求三方面信息，形成智能保险产品数据库，以数据驱动保险产品设计，满足消费者多方位、多样性的保险需求。
>
> 保通保险代理在以科技创新提升保险服务效率、改善服务体验的同时，通过组织创新，实现平台从业者的组织扁平化，以此实现有效的成本优化，一方面反哺保险从业者，激发其提升服务消费者的能力的动力；另一方面反哺消费者，为其提供更优质的保障。
>
> 保通保险代理有限公司愿与保险从业者共同努力，让每一个人病有所医、老有所养，享受快乐生活。
>
> 资料来源：保通保险代理有限公司——相信你的价值官网（www.baoinsurance.com）。

2. 保险兼业代理机构

是指利用自身主业与保险的相关便利性，依法兼营保险代理业务的企业，包括保险兼业代理法人机构及其分支机构。《保险代理人监管规定》明确保险兼业代理机构可以经营下列全部或者部分业务：① 代理销售保险产品；② 代理收取保险费；③ 国务院保险监督管理机构批准的其他业务。规定兼业机构需有同主业相关的保险代理业务来源和有便民服务的营业场所或者销售渠道。

兼业代理机构有金融机构兼业代理、行业兼业代理等不同形式。金融机构兼业代理渠道主要包括银行保险和邮政保险。行业代理是指利用某行业对保险的特殊需求以及该行业的特点代为销售相应的保险产品，如旅行社代理旅游意外险、铁路部门代理乘客意外险、民航部门代理航空意外险、汽车销售商代理机动车辆保险等。

保险兼业代理机构具备以下的优势：① 网点多、覆盖面广。兼业代理机构可以充分利用自有的营业网点，较为迅速地覆盖市场，节约客户信息搜索成本。某些兼业代理机构（如汽车经销商）由于经营主业的特殊性，在完成主业销售的过程中极易促成保险产品的合并销售，提高了经营效率。随着生活的网络化程度加深，兼业代理机构结合其线上平台的客户资源，匹配相应场景的保险产品，以激发和满足消费者需求。如旅游 App 上配套销售旅行意外伤害保险就是典型的案例。② 诚信度高、客户易接受。兼业代理机构销售保险产品的对象通常是其已有的较为稳定的客户资源，并且在其主业营业场所内代理险业务，投保人对代理机构信任度高，更容易接近和购买保险产品。

银行是金融机构代理保险的重要渠道，银保渠道在保险业发展中发挥了重要作用。对于寿险公司来说，银行渠道是保险公司获取保险的主要来源。中国银保监会于 2020 年印发的《商业银行代理保险业务管理办法》规定，商业银行代理保险业务是指商业银行接受保险公司委托,在保险公司授权的范围内,代理保险公司销售保险产品及提供相关服务,并依法向保险公司收取佣金的经营活动。还规定商业银行和保险公司开展保险代理业务合作,应当本着互利共赢、共同发展、保护消费者利益的原则,共同促进商业银行代理保险业务的持续健康发展。商业银行及其保险销售从业人员在开展保险代理业务中不得有下列行为:① 欺骗保险公司、投保人、被保险人或者受益人;② 隐瞒与保险合同有关的重要情况;③ 阻碍投保人履行如实告知义务,或者诱导其不履行如实告知义务;④ 给予或者承诺给予投保人、被保险人或者受益人保险合同约定以外的利益;⑤ 利用行政权力、职务或者职业便利以及其他不正当手段强迫、引诱或者限制投保人订立保险合同;⑥ 伪造、擅自变更保险合同,或者为保险合同当事人提供虚假证明材料;⑦ 挪用、截留、侵占保险费或者保险金;⑧ 利用业务便利为其他机构或者个人牟取不正当利益;⑨ 串通投保人、被保险人或者受益人、骗取保险金;⑩ 泄露在业务活动中知悉的保险人、投保人、被保险人的商业秘密。除互联网保险业务和电话销售保险业务外,商业银行每个网点在同一会计年度内只能与不超过3家保险公司开展保险代理业务合作。商业银行发挥其销售渠道优势,目前在商业银行代理保险业务中以长期储蓄型和风险保障型保险产品为主,为消费者提供全面的金融服务。

相对于其他分销渠道,银行保险具有以下特点:首先,成本低,保险公司通过银行柜面或理财中心销售保险产品,可使公司的经营成本下降,保险产品费率降低,给消费者更多实惠。其次,安全可靠,消费者通过银行办理投保相关手续,可确保消费者的资金安全。最后,购买便捷,银行网点遍布城乡各地,通过银行柜面或理财中心进行购买,简单、便捷,同时便于与家庭预算相结合,选择符合实际需求的产品。

保险公司兼营保险代理业务的,除同一保险集团内各保险子公司之间开展保险代理业务外,一家财产保险公司在一个会计年度内只能代理一家人身保险公司业务,一家人身保险公司在一个会计年度内只能代理一家财产保险公司业务。

银保渠道成"香饽饽" 银行跑步进场代理保险业务

近年来,银行机构普遍加大了对财富资管条线的重视程度,保险产品代销也属于广义的财富业务,在银行内部十分受到重视。同时,在保险代理人数量快速萎缩的行业背景下,保险公司对银保渠道的重视程度也显著提升,并通过开发针对性产品来提高渠道适配度,取得了较好的效果。

一家大型银行机构负责人对《金融时报》记者表示,近年来,银行机构普遍加大了对财富资管条线的重视程度,保险产品代销也属于广义的财富业务,在银行内部十分受到重视。同时，在保险代理人数量快速萎缩的行业背景下，保险公司对银保渠道的重视程度也显著提升，并通过开发针对性产品来提高渠道适配度，取得了较好的效果。

中国人寿年报显示，该公司银保渠道业务价值与保费规模实现了同步较快增长。2022 年，中国人寿推进"一体多元"渠道建设，其中一体为个人代理人业务，多元业务包括银行、团险、健康险、互联网等。2022 年银保渠道总保费达634.15 亿元，同比增长 28.6%。截至 2022 年末，中国人寿银保渠道客户经理达2.1 万人，人均产能同比提升 9.1%。

平安寿险银保渠道转型也在提速。2022 年，平安寿险银保渠道实现个人业务新业务 109.89 亿元，同比增长 18.27%。该公司银保渠道新业务价值同比增长15.9%，对寿险新业务价值贡献度明显提升。

资料来源：中国金融新闻网，https://www.financialnews.com.cn/bx/bxsd/202306/t20230607_272423.html。

3. 个人保险代理人

是指与保险公司签订委托代理合同，从事保险代理业务的人员。保险公司应当按照规定为其个人保险代理人进行执业登记，个人保险代理人只限于通过一家机构进行执业登记。保险公司应当制定个人保险代理人管理制度，明确界定负责团队组织管理的人员（以下简称团队主管）的职责，将个人保险代理人销售行为合规性与团队主管的考核、奖惩挂钩。个人保险代理人发生违法违规行为的，保险公司应当按照有关规定对团队主管追责。个人保险代理人应当具有从事保险代理业务所需的专业能力。保险公司应当加强对个人保险代理人的岗前培训和后续教育，培训内容至少应当包括业务知识、法律知识及职业道德。

个人保险代理人方式于 1992 年引入我国保险市场，之后人员队伍发展迅速，逐渐成为保险营销最重要的渠道。2015 年原保监会取消保险从业人员资格证考试后，保险代理人规模迎来了爆发式增长，2020 年达到人数的高峰，全国保险公司共有个人保险代理人 900 万人左右。2020 年前三季度，全国个人保险代理人渠道实现保费收入 1.8 万亿元，占保费总收入的 48.1%。在保险公司提质增效转型的推动下，2021—2022 年个人代理人队伍锐减，2022 年上半年全保险公司销售从业人员为 521.7 万人。个人保险代理人在普及保险知识、推动保险业快速增长、促进社会就业等方面做出了巨大贡献；同时也存在个人保险代理人队伍长期存在大进大出、素质参差不齐、保险专业服务能力不足、社会形象较差等问题。

4. 独立个人代理人

2015 年 9 月，保监会印发的《中国保监会关于深化保险中介市场改革的意见》提出推进独立个人保险代理人制度。2020年12月，银保监会发布《关于发展独立个人保险代理人有关事项的通知》（以下简称《通知》），提出独立个人保险代理人是指与保险公司直接签订委托代理合同，自主独立开展保险销售的保险销售从业人员。独立保险代理人源自美国等保险发达市场，是其保险销售的重要渠道。成熟保险市场独立个人保险代理人包括自然人和法人形式，其独立一是体现为没有层级关系，二是体现为可以同时为多家保险公司代理业务。《通知》将我国独立个人保险代理人归属于个人保险代理人范畴，其独立更侧重于破除保险营销的层级关系，这是与成熟市场独立代理人接轨的前提和基础。考虑到我国独立个人保险代理人还处于初启阶段，管理方式手段还在摸索，管理责任落实还有待抓实，暂不强调其在业务上与保险公司的独立，将随着实践深入和时间推移渐次研究。独立个人保险代理人独立自主开展业务，直接按照代理销售的保险费计提佣金，不得发展保险营销团队，以有别于传统的团队型个人保险代理人。独立个人保险代理人根据保险公司的授权代为办理保险业务的行为，由保险公司承担责任。独立个人保险代理人开展保险代理活动有违法违规行为的，其所属保险公司依法承担法律责任。保险公司可以依法追究越权的独立个人保险代理人的责任。

《通知》规定：独立个人保险代理人应符合以下基本条件：① 应具备大专以上学历，通过保险基本理论和保险产品知识专门培训及测试。从事保险工作5年以上者可放宽至高中学历。② 应诚实守信，品行良好，未曾因贪污、受贿、侵占财产、挪用财产或者破坏社会主义市场秩序被判处刑罚，未曾因严重失信行为被国家有关单位确定为失信联合惩戒对象，最近三年内未曾被金融监管机构行政处罚。③ 应具有承担经营风险的意识，有较强的业务拓展能力和创业意愿。

鼓励独立个人保险代理人展业形式多样，既可以是传统的"行商"形态，也可以按照公司要求使用公司标识、字号，在社区、商圈、乡镇等地有固定经营场所。聘请的辅助人员可以协助出单、售后服务等辅助性工作，不得允许或要求其从事保险推介销售活动，不得对其设定保费收入考核指标。辅助人员原则上不超过3人。

（二）保险经纪人

原保监会于2018年颁布的《保险经纪人监管规定》规定，保险经纪人是指基于投保人的利益，为投保人与保险公司订立保险合同提供中介服务，并依法收取佣金的机构，包括保险经纪公司及其分支机构。保险经纪从业人员是指在保险经纪人中，为投保人或者被保险人拟订投保方案、办理投保手续、协助索赔的人员，或者为委托人提供防灾防损、风险评估、风险管理咨询服务、从事再保险经纪等业务的人员。

保险经纪人可分为两大类：一类是指一般保险经纪人，即以上所指为投保人与保险人订立保险合同提供中介服务的单位；另一类为再保险经纪人，即指基于原保险人利益，为原保险人与再保险人安排分出、分入业务提供中介服务，并依法收取佣金的有限责任公司。

《保险经纪人监管规定》规定保险经纪人可以经营下列全部或者部分业务：① 为投保人拟订投保方案、选择保险公司以及办理投保手续；② 协助被保险人或者受益人进行索赔；③ 再保险经纪业务；④ 为委托人提供防灾、防损或者风险评估、风险管理咨询服务；⑤ 中国保监会规定的与保险经纪有关的其他业务。

保险经纪人及其从业人员在办理保险业务活动中不得有下列行为：① 欺骗保险人、投保人、被保险人或者受益人；② 隐瞒与保险合同有关的重要情况；③ 阻碍投保人履行如实告知义务，或者诱导其不履行如实告知义务；④ 给予或者承诺给予投保人、被保险人或者受益人保险合同约定以外的利益；⑤ 利用行政权力、职务或者职业便利以及其他不正当手段强迫、引诱或者限制投保人订立保险合同；⑥ 伪造、擅自变更保险合同，或者为保险合同当事人提供虚假证明材料；⑦ 挪用、截留、侵占保险费或者保险金；⑧ 利用业务便利为其他机构或者个人牟取不正当利益；⑨ 串通投保人、被保险人或者受益人，骗取保险金；⑩ 泄露在业务活动中知悉的保险人、投保人、被保险人的商业秘密。

1. 保险经纪人的特征

保险经纪人的特征主要表现在以下五个方面：

（1）保险经纪人不是保险合同当事人，其仅为投保人与保险人订立保险合同提供中介服务，即为投保人、保险人报告订约机会和充当订约媒介，传达双方的意思，促成双方完成订约。保险经纪人不能代保险人订立保险合同，这是与保险代理人身份最明显的区别。

（2）保险经纪活动是中介服务的有偿活动，保险经纪人向保险人收取佣金。

（3）保险经纪人必须是经国家监管部门批准的有限责任公司。就是说保险经纪人必须是一个单位，而不是指一个人，保险经纪人员必须在经纪人有限公司执业，而不能以个人行为从事经纪人活动；而且保险经纪人必须是依法成立的，不经监管机构批准，任何单位和个人不得从事经纪人活动。

（4）保险经纪人以自己的名义从事中介服务活动，承担由此产生的法律后果。投保人或保险人虽然为保险经纪人的委托人，但对保险经纪活动并不承担责任。

（5）专家化、顾问化。保险经纪人依赖其完善的甚至是全球化的网络、专业人才和良好的信誉为客户提供保险咨询，为客户设计最适合他们的保险。当保险公司和保险产品不断增加时；当保险人只能提供标准保单，而投保人并不精通保险条款时；当需要与多个保险人谈判并选择出最适合的保险人时；当被保险人希望获得最佳的理赔结果时；当投资方需要信用保险时；保险经纪人均可以凭借其专业优势为客户提供周到的服务。国外一些保险经纪人员不仅精通保险业务，而且是精算师、医师、律师、会计师、工程师等，是"术业有专攻"的专家。

2. 保险经纪人的业务操作程序

无论保险经纪人从事哪类保险经纪业务，在保险市场上其业务操作程序大致是相同的，主要有以下四个步骤。

（1）选择市场，接受投保人委托。保险经纪人在进入保险市场时应通过详细分析和认真观察，尽量选择自己比较熟悉的保险业务，并制定一套周密的计划。如果决策得当，就会使保险经纪人在已选择的这项业务中占据重要的市场份额，进而提高交易成功率。选择好从业市场后，保险经纪人就要借助各种途径推销自己。如果推销成功，保险经纪人的经纪业务将随之而来，保险客户会自动向保险经纪人联系。

保险客户在选择保险经纪公司的保险经纪人时不要盲目地听信宣传，往往要进行一番考察，从优选择。客户在选择保险经纪人时通常从以下四个方面考虑：

① 保险经纪人对于所从事的经纪活动部门的专业知识和普通保险知识的掌握程度；

② 保险经纪人在当地的保险中介实践和风险管理经验，如客户数量、信誉好坏等；

③ 保险经纪人与保险市场的业务关系、经纪人的市场地位，如经纪人与哪家保险公司交往多，与经纪人有业务关系的保险公司的数量及经纪人与上述公司是否具有良好的业务关系；

④ 保险经纪公司的规模大小以及经纪服务质量好坏。

（2）到保险市场寻找承保人。保险经纪人在接受投保人的委托之后，接下来就要为投保人寻找承保人。

保险经纪人接受委托后，保险客户可能直接向经纪人下达指令，委托经纪人根据其明确的要求到市场上选择承保人。但多数情况下，保险经纪人在寻找承保人之前，要与客户一起花大量时间讨论客户的经营情况、风险、近期和长远规划、损失的历史与现行的保险险别。然后经纪人通常以书面形式提出保险方案，如果客户同意这项建议书，经纪人就可以据此到保险市场上寻找承保人。

保险经纪人根据其对保险市场的了解，包括保险公司的经营情况和服务水平、市场价格水平等，寻找合适的保险公司。对于标的金额较大的项目，往往通过招标方式来确定保险公司。

（3）协助投保人准备投保资料，办理投保手续，跟踪保险公司出具保单或是签订保险合同。

（4）协助被保险人或受益人进行索赔。

3. 保险经纪人的监管

我国有关法规对保险经纪人的执业管理、保险经纪公司设立、变更、终止和执业管理等方面都作了严格规定，并对违规行为制定了严厉的惩罚措施。

第三节　保险营销渠道管理

保险公司在市场上除了进行营销渠道模式的选择外，还要加强对渠道的管理和控制,以谋求保险公司和保险中介人之间的相互支持和友好合作。营销渠道管理的好坏直接关系到营销渠道的效率,甚至关系到开拓市场的整体营销计划。

一、保险营销渠道管理的概念

渠道管理是对现有渠道进行管理,以保证渠道成员之间相互合作,实现公司的分销目标。在定义中有三点要特别注意。

(1) 渠道管理的对象是现有渠道。假定渠道结构已经选择好,且所有渠道的成员也已经选择好。因此,渠道选择决策独立于营销渠道管理决策。实际上,这种区别有时十分模糊,特别是当一个渠道管理决策迅速转变为渠道选择决策时,例如,一个渠道的绩效评估不合格,就要立即面临重新选择渠道的问题。

(2) 保证渠道成员之间的相互合作。它暗含这样一个观点:渠道成员不会仅仅因为他们都是渠道中的成员就自动地相互合作,要保证他们之间相互合作,必须依靠活动管理。如果保险公司并未对渠道成员进行管理,而使其保持良好的合作关系,这并不是管理,仅仅是幸运而已。

(3) 分销目标的实现。分销目标是指为达到公司的整体营销目标,期望营销组合中的分销部分所能达到的目标。详尽地描述分销目标对指导渠道管理者进行渠道管理很有必要。

二、保险营销渠道的选择

(一) 影响保险公司营销渠道选择的因素

保险公司究竟应该如何选择营销渠道,才能以最小的代价,最有效地把保险商品送到目标顾客手里,这是一个非常现实的问题。保险公司在选择和评价保险营销渠道时,一般都要考虑如下四个因素。

1. 产品因素

保险公司生产和销售什么样的保险产品,将直接影响到保险公司对营销渠道的选择。产品因素主要包括保险产品的类别(即险种)、保险产品的服务对象和保险产品的费率等。保险公司设计何种保险、保险费率是多少、面对什么样的目标客户,都是选择营销渠道时应重点考虑的问题。例如,保险标的条件普通、保险责任简单的险种,保险费率低,并且由于此类保险技术含量低,保险公司的市场竞争激烈,适合成本费用较低的直销渠道销售;相反,保险费率高的险种,适合专业水平高、营销成本也相对高的直销渠道来销售和服务。再如,目标客户是银行卡持有者,采用银行保险销售渠道较为合适。

2. 市场因素

市场情况主要考虑保险购买者的服务需求。渠道服务应考虑五个方面。一是市场分散化。保险购买者越分散，要求渠道提供的服务量越大。二是购买金额。投保人如果一次支付的保费多，通常希望获得专业化、高水平的指导和服务，以减少购买风险，如投保人分散风险或投资理财需要有效满足带来的损失、退保给投保人带来的损失等。三是购买的频率。保险期限短的险种到期需重新购买或续保，购买的频率大，需要渠道的服务保持长期一致，服务水准高。四是购买便利。投保人不需耗费多少精力，随时随处可买到合适的保险，则渠道服务水平高。五是售后服务。保险消费者需要越多的附加服务（如风险管理咨询、投资理财管理等），渠道服务水准越高。

3. 保险公司自身因素

保险公司自身的因素将直接影响保险公司对营销渠道的选择。这主要包括保险公司类型（产险公司还是寿险公司，大型集团公司还是新开业公司）、保险公司规模与实力、保险公司对市场是否熟悉等。财力雄厚，信誉好的保险公司通常有多种选择，既有能力广设分支机构和营销网点，配置相应的在编外勤人员进行销售，也可选择其他销售渠道；相反，一些新成立的、规模较小、对保险市场不熟悉的寿险公司，就要更多依靠渠道建设期投入较少的销售渠道（如中介机构渠道和银保）等来销售产品可能最为妥当。

4. 环境因素

从微观环境看，企业大多尽量避免采用与竞争对手相同的营销渠道，但也不尽然。从宏观环境看，经济形势对销售渠道的选择有较大的制约作用，在经济萧条时，保险公司营销策略的重点只能是控制和降低保险产品的销售成本。因此，可能会尽量减少中间环节，节省非必要的其他费用。此外，政府有关保险营销的种种政策、法规也会对保险营销渠道的选择产生重要影响。

(二) 保险营销渠道的选择策略

现代保险营销渠道已不是完全孤立的直接营销渠道或间接营销渠道，而是多种营销渠道的结合或组合运用。保险营销应适应市场转型的需要，因险种、因地、因人不同而采取灵活的营销渠道。

1. 不同的险种采取不同的营销渠道

不同的保险险种具有不同的特点。例如，同样是寿险，有的侧重于保障，有的侧重于分红，有的容易产生逆选择，有的则不存在逆选择或逆选择的几率很小。如有的险种设计得比较简单、通俗易懂，非保险专业人士完全能够看懂，且不需要体检或对于健康状况要求不高，风险比较容易控制，不易产生逆选择，则可以通过低接触性的销售渠道（如电话营销、网络营销等）来销售，减少中间环节和费用，降低成本，提高利润；而有的险种则设计得相对比较复杂，带有一定的专业性，需专业人士的解释才能理解，且风险难以控制，需要营销员频繁地、深层次地接触客户，为客户提供咨询服务，甚至是相互讨价还价和谈判，这时应选择高接触性的销售渠道，如个人代理营销或经纪人等。

2. 不同的地区采取不同的营销渠道

在经济较发达地区，客户群层次相对较高，需求多样化，观念更新相对较容易，基础建设较完善，网络硬件环境建设较好，加上数字签名等安全保障技术的应用，在外部环境上，城市完全具备推动网络销售的条件。尤其对于高学历、高收入的年轻白领，而经济欠发达地区还没有普及网络，消费者的保险意识和保险知识水平较低，保险理念和保险观念缺乏，保险市场处于拓展和开发阶段，应采取人员直接推销、委托推介策略。在产品设计上，应专门设计简单明了、通俗易懂的保单和条款。

3. 不同的对象采取不同的营销渠道

由于个人的经历、意识和偏好等原因，消费者具有显著的差异性。因此，保险营销应特别注意不同消费者口味的差异，识别客户的购买行为和营销模式选择偏好，做好模式和客户购买的匹配，既要做到有的放矢，又要区别对待。例如，大众客户需要直截了当的指导和建议，并且需要标准化的、简单、迅速的服务，个人营销代理和银行代理模式可能比较适合他们；高价值客户需要的是金融专家针对个人需求的广泛问题提供咨询服务，私人银行理财顾问则可能比较适合这类客户，这就是要为消费群体的特殊需求而实行"定单"服务。老是胡子眉毛一把抓，到头来只能是"相识满天下，知己无一人"。即使你的产品质量再好，如果顾客定错位，营销渠道再多再新，效果仍会很差，甚至无人问津。

4. 不同的阶段采取不同的营销渠道

就是通常所说的营销渠道整合。所谓营销渠道整合，是指在一个单一的保险销售过程中，用特定的方式服务于险种销售过程的不同环节，这些方式必须以最低成本优质地完成该环节的销售任务。举个简单例子，一个保险产品的销售过程分为五个阶段：潜在客户产生、客户身份认证、售前、销售完成、售后服务。传统的销售过程在这五个阶段都采用销售代表，成本很高。经过最低成本方式整合后，第一阶段采用互联网渠道，第二、三、五阶段采用电话方式，第四个阶段也就是销售完成阶段则采用直接销售方式，这样销售成本可以大大降低，利润也就会随之增加。

总之，一个保险公司的营销渠道并非只有一种，也不是一成不变的。新的形势要求根据不同的险种、不同的销售地区、不同的服务对象等要采取灵活有效的营销策略，但无论选择何种渠道，都要结合企业自身实际，要考虑到营销渠道的特点和需要，结合具体国情及国内外大气候，才能做到有的放矢，从而在激烈的保险市场竞争中立于不败之地。

三、保险营销渠道管理的内容

对于保险营销渠道的管理，实质上就是利用保险营销渠道开展业务的动态化过程，主要包括成员选择、成员激励、定期评估、冲突解决、专门管理和及时调整等几项工作。另外，在保险营销渠道管理中，还有一个非常突出的问题，就是对整个渠道技术系统的管理，但由于这方面涉及的技术专业性较强，在此不作阐述。

（一）选择渠道成员

以选择中介渠道为例，选择渠道成员首先要广泛搜集声誉、市场经验、产品知识、合作意愿、市场范围和服务水平等方面的信息，确定审核和比较的标准。一般情况下，选择保险中介必须考虑以下六方面的因素。

1. 市场覆盖范围

市场覆盖范围是选择保险中介最关键的因素。首先，考虑保险中介目前的经营区域与保险公司的预售区域是否一致。其次，考虑保险中介的销售对象是否是公司所希望的潜在客户，这是最基本的条件，因为保险公司的目的是打入自己选定的目标市场，并最终说服消费者购买自己的保险产品。保险中介并非越大越好，因为在大的保险中介那里，公司的产品不能引起足够的重视，应该选择那些适合自己的、具有发展潜能的中介合作伙伴。

2. 声誉

保险中介的声誉非常重要，因为它间接地影响到与其合作的保险公司的形象，而且一旦中介组织中途有变，保险公司前期支付的成本就会付诸东流，影响保险公司整体销售计划的实现。

3. 中介的历史经验

如果中介的经营水平较高，具有成功的历史经验，尤其是销售保险产品的成功经验，那么，保险公司与其合作的风险就较小。一方面，保险中介长期经营某种商品，通常会积累比较丰富的专业知识和经验，尤其是销售经验，从而能够掌握经营主动权，保持稳定的销售量；另一方面，经营历史悠久的中介早已为周围的消费者所熟悉，拥有一定的市场影响和一大批忠诚的客户，如果由其代理销售保险产品，则该产品大多会成为其忠诚客户的首选。

4. 合作意愿

倘若中介组织不愿销售公司的产品，即便该组织再有实力，声誉再好，对保险公司而言没有任何意义。只有中介有强烈的合作意愿时，才会积极销售公司的产品，这对双方都有利。

5. 产品组合情况

保险公司产品种类越多,销售的机会也就越大,但如果与中介自己的产品有竞争,则应避免选用。合作伙伴的产品应该是互补关系,或者是自己的产品优势特别明显,使中介不愿意放弃代理的机会。另外,还要考虑其代理其他公司的产品种类和销量。

6. 中介的财务状况

资金雄厚、财务状况良好的保险中介,能够保证及时向保险公司划转保费;反之,则有可能挪用保费。

(二) 培训渠道成员

培训的主要目的是使合作伙伴认识双方合作的前景,了解保险市场和公司,促进双方文化融合,掌握保险知识、业务处理流程和保险产品销售技能等。对渠道成员进行卓有成效的培训是确保双方合作顺利、保险业务持续健康发展的前提。因此,保险公司要在合作过程中,时刻掌握渠道成员的动态,及时把握对方的需求,仔细地制定系统的计划,给予强有力的培训支援。

保险营销渠道成员的培训要掌握渠道成员不同层级的需求,制定不同的培训内容和形式的师资力量,构建完善的培训体系。

1. 对渠道高层管理人员的培训

高层人员是指渠道的负责人,他们关心的是渠道自身全年总体经营指标的完成以及员工的稳定性。因此,他们最需要了解双方合作的前景及保险公司的实力和品牌等宏观方面的知识。通过培训,要确保双方能够沟通理念,对未来的发展达成共识,从高层政策上保持一致,为业务发展提供保障。培训形式可以采用座谈会、研讨会、双方会晤等形式。

2. 对渠道中层管理人员的培训

中层人员主要指主管部门负责人。他们主要负责保险代理业务的计划制定、日常管理和激励下级员工。通过培训,要使他们了解保险业务发展状况,了解自身职责,下一步的具体任务和业务流程,配合好保险公司渠道经理的工作。培训可以采用多种形式,如现场会议、视频会议、网络课程播放等。

3. 对渠道基层业务人员的培训

基层业务人员的素质高低直接影响到保险业务的销售,间接影响到高中层管理人员对未来的决策,因此是培训的重点。培训内容要注重基本技能和实效,使他们掌握保险的基础知识、销售的基本技能、实务操作规则和激励办法。培训形式可灵活多样,或集中学习，或由保险公司的网点管理员进行单独交流。

（三）激励渠道成员

激励渠道成员是指保险公司激发渠道成员的动机，使其产生内在动力，朝着所期望的目标前进的活动过程，其目的是调动渠道成员销售本公司产品的积极性。美国哈佛大学心理学家威廉·詹姆士认为，合同关系仅仅能使人的潜力发挥 20%—30%，而如果受到充分激励，其潜力可发挥至 80%—90%，这是因为激励活动可以调动人的积极性。所以，激励渠道成员是渠道管理不可缺少的一环。

1. 了解渠道成员

知己知彼方能百战百胜。保险公司要想成功地管理渠道成员，首先必须了解渠道成员，了解他们的欲望和需求，只有这样才能有的放矢。理论研究表明，渠道成员和保险公司虽然同属一条供应链，却存在显著的不同。

（1）渠道成员具有相对独立性。他们会安于某种经营方式，努力实现自己的目标。

（2）对渠道成员而言，最重要的是客户，而非保险公司。他们对客户要从他们那里购买任何代理产品都感兴趣，而不仅仅是某一公司的产品。

（3）如果没有一定的激励，渠道成员就不会积极提供对保险公司有用的有关产品销售的信息，有时甚至会隐瞒实际情况。

总之，保险公司与渠道成员的关系是合作关系，而不是上下级的关系，双方有各自的利益。因此，要想管理好渠道成员，必须采用多种方法。

2. 运用权力去影响渠道成员

权力就是渠道成员 A 使渠道成员 B 去做其原本不会去做的事情的一种能力。简单地说，权力就是一种影响力，影响意味着改变事件本来的进程。

（1）强制力量。当渠道成员采取不合作态度时，保险公司就可威胁停止某些资源或终止合同。在渠道成员紧密依赖保险公司的情况下，这种方法相当有效。但有压力就有反抗，因此，不到万不得已，切不可随意使用强制力量。

（2）奖赏力量。是指某一渠道成员改变其行为而得到的补偿利益。奖赏主要是财务报酬，还有心理上的奖赏。奖赏力量比强制力量要好，但如果过于频繁使用这种力量，则渠道成员会越来越多地索要报酬，没有额外报酬反而不行了。

（3）法律力量。根据双方签署的代理合同的有关规定，要求渠道成员按合同规定来约束其行动。

（4）专家力量。是指运用渠道成员不具备的某种特殊知识或专长来影响对方。例如，保险公司可以帮助渠道成员训练他们的员工或帮助他们进行销售管理，而一旦对方得不到保险公司的帮助，就会经营得非常糟糕。保险公司必须不断地发展自己的专长，以使渠道成员不断地要求与保险公司合作。

（5）感召力量。这种力量是指渠道成员感到与公司合作非常自豪，并且希望也成为这种类型。

具体的激励措施，正面的有对渠道成员提高代理手续费、组织销售竞赛、开展广告支援、培训销售技能等；反面的有威胁停止某些资源或终止合同，降低代理手续费等。

（四）评价渠道成员

保险公司必须定期对渠道成员进行评价，以便决定是否对渠道管理进行改进以及如何改进。渠道评估指标主要有以下几个。

（1）销售业绩。它包括渠道成员为保险公司创造的保费收入情况，在同类渠道中总的市场份额，完成计划情况，渠道成员的收入情况等。

（2）成本支出。保险公司渠道成员的成本支出情况，包括直接的代理手续费支出和间接的培训、奖励、广告支出等。

（3）忠诚度。渠道成员是否能够顺利地配合保险公司的计划，是否经常违反代理合同中的条款，是否与公司竞争对手保持密切联系等。

（4）努力状况。渠道成员是否积极地应对市场竞争，是否积极增强销售技能，是否积极创新销售方式等。

（5）客户满意。保险公司是否经常接到客户对渠道成员的投诉，渠道成员是否积极改进服务等。

（五）改进渠道安排

对渠道成员评价完毕后，保险公司应该根据评价结果采取措施。对于合作良好的渠道成员，应给予一定奖励；对于业绩不佳的渠道成员，给予建议和帮助；对于非常糟糕的渠道成员，可以考虑中止合作关系。总之，要赏罚分明，充分调动渠道成员的积极性。

1. 渠道改进策略

由于实际情况不同，保险公司应该因地制宜，采用不同的渠道改进策略。

（1）提高渠道成员素质。通过提高渠道成员的素质和能力来提高渠道的效率。可以通过建立系统培训的方法来持续提高渠道成员的素质，也可以通过现场经验交流会议来迅速改善渠道成员的销售管理状况。

（2）调整渠道成员数量。通过增减某些渠道成员来提高渠道效率，对于销售量低于一定水平的渠道成员，若保险公司已加强对渠道成员的培训和支援，仍不能改善其业绩的话，保险公司可以考虑中止合作关系。因为如果渠道成员缺乏市场竞争能力，就有可能采用误导客户、诋毁其他渠道成员等不正当手段来获得客户，这样会引发其他渠道成员也采取同样手段，整个保险市场的生存环境就会恶化。

（3）增减某些特定类型市场渠道。对于不适应已经变化的市场环境的特定类型渠道，保险公司必须终止合同，同时要尝试开发一种全新的渠道销售产品。

2. 渠道改进的步骤

根据斯特恩和斯达迪文的观点，改进渠道有以下六个步骤：

（1）研究目标市场顾客对相关取代的服务产出的价值认知、需求和欲望；
（2）检查顾客期望的公司和竞争者的营销业绩；
（3）发现需要进行改进的差距；
（4）识别限制改进行动的主要条件；
（5）设计"理想的"渠道解决方案；
（6）实施重新构造的销售系统。

（六）化解渠道冲突

由于营销渠道存在不同的利益主体，具有不同的特征，适用于不同的目标市场，所以，无论公司的营销渠道管理多么完善，各个营销渠道之间也难免会发生冲突。通常情况下，渠道之间发生冲突可能因为各自的目标不一致；可能由于公司的管理不力，没有协调好各营销渠道的活动；也可能由于公司对每种销售渠道的目标和行为规则阐述不清，各种营销渠道成员之间缺乏沟通也会导致矛盾和冲突。销售渠道的冲突可能来自同一类型营销渠道的成员之间，如两个代理人在同一地区招揽业务导致的竞争，也可能产生于不同类型的营销渠道成员之间的摩擦，例如，保险公司扩展销售渠道，大规模地引入网络销售，保险中介面临着激烈的竞争，从而导致保险公司与保险中介之间的利益冲突。

在保险公司的经营过程中，销售渠道之间的冲突是始终存在的，只是程度不同而已，有些冲突已经公开化和表面化，有些冲突是潜在的。然而无论程度如何，销售渠道之间的矛盾会削弱各个销售渠道的销售效果。因此，保险公司必须进行调节，解决矛盾和冲突，以促进各销售渠道之间的合作。

保险公司调节销售渠道冲突的主要方法有以下四种。

（1）确立共同目标，这是解决冲突的首选方法。
（2）鼓励各销售渠道成员结合自身的优势，合作开拓和维护渠道。
（3）鼓励各销售渠道成员之间的相互沟通，这种沟通有利于他们相互了解各自的特点和作用。
（4）加大管理力度，加大对主要销售活动的管理力度，促进相互间的协调和配合。

本章小结

保险营销渠道又称保险销售渠道、保险营销体系，它是指为完成保险市场交换活动而进行一系列保险营销活动的组织和个人所形成的体系，是联系保险公司和顾客之间的桥梁、是保险商品顺利流通、交换的关键。

保险营销渠道可以区分为直接分销渠道和间接分销渠道，两者各有利弊。直接分销渠道主要包括自销和直复营销；间接分销渠道主要包括保险经纪和保险代理。每种渠道都有其特定的适用条件，因此，要因地制宜地选择合适的渠道。

保险公司要对渠道进行动态管理，消除渠道冲突，确保各渠道横向和纵向的协调一致。具体来说，选择渠道时要考虑产品、市场、公司禀赋以及其他环境因素等影响；选择之后要对渠道进行培训、激励、考核与评价，并作出相应的改进，消除渠道冲突。

本章关键词

保险营销渠道　自销　直复营销　电话营销　网络营销　保险经纪人　保险代理人

复习思考题

1. 保险营销渠道有哪些功能？
2. 请阐述保险直接营销渠道的种类和特点。
3. 请阐述保险间接营销渠道的种类和特点。
4. 保险代理人和保险经纪人的区别有哪些？
5. 保险营销渠道选择要考虑哪些影响因素？
6. 保险营销渠道选择的策略主要有哪些？
7. 保险营销渠道管理的主要内容有哪些？

第九章

保险促销策略

学习目标
- 理解保险促销的作用
- 掌握保险促销的手段
- 熟悉保险促销的策略及选择影响因素
- 掌握保险人员促销的特点与作用
- 了解保险人员促销的技巧
- 了解保险广告媒体决策的策略
- 熟悉保险公关的主要手段

第一节 保险促销概述

一、保险促销及其作用

(一) 保险促销的概念

促销即促进销售的简称,是指以人员或非人员的方法,及时、准确地向用户或消费者传递有关信息,让用户和消费者认识到商品或劳务所能带来的好处和利益,以激发他们的购买欲望并最终使其实施购买行为。由此可见,促销的实质是营销者与购买者之间的信息沟通。

(二) 保险促销的作用

保险促销在保险营销组合中占有重要地位,尤其在当今竞争异常激烈的市场背景下,保险促销更是备受重视。其作用大致可分为五个方面。

(1) 传递保险信息。保险公司通过促销活动可以让更多的投保人和准投保人了解到保险公司及其险种等各方面信息,提高知名度。如保险公司在新险种推出之前,一般都会先采取广告宣传、媒体推介等促销手段,将有关信息传递给潜在的投保人。

(2) 突出险种特色。在同类险种的激烈竞争中,投保人往往不易发现险种间的细微差别,保险公司的促销活动可以使其险种与众不同的特色得到突出,让潜在的投保人认识到本公司的险种能带来特殊利益,从而有利于加强本公司在竞争中的优势。针对我国现阶段绝大多数公民保险意识淡薄,保险知识匮乏的情况,突出险种特色的促销手段尤为必要。

(3) 刺激保险需求。保险促销活动能够诱发潜在投保人的投保欲望,刺激他们的保险需求,有时甚至还能够创造保险需求。当某一险种的销售量下降时,通过适当的促销活动,可以使需求得到某种程度的恢复和提高,从而延缓某险种的市场寿命。

(4) 提高声誉,巩固市场。企业形象和声誉的好坏直接影响销售。企业声誉不佳,会使企业销售量滑坡导致企业市场地位的不稳定。保险公司通过促销及反复宣传,容易在投保人心目中形成良好的社会形象,使潜在的投保人对该保险公司及其险种从熟悉到亲切直至信赖,从而巩固其险种的市场地位。保险公司在树立社会信誉时,应多注重"让事实说话",通过媒体把一些真实的理赔案件向公众展示,增加保险服务的透明度,让公众透过事实来感知保险所能带来的保障及服务。

(5) 扩大销售。保险促销最直接的表现反映在保险费总量的增长和市场占有率的提高上。

二、保险促销的手段

保险促销的手段可分为直接促销和间接促销两大类。直接促销指人员促销。间接促销又称非人员促销，可分为保险广告促销、保险公共关系促销和保险展业推广（见图9-1）。

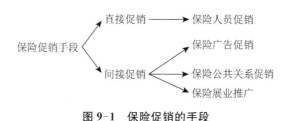

图 9-1　保险促销的手段

（一）保险人员促销

保险人员促销是指保险公司的营销人员，通过与准投保人面对面地接触，运用各种推销技巧和手段促使准投保人采取投保行为的销售活动。

（二）保险广告促销

保险广告促销是指保险公司利用广告媒介的宣传，向公众介绍自己所销售的险种及相关服务。

（三）保险公共关系促销

保险公共关系促销是指保险公司为了在公众心目中树立良好的保险公司形象，而向公众提供信息和进行沟通的一系列活动。

（四）保险展业推广

保险展业推广是指保险公司通过利用险种优势、价格优惠和服务的差别性，以及通过推销奖励等来促进销售的一系列方式方法的总称。它很少单独地使用，是促销组合策略中的一个重要组成部分，是广告和人员促销的一种辅助手段。

保险展业推广的目的是鼓励投保人尽快交纳最多的保险费。在保险营销中，为了达成此目的，保险公司一般会从三个方面去刺激投保的成功：一是直接刺激投保人。通过赠送纪念品、安全返还、保险费折扣等方式刺激投保人投保。二是鼓励保险中介人。通过提高代理手续费的比例，增加广告费用，协助开展各种促销活动等形式来鼓励保险中介人多与该公司合作。三是激励外勤营销人员。通过提高佣金比例，开展业务竞赛等形式激励营销人员多做业务。具体地讲，在保险营销中，展业推广主要有以下几种形式：

（1）赠送保险。保险公司为了扩大知名度和为社会公益活动作出贡献，往往会采用赠送保险的形式来达到其目的。例如，各届亚运会，都有保险公司为运动员赠送意外伤害保险、财产保险以及责任保险等。

（2）赠送附加保险。保险公司为了争取较大的保户或鼓励投保人多投保主险，常采用赠送附加险的办法。例如，为了争取一家大保险公司的财产保险业务，就可采取赠送附加险的办法。

（3）赠送礼品或服务。保险公司为了储备更多的潜在消费者或刺激客户的保险需求，往往会采用赠送礼品或服务的方式。例如，电销渠道经常采用"来电送"的形式，刺激消费者主动拨打保险公司电话销售的电话；又如，投保车险的客户往往会得到免费洗车、免费违章代办等与用车相关的服务，也属于此类型。

（4）安全返还优惠。为了鼓励投保人在投保期间加强责任心，增强投保人防灾防损的意识，保险公司常常会实行安全返还措施，即对那些安全措施较好、赔付率较低的投保人，给予一定比例的安全奖励。

（5）保险费优惠。保险公司为了稳定与一些赔付率较低的投保人建立长期稳定的合作关系，常常在续保时给予一定比例的保险费优惠。

（6）提高代理手续费的比例。保险公司为了刺激和鼓励保险代理人、保险经纪人更好地协助其开展工作，常常会采取提高代理手续费比例的促销手段。特别注意，保险公司要严格执行监管部门关于代理费用的相关规定，如2023年10月国家金融监督管理总局下发的《关于强化管理促进人身险业务平稳健康发展的通知》要求银保渠道率先严格执行产品"报行合一"工作，强化产品备案管理。

（7）开展业务竞赛。为了激励保险营销员不断开发新客户，扩大业务量，保险公司或代理公司常常会在营销人员之间开展各种竞赛活动，在竞赛期间常采用提高佣金比例，或对业绩卓越者予以提薪、晋升等奖励手段进行促销。

（8）提供特殊服务。保险公司为了满足投保人的一些特殊需求而提供的一些特殊服务。例如，投保人把保险作为礼物送给他人时，保险公司可根据其需求在保单中添加投保人想要表达的祝福之情。

三、保险促销的策略及其选择

（一）保险促销策略

一个保险公司促销组合运用的好坏，直接关系到该保险公司经营活动的成败。保险促销策略就是促销组合的策略，可分为推动策略和拉动策略两种。

（1）推动策略。推动策略是保险公司通过自己的营销人员把产品推进市场的一种策略。在保险营销中，推动策略的运用主要以保险分销渠道的成员为推销主体，以使更多的保险分销渠道成员采取积极的措施推销保险商品，从而使投保人接受保险商品。简单地讲，推动策略的实施对象就是分销渠道的各成员，为推动各成员积极开展业务而采取的措施即为推动策略。

（2）拉动策略。拉动策略就是运用大量的广告和其他宣传措施来激发消费者对保险公司的产品产生兴趣，从而产生购买行为。在保险营销中，拉引策略的运用主要是通过各种有效的促销手段，如广告、展业推广、公共关系等将潜在投保人的兴趣和欲望调动起来，使其主动地向分销渠道成员询问、打听，以推动分销渠道成员更广泛、更细致地掌握需求信息并推销更多的险种。由此可见，拉引策略的实施对象是潜在的投保人。

通过图 9-2，可以更清晰地分辨和理解这两种策略。

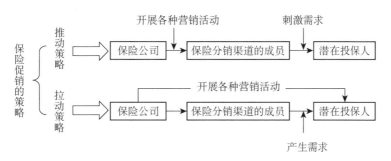

图 9-2 保险促销的策略

（二）保险促销组合的选择

大多数保险公司并非仅采用单一的促销策略，而是将推动策略和拉动策略进行组合，形成保险促销组合。保险公司在确定促销组合时，主要考虑以下四种因素。

1. 目标市场的特征

（1）准保户所处的投保准备阶段。准保户在签约之前，大多数都要经历认识、了解、信任和投保等几个投保准备阶段。在每个阶段，各种促销手段的作用和效果有所不同。广告促销是吸引准保户兴趣和注意力的最普遍、最有效的手段，因此，在准保户的认知阶段发挥的作用最大，经过保险营销员的上门推销和详细讲解，就可使准保户对保险商品有所了解并逐步产生信任感。因此，人员促销在准保户的了解和信任阶段起着至关重要的作用；准保户投保行动的实现主要靠人员促销和展业推广来刺激其采取行动。保险公司可根据自己的营销目标来决定促销组合。

（2）目标市场的规模和集中程度。规模小而又相对集中的目标市场，宜采用人员促销的手段；规模大而又相对分散的目标市场，则更宜采用广告促销的手段。当然，通过特定的媒体，广告促销也可用在规模较小的目标市场中；同样，如果与其他手段相结合，人员促销也可用于规模较大的目标市场中。

（3）目标市场中准保户的构成。准保户的构成主要包括团体投保人和个人投保人。

主要采用广告和人员促销方式向个人投保人推销保险商品；对于团体投保人，则主要采用人员推销和展业推广的促销手段。

2. 保险商品的特征

（1）保险商品的复杂性。由于保险商品的无形性和不可感知性等特点，使得保险商品的销售主要靠人员推销来完成。而且随着保险的发展，保险商品的功能越来越复杂。一般来说，保险商品的功能越复杂，价格就会越高，保险商品被主动购买的可能性就越小，促销组合的重点就更应放在人员促销上。

（2）保险商品的生命周期阶段。保险商品的生命周期主要包括导入期、成长期、成熟期和衰退期。在不同的阶段应采用不同的促销手段：在导入期，宜采用大量的广告和人员促销，来使保险消费者认识和了解此险种；在成长期，由于已经形成了品牌效应，保险需求保持自然增长的势头，就不需要大量的广告促销了；在成熟期，由于保险消费者已经了解了此险种，采用展业推广刺激投保人扩大投保来保持此险种的市场份额是最为重要的；在衰退期，只有通过展业推广来维持市场份额，其他促销手段都失去了作用。

（3）售后服务的要求。保险商品是一种需要大量售后服务的商品，在确定促销组合时，人员促销将占有重要地位。

3. 竞争对手的营销策略

任何竞争对手的营销策略都会影响本保险公司的促销组合策略。为了留住重要的分销渠道成员、扩大销售量和保持市场份额，保险公司不得不随竞争对手的策略来不断调整自己的促销组合。如果其他公司在市场中投入大量的广告来抢占本公司的市场份额，则本公司也需要增加促销投入以重新夺回市场。

4. 销售时点的选择

在不同的时机推出不同的产品促销方案，会取得截然不同的效果，因此，应该根据产品、客户、社会热点等多重因素来选择营销时机。例如，针对女性的产品可以选择在妇女节进行促销，针对儿童的产品可以选择在儿童节促销；又如，淘宝"双十一"购物节已然成为全民购物盛会，保险公司也可在此时点推出促销方案。

四、保险促销效果分析

许多保险公司已经认识到保险促销在营销活动中的重要性，但对于究竟应投入多少预算来配合保险促销活动并不十分清楚。同时，对已开展的保险促销活动的成效也缺乏一个明确的认识，至于能系统评价促销效果的保险公司则更少。但对于保险公司来说，保险促销效果分析是一项非常重要的工作，否则，保险公司的促销活动就会显得有些盲目。一般来说，保险公司可采用如下几种方法来进行保险促销效果的分析：

(1) 比较分析保险公司在促销前、促销期间和促销后的销售量变化。

(2) 通过保险消费者固定样本资料来分析保险消费者对促销活动的反应以及促销活动后的行为。

(3) 进行保险消费者调查，了解他们对促销活动的记忆程度、评价如何、对险种选择有何变化等。

(4) 运用设计好的实验对保险消费者进行测试。

下面以第(1)种方法为例进行分析（见图9-3）。

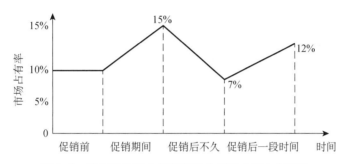

图 9-3　某保险公司在促销活动前后的市场占有情况

如图9-3所示，假如这家保险公司在促销活动前某险种的市场占有率为10%，在促销活动中上升至15%，至促销结束后又跌至7%，经过一段时间又上升至12%。这种变化说明促销活动的确吸引了不少准保户，并刺激现有保户增加了购买份数，使得促销活动中有了5个百分点的市场占有率的增长。在促销结束后不久的时间内，由于保户对险种的冷静思考，市场占有率会有一定程度的降低，保户冷静思考之后，市场占有率又回升并稳定在12%左右，这说明促销活动的确吸引了不少准保户，并使他们和保险公司的关系得到巩固，这次促销活动比较成功。当然，如果经过这次促销活动后，市场占有率又回到原有水平或者反而更低，就意味着促销的效果较差。

第二节　保险人员促销

一、保险人员促销的特点与作用

（一）保险人员促销的特点

人员促销与其他非人员促销的方式相比，具有以下特点：

(1) 信息获得的直接性。营销人员可以直接面对面地向准投保人介绍条款内容、险种的特性和功能以及保险公司的经营状况等任何准投保人想知道的信息，并通过当面解答准投保人的疑问而打消他们的种种疑虑，从而激发他们的购买欲望。也可通过与投保人的接触而直接地取得有关投保人的各种信息，以便为核保及承保工作提供第一手资料，从某种意义上讲，营销人员肩负着第一次风险选择的任务。

（2）信息反馈的迅捷性。保险营销人员通过与投保人建立起良好的沟通，使得交流信息反馈的通道畅通，投保人对保险公司营销策略、险种的评价、服务质量的优劣等可以通过保险营销人员迅速、及时地反馈到保险公司，以利于保险公司及时根据投保人反馈的信息调整公司的营销策略。

（3）人员促销的亲融性。保险营销人员可以以真诚的微笑、亲切的话语、优雅的举止，表现出对投保人的关心与关怀，从而减少广告或其他促销方式给人们造成的距离感。

（4）保险服务的人性化。保险这种特殊的服务性商品决定了保险公司的竞争最终体现在服务上的竞争。保险营销人员通过提供咨询、送达保单、代办理赔、代送赔款等人性化的服务帮助投保人排疑解难，传递保险信息，被誉为保险公司的"形象大使"。

（二）保险人员促销的作用

随着保险营销活动的日益发展，人员促销在保险营销中的地位和作用日益重要，主要表现在以下六个方面。

（1）寻求客户。保险人员推销的过程不仅是不断满足现有投保人需求的过程，更重要的是不断寻找新的客户来挖掘并满足其需求的过程。寻找准投保人是保险人员促销的首要作用，"寻"就是要找到潜在投保人使其成为准保户，"求"就是通过拜访准保户，以求成交，使其变为现实投保人。

（2）激发客户的保险需求。随着收入的增加，人们购买力不断提高，但由于保险意识还比较薄弱，参保率还处于低水平，因此保险产品具有极大的潜在市场需求。营销员通过口头宣传、微博、微信和个人的社交平台等进行产品的宣传和推广，激发潜在客户的投保需求。

（3）销售保险商品。销售商品是人员推销的主要目的。在满足投保人需求的前提下，保险营销人员运用各种营销策略和技巧同投保人签定投保单。

（4）提供服务。签单并不是人员促销活动的终结。人员促销不仅与投保人达成签单协议，而且还要向投保人提供一系列的优质服务。如业务咨询、催缴保费、代办理赔、保单变更和保单迁移等售后服务。

（5）收集市场信息。保险营销人员对市场最为了解，能够收集到市场需求、竞争状况、费率行情等市场动态，有利于保险公司作出营销决策。

（6）树立保险公司形象。从某种意义上说，保险营销人员就是保险公司的形象代表。在营销过程中，优秀的保险营销员应以丰富的专业知识、得体的言谈举止、良好的服务态度来树立保险公司的公众形象，从而有利于进一步扩大保险公司的知名度。

二、合格保险营销人员的素质要求

任何一名保险营销员都想成为一名合格甚至优秀的保险营销员。一个够标准的保险营销员的标准是：你的客户认为你根本不是一名营销员，而是一个值得信赖的生活中不可缺少的理财顾问，甚至是他不用支付工资的雇员。要达到这个标准看似简单，其实不然，这需要保险营销员从各个方面锻造自身的素质修养。因为从事保险营销，应该首先从推销自己开始，其次才是推销保险。要把自己推销出去，给别人留下深刻的印象，让别人记住你，必须做好充分的准备，包装好自己，应从以下几个方面提高自身素质。

（一）仪表修养

现实生活中，无论基于理性或非理性的观点，我们对陌生人的第一印象，总是以他的衣着和仪容作为评价人的标准。所以，对于一个站在保险消费者面前推销自己及其保险商品的陌生保险营销员来说，其衣着、仪容和礼仪就更不容忽视了。

1. 保持良好的仪容

在快节奏的现代生活中，人们的生活方式及生活习惯都在不断地改变着，但是衣着、仪容方面某些标准却有一定的稳定性，保险营销员在这方面应该"循规蹈矩"。例如，注意保护你的皮肤；选择适合你的发型；要记住时刻保持服装的整洁；养成朴素而不浮华的穿着习惯；注意衣着搭配的技巧，避免穿流行得很短暂的衣服。

2. 保持优雅的风度

你不一定要达到"站如松，坐如钟，行如风"的严格作风，但必须做到"站有站仪，走有走态，坐有坐姿，吃有吃相"。

谈吐文雅，用词得体，语言生动活泼而富有幽默感。保险营销员主要通过语言来与客户进行沟通和交流，从某种意义上说，语言就是一个保险营销员内在修养的外在表现，从一个人的谈吐就可看出这个人的教养和个性。具备良好的表达能力就能准确地表达你的意图，得体的用词能表现出你良好的教育背景，清晰而生动活泼的语言能感染客户的情绪，再加一点幽默感在尴尬时打破难堪，就能拉近与客户的距离。如果说衣着和仪容是敲门砖，谈吐则决定了客户是否愿为你敞开大门，迎你入室。

举止典雅，仪态大方，行为礼貌而不失风度。行为举止是一种人与人之间交流的形体语言，形体语言会传递无言的信息，不知不觉中影响他人的感观。举止典雅中透出不俗的气质，能给人以美的享受，使人愿意接近你。落落大方给人以亲切感，使人容易接近。翩翩的风度有助于你推销的成功。切忌粗鲁的语言、冰冷的表情、粗俗的行为举止。

3. 注意基本礼仪

务必守时。营销工作的特点之一就是要经常拜访客户，要占用对方的宝贵时间。因此，一定要切记：遵守约定的时间，最好提前 5 分钟到达约见地点，以示对客户的尊重；见面前一定要预约，不要贸然前去打扰。

真诚问候。见面问候时应落落大方，亲切自然，面带真诚的微笑。讲话时音量、速度要适中。

认真倾听。在对方讲话时，眼睛应平视对方，认真倾听。切忌东张西望，更不可随意打断对方的讲话，保险营销员必须掌握谈话的主动权。可以把大部分发言机会让给客户，但保险营销员应按自己的需要控制住谈话内容，善于引导客户始终不偏离保险这一主题。

熟练应答。对于客户的疑问，应尽可能地采用专业的语言回答，并且尽可能给予肯定的答复，切忌吞吞吐吐、模棱两可，否则，容易使人感到你不太熟悉业务，是一个不太令人放心的、不可信赖的业务员，甚至会使客户对保险公司及保险本身产生怀疑和动摇。当然，应答还应把握原则，违反原则的承诺不可做。

（二）品德修养

（1）讲信用、尊重人。讲信用对保险营销员来讲尤其重要。如果你说"我将在星期五中午之前把保单送到您手中"，你就必须遵守自己的承诺，否则，你将失去客户的信任。第一流的保险营销员都有一个明显特点：他们善于发现别人的优点，而不喜欢挑别人的毛病。他们仁慈为度、宽大为怀，原因是他们尊重人。只有尊重别人，别人才会尊重你。

（2）热爱你的公司。假若你慎重选择了一家保险公司，那你就应该很好地爱护自己的公司。因为爱公司，你才会希望公司繁荣昌盛，才会感到为公司努力推销是一项幸福而有意义的工作。而且也只有你的公司繁荣昌盛了，你才能享受到更好的福利待遇，得到更多的实惠。人无完人，公司也各有优缺点，重要的是你应去发现和认识公司的优点和魅力。

（3）热爱你的家。家和万事兴。幸福的家庭能使你恢复疲惫，养精蓄锐；不幸的家体则使你精神萎靡，士气低落。家庭是否和睦关键取决于你对家庭的付出、对家庭的关爱程度。连对自己的家庭都没有责任感的营销员，能得到客户的信任吗？

（4）热爱你的产品。热爱你推销的保险商品，相信你推销的险种能给别人带来益处，你才会充满热情地去推销，才会有信心把它推销出去。

（5）关爱你的保户。保险说到底就是一种服务，保户拿钱买的就是你和公司对他的服务。对保户只有心存关怀之情，才会把服务做到家，才会真正为保户负责。主要表现在为保户设计投保方案时，一定要设身处地处处为保户着想，尤其要以保户的经济承受能力为前提。如果只把眼光盯在佣金收入上，而使保户因投保陷入经济困境将会受到良心的谴责。

（6）实事求是，言行一致。展业时一定要如实传递保险信息。切忌为达成交易，不惜采用欺骗和利诱的手段进行推销，如夸大保险的保障作用，隐瞒除外责任的重要事项，对条款作虚假说明，片面强调有利于自己推销的保险条款中的某几条。这样做会断送你与保户的交往，你的推销之路会越走越窄，最终走上绝境。

（三）心理素质

（1）对自己充满信心。一名保险营销员一定要充满自信，要知难而进，热情诚恳，富于创新，具有积极的心态。自信可以帮助我们克服困难，消除恐惧，战胜自卑，最终取得进步和成功。保险营销员要想取得事业的成功，必须培养自信心，坚信自己没有什么是做不到的。坚信自己是最优秀的，这一点很重要。但自信心要建立在精通专业、熟悉业务的基础上，千万不能盲目自信。

（2）培养坚韧不拔的精神。据统计，保险营销员上门拜访客户一次成功的概率是微乎其微的，特别是在进行陌生拜访时，经常会遭到拒绝，面对尴尬。这时如果没有百折不挠、勇往直前的韧劲和勇气，是绝对不可能取得成功的。日本保险推销大师原一平，为了争取一家公司总经理的投保，花费了3年8个月的时间，走访71次，终于使其家族以及公司全体员工投保。作为一名保险营销员，必须不怕拒绝，不怕失败，勇于迎接逆境和挑战。

（3）勤于思考，勇于创新。保险营销员每天都面对新的环境、新的客户，迎接新的挑战，所以，保险营销是一项需要创新精神的事业，一定要养成勤于思考的习惯。

（4）培养应变能力。应变能力是指保险营销员在遇到意想不到的突发事件导致自己的心理失调、情绪紧张的情况下，能够稳定情绪、随机应变的一种能力。在保险营销活动中，常常会遇到意想不到的事，培养灵活的应变能力是十分必要的。要提高应变能力，应注意从三个方面来培训自己：一是注意情绪控制训练，有意识地在日常生活中寻找那些高兴的或失意的事来调节自己；二是进行思维训练，可以模拟不同性质的突发事件，进行"发散性"思维，尽快寻找出恰当对策；三是预料事件的后果，根据事件性质和事态发展状况，尽可能多地预料几种可能的结果，做好足够的心理准备。

（四）业务素质

（1）具有丰富的专业知识。一是保险公司知识。要了解本保险公司的历史、发展及现状；本保险公司在保险市场中的影响与地位；本保险公司的经营策略、营销策略、服务策略、营销网络、组织结构等。二是保险知识。要精通保险基础知识，熟悉公司所有险种，掌握条款内容等。三是客户知识。如掌握保险消费者的购买动机、购买目的、购买习惯、购买时间与方式、购买决策等情况。四是保险市场知识。要了解保险市场动态、险种的竞争状况、费率行情以及其他保险公司的险种特色等。五是公共关系知识。从某种意义上说，营销员就是保险公司的公关人员。因此，为了密切保险公司与社会公众的关系，提高保险公司的知名度，树立良好的保险公司形象，保险营销员必须掌握公共关系的基本知识。

（2）具有娴熟的推销技巧。保险营销员要善于选择适当的时机与客户进行洽谈，并善于接近和说服客户，取得客户的信任，最终使客户投保。

（3）具有高超的业务技能。一是具有敏捷的思维能力。能够在瞬息万变的市场中把握时机并作出积极反应。二是具有吸引客户的能力。能够揣摩不同客户的购买心理，投其所好，激发其购买欲望。三是有较强的市场调研能力。能够在广泛调查的基础上识别未被满足的市场需求，寻找出有利的市场机会。

（4）具有创新意识。在日常生活及与客户的交流中，做生活和市场的有心人，在社会日新月异的变化中敏锐地捕获新的保险需求，可以是老保险群体的新产品需求，也可以是新的有保险保障需求的群体，如建筑工程质量潜在缺陷保险、新材料保险等。

（五）社交技能

（1）不要直接指出或暗示客户的错误。因为每个人都有很强的自尊心，当面指出他的错误，会使他难堪，伤害其自尊。试想一下被你伤害了自尊的人，还会成为你的客户吗？

（2）不要炫耀自己，尤其是在那些由于背景不同容易产生自卑感的人面前。

（3）不要与客户辩论。客户随时会讲出难听的话，急得你总想进行猛烈的反驳，但你千万不要，一定要善于把自己想说的话强咽下去。你良好的修养和忍耐力，一定会为你赢得客户。要记住永远不要对你的客户说"不"。

（4）不要打断对方的谈话。说话的人可能过于吞吞吐吐，你或许能将他的意思表达得更清楚更完美，但千万不要这么做！如果你善于让别人把话讲出来，别人也会允许你畅所欲言。而且别人讲得越多，你了解的情况就越多。要记住客户一般都喜欢那些不仅善于讲话而且善于听别人讲话的人。

三、营销队伍管理

（一）招聘和挑选营销人员

1. 招聘原则

在招聘保险营销员时，必须遵循以下原则：

（1）能力优先的原则。在众多的应试者中，应首先考虑和选拔那些在开拓能力、交际能力、理解能力、沟通能力、表达能力等方面表现较为突出的人员。

(2) 人品至上的原则。在各种能力突出的前提下，应对应试者的价值观、道德修养、对事物的认识及态度等进行考察，以保证所招聘的人员品行正、作风好、工作扎实、肯干。

(3) 量才适用的原则。按实际工作的需要，选择不同类型的人，用其专长，充分发挥每个人的能力。

2. 招聘方法

一般来说，在招聘人员方面所采用的方法大致分为公开招聘、相关人员推荐、上级安排和自荐等。

3. 招聘及选拔步骤

在招聘保险营销员时，大致分为八个阶段：第一，首先产生人员需求；第二，人事部门根据需求组织实施招聘工作；第三，发布征聘信息及广告或推荐方法；第四，筛选测试与面谈；第五，对录用人员进行岗前培训；第六，进行试用期考察；第七，试用期满进行任职考察；第八，正式聘用考核合格人员。

4. 选择营销队伍应考虑的因素

(1) 市场需求的类型与特点。这决定了公司所要选择营销队伍的规模和结构。如果在一定时期内，投保人的需求具有同质性，则可以将营销队伍控制在一定的规模内；反之，则适当扩大规模。

(2) 业务性质与范围。如果保险经营者的业务性质较为明确，且经营范围较为集中，则可选择少而精的营销队伍。

(3) 保险公司的经营实力。能否对营销队伍的规模进行合理控制，并实施有效的监督与管理，主要取决于保险经营者的经营实力。

(4) 竞争状况。保险公司应根据市场竞争状况选择合适规模的营销队伍。

(二) 培训营销人员

从一定意义上说，保险营销员是保险公司的"形象大使"，是保险公司服务与形象的体现。因此，加强对营销人员的培训，提高其素质修养关系着保险公司的发展。

1. 培训内容

培训包括保险公司内部培训与外部培训两种。内部培训主要包括对保险公司的基本概况、经营理念、组织结构、业务流程、营销技巧以及保险公司文化等业务培训；外部培训主要包括对营销员的知识结构、道德修养、综合能力等的培训。

2. 培训方式

培训方式可以采用专职培训、在岗培训和脱产培训等。专职培训可以通过到相关学校、国家进修学习，参观考察等方式进行。在岗培训可以通过邀请保险及相关知识的专家举办各种讲座、短期培训班或座谈会等形式，提高营销人员的业务水平与实战能力。脱产培训主要是对那些需要系统学习和掌握相关知识和技能的人员进行全脱产或半脱产的学习，使他们能在一个较为完整和充裕的时间内获得系统学习的机会。

3. 健全培训机制

（1）提高培训的规划性和系统性，将培训目标从提高实际操作转移到提高整体素质上来。

（2）在培训体系中要体现出专业性和灵活性的特点，既要在培训中导入专业和规范要求，又要面对市场，注重实际效果。

（3）培训机制中应引进效果评价体系，及时发现问题，采取纠正措施。

（4）强化职业道德教育。以行业观念、事业观念贯穿培训之中。

（三）激励营销人员

激励制度是保险公司为拓展业务所经常使用的挖掘和刺激营销人员潜力的一种制度。主要有两种方式：一种是物质刺激，主要通过开展业务竞赛、建立晋升制度、给予物质奖励等方法来实现业务目标；另一种是精神激励，主要通过关怀激励法、榜样激励法、荣誉激励法等来达到目标。

（四）考评营销人员

保险公司通常建立一套较为系统的考核办法来评价每个营销员和不同层次的营销队伍。

考核营销员的具体指标有：新增保费件数达成率、新增保费金额达成率、增员率、客户拜访率、客户回访率、续期保费达成率、客户投诉率等。

考核营销队伍的具体指标有：人员定着率、举绩率、实动率、团队增员率、团队保费达成率、育成业务部的考核等。

四、促销技巧

在保险营销活动中，寻找和开拓准保户是营销工作的起点，也是非常重要的一个环节。开拓准保户的方法一般有：陌生拜访法、缘故开拓法、推荐介绍法。应用以上方法开拓出准保户，在与其沟通、交流的过程中还需应用许多促销技巧，才能使其从准保户成为真正的保户。这些技巧包括接近的技巧、处理拒绝的技巧、应答的技巧、促成的技巧等。

（一）接近客户的技巧

接近客户是营销成功的第一步。营销人员经过一定的专业培训，掌握了一定的专业知识及技巧以后，就要跨入市场接触客户了。在接近客户时，如果能恰到好处地应用一些技巧，一定会取得事半功倍的效果。

1. 沟通的技巧

一个人的沟通能力，可能比他的知识水平、分析能力和智力程度更为重要。沟通不但是一种人际交往能力的技巧，也是一门艺术。与客户进行有效的沟通，要注意以下几个方面：

（1）首先要理清思路，表达要井井有条。沟通之时应开门见山，尽量用简明扼要的语言表明身份和来意。切忌开口千言、离题万里。

（2）沟通中要能随机应变，设法提起别人的兴趣。切忌啰啰唆唆说一堆鸡毛蒜皮的小事。

（3）与人沟通必须充满自信，自信会增添你的人格魅力。

（4）活泼自如的态度对于沟通的成功也是至关重要的，你如果过于紧张，别人也会不自在。

（5）沟通中一定要记住以诚待人，切忌采用欺诈手段。

（6）对客户的个人兴趣、爱好、关心焦点、好恶要敏感。

（7）保持适当的幽默感。

2. 聆听的修养

在保险推销过程中，有时听比讲更重要。能言善辩的人常常就做不到这一点，有时只顾自己长篇大论说个没完，结果反而使别人失去兴趣。但如果能认真地去倾听，可能会让客户有一种找到知己的感觉，从而拉近与客户的距离，易赢得客户的好感与信任。注意聆听还可以从客户的倾诉中找到他的兴趣与关心的话题，从而找到成功推销的切入点。

3. 赞美的艺术

大多数人都喜欢被人欣赏，人们通常认为欣赏是一种肯定，是能引起对方好感的交往形式。怎样赞美才能引起客户的好感呢？

（1）难得的赞美。"我对人人都欣赏，你也不例外"的赞美和"我对一般人很少赞赏，你是例外"的赞赏相比，后者比前者更能引起好感。

（2）真挚而热情的赞美。能引起好感的赞美必须是发自内心、热情洋溢的，切忌毫不在意的赞美。如果你赞美对方时语调呆板，心不在焉，或精神不集中，敷衍了事，肯定没有好的效果。

（3）无意的赞美。即不是有意说给被赞美者听的赞美，否则，会被认为你有所企图。

（4）具体而确切的赞美。含糊、空泛的赞美，会使对方认为你是应酬而已，不是真心，觉得你有某种企图，而在故意套近乎。如果你适时地、有针对性地进行赞美，而且表达的言简意赅、观点鲜明，对方就会被你的赞赏力、辨别力和诚意所打动。

（5）赞美对方引以为傲之处。他的才华、人品、爱好、子女、成就、事业等都是你赞美的话题，要善于发现他人闪光的地方，找出可赞美的题材。但切记不要夸大其词，要掌握分寸、恰到好处；不要说外行话；不要赞美别人的缺点。

（二）处理拒绝的技巧

在保险营销过程中，随时都可能遭到拒绝，所以，被拒绝是必然的、正常的，要有遭到拒绝的心理准备。其实，拒绝正是成交的开始，因为通过拒绝可以进一步分析、了解客户真正的想法，弄清他拒绝的真正原因，然后才好对症下药地处理拒绝。客户拒绝的理由可分为两类：一种是借口，当他拿不定主意或还不想购买时，会找出各种各样的借口加以拒绝；另一种是真实的理由，有些客户确实有购买意愿，但他的确有问题需要解决。

了解了客户拒绝的原因之后，对第一类拒绝不要轻率处理，待找出真正原因后再进行处理；对第二类拒绝要发现客户真正的问题所在，并能妥善地加以解决其问题，就能促成其作出购买决定。处理拒绝的具体方法很多，下面介绍一些常用方法：

（1）直接法。针对问题直接解说，此种方法多用于解答专业问答。例如，有客户担心保险公司倒闭，就可用《保险法》相关条款作解说。

（2）虚应反击法。也就是缓和反问法，先认同客户的观点，再引导客户谈出真正的拒绝原因，予以解说和处理。

（3）转移法。先不作正面解释，转换客户的话题，与客户聊其他产品或谈一些与保险无关的话题。

（4）实力分析法。可用生活实例强调保险的重要性。例如，客户认为不需要买保险时，可以举生活中的保险实例，像家家必备的手电筒、大厦里的灭火器、汽车的备用胎等，保险就像这些东西一样是为了以防万一。

（5）反问法。一时无法处理时，可以反问对方。例如，客户会说："买保险难以抵抗货币贬值"，你可以这样反问："货币贬值的确是无法避免的，那么您会把钱放在什么地方呢？"

（6）预防法。对客户可能提出的问题，预先做准备，先讲解明白，以免被动。

（7）"二择一"法。针对客户的拒绝，提出不同方面的选择。引导客户不作出"是"或"否"的选择，而是促成他选择投保。例如，在你讲解完条款之后，可问他："你觉得终身保险好还是定期保险好？"

总之，拒绝是必然存在的，谁先放弃，谁就失去了机会，只有坚持才会成功。成功就是多次拒绝加上最后一次努力。

（三）应答的技巧

在保险营销中，营销员经常会遇到这样的情况：客户对你的推销不屑一顾，甚至瞧不起你；在你为客户做了大量投保宣传后，他就是不买保险；客户用种种理由拒绝你的访问或拒绝投保；客户从一开始就对保险公司和你本人有成见；当然，还有种种尴尬场面，这时，保险营销员应掌握一定的技巧来应答客户的拒绝甚至刁难。训练应答技巧时应把握以下原则：

（1）要做好充分准备。针对不同的险种、不同的对象，先设计客户将会做出什么类型的拒绝，然后针对问题，斟酌出较为得体的应答，碰到客户类似的反应时，就能应答自如了。比如，你在推销养老险时，客户也许会说我已经买了统筹养老，还买保险干嘛？不买了。再如，你向一位很有钱的客户推销保险时，他会说已经很有钱了，不愁养老，不需要保险。类似常见的问题还有很多，只要你事先做了准备，就不会出现难以应付的尴尬局面了。

（2）一定要用较专业但又易懂的语言来应答客户。这样客户就会认为你很专业，就会增加对你的信任度，但又忌用他听不懂的专业术语。比如，对上述第一个问题，你可以从社会保险与商业保险的区别这个角度进行应答，告诉他社会保险只能满足最基本的生活需求。如果不想等退休后生活质量下降，最好再补充一部分商业保险。对上述第二个问题，你可以从保险能合理避税的角度来分析，以解除有钱人在开征遗产税后的烦恼。

（3）应答时一定要有确凿的依据。可以收集一些相关资料的复印件作为你应答的佐证。比如，国家对于医疗保险的相关改革措施；国家有关的法律、法规等。

（4）在应答时切记：避免批评客户的观点；避免与客户争论。只要客户不讨厌你，你就有机会和他交谈，但如果你在辩论中成为胜方，很有可能会失掉这个客户。

（四）促成的技巧

保险营销员经过一系列的保险推销工作后，在条件成熟的情况下，应向准保户提出投保建议，引导准保户投保，即所谓促成签约。签约是推销工作的最终目的，促成是非常关键的一个营销环节。如果不能抓住机会促成签约，则会使前期的一切努力付之东流。

1. 促成签约时应遵循的基本原则

（1）让准保户自愿投保。要让保户感到投保是他的自愿选择，对即将拥有的保险商品非常满意。

（2）让准保户感到投保是值得的。因为他通过缴纳很少的保费，就能使自己不确定的风险获得较高的保障。

（3）让准保户感到你是站在他的立场上为他设计保险。即你在为他设计保险时，要使其收入与其应缴纳的保险费相适合，不能使其因缴纳保费而影响其家庭的正常生活，可以建议保户每年应缴保费占其家庭年总收入的 1/20—1/10 为宜，否则，日后保户会面临因交纳不起保费而退保所致的损失。

（4）在促成时，要在准保户接纳的基础上向前推进，在适当的时候提出签约的问题，一定要把握好时机，切忌操之过急。

（5）在促成时，切忌使用刺激性语言或带有胁迫的意味，否则，准保户即使当时由于不得已而勉强签了单也容易后悔而退保。

（6）切忌随意承诺，保险营销员不可为了促成签单而承诺保险责任中没有的保障内容，以免造成理赔纠纷。

2. 促成签单的方法

（1）请求成交法。保险营销员积极提示，主动向准保户提出成交要求："如果您决定投保，我们就填投保单吧？"

（2）推定承诺法。这种方法是假定准保户已认同购买了，不必再探询准保户的意见，只要确定到了促成的时机，即可主动拿出投保单，边询问边代为填写相关内容。此方法适用于那些依赖性强、性格随和的人，当他心中已同意购买，只是还有些犹豫时，你可以替他决定："先生，您签个名，您现在可以支付保费了吗？"

（3）激将法。顾客经反复思考已接受你的建议书，但还是下不了决心，而保险营销员该说的话似乎也差不多了，这时要适时运用激将法，激起他的购买欲望："像您这样高的收入，一年交几千元，对您来说真是九牛一毛，还犹豫什么呢？"适时地利用言语，帮助保户下定最后的决心。

（4）"二择一"法。为准客户设计与其保险需求相吻合的两种投保方案，请准保户从两种方案中选择其一，使其在不知不觉中签了单。但要注意你提供的两个方案都要有利于促成，无论他选择哪一个都会与你签单。

（5）"富兰克林式"成交法。将纸对折，左边写上优势，右面写上劣势，与顾客一起列出如购买对他有利的是什么，对他不利的是什么，这样就可一目了然帮他决定。

（6）情感法。用准保户对家人的爱心、责任心以及对父母的孝心等打动他。

（7）以退为进法。常有这种情况，谈到最后，顾客就是不签单，此时不妨以退为进，告诉客户没关系，让他再多考虑一下，你改天再来。

（8）规定期限法。向准保户暗示如不赶快下决心，可能会错过好时机，这种方法常用于条款变换前、促销活动快结束前或某项对保户的优惠即将结束前。

（9）恭喜祝贺法。称赞对方，并祝贺他购买这份保险很有眼力。

（10）突出奇兵法。在谈判的最后一分钟突然提到一个新的概念，或引见一个完全陌生的面孔加入谈判。这位陌生人最好是曾经受益的一位保户，让他以自己的真实经历告诉准保户他的选择不会有错。

促成的方法很多，保险营销员可以根据自己的经验不断进行总结。

第三节 保险广告促销

在当今信息时代，广告无处不有，无时不在。它像一条无形的纽带，把某一地区、某一国家甚至在世界范围内的保险公司，同成千上万的消费者联系在一起。保险产品不像其他产品那样可以陈列出来，让顾客通过比较来辨别产品的优劣，保险产品的销售更加需要依靠广告来帮助客户获得各种信息，从而使其作出购买决策。

一、广告的定义

广告是一种信息传播活动。任何广告的本质属性都是通过一定的媒体，向社会大众传播一种信息，按现代传播学的观点，从保险公司营销的角度来看，广告应该具备五个基本要素：① 传播者——广告主，主要指保险公司；② 受传者——广告传播的对象，如代理人、消费者、社会公众等；③ 传播内容——险种、保险公司观念、保险公司宗旨及方针政策等；④ 传播媒体——广告媒体，如报纸、杂志、广播、电视、网络等；⑤ 传播目的——主要是促进保险公司险种销售、树立保险公司形象等。

根据以上五方面的内容，可对广告作如下定义：广告是广告主以付费的方式，通过特定的媒体，向传播对象传播商品、劳务、观念等方面的信息，以期达到一定目的的一种信息传播活动。

二、保险广告的作用及其主要媒体形式

（一）保险广告的作用

1. 传递信息、沟通供求

保险公司通过广告及时地介绍、报道险种信息，沟通了保险公司与保险消费者之间的信息渠道，促使保险公司按照市场需求来开发新险种。

2. 引起注意、激发需求

保险公司通过具有真实、新颖、生动、形象的广告宣传，可以吸引人们的注意力，使其对这一险种产生浓厚的兴趣，进而激发起需求欲望，诱发出购买行动。一个成功的保险广告就在于能够引起客户的思考，认识到保险的重要性。例如，中国太平洋保险公司的一家分公司曾在当地为推销万能寿险而作了一则广告：

银行家说：可恨的万能寿险来了……

证券商说：可恶的万能寿险来了……

保险界说：可怕的万能寿险来了……

广大市民说：可爱的万能寿险来了……

这则广告就容易引起人们的主意，同时会使人们产生疑问和思考：为什么银行、证券、保险这些金融行业的"同行们"都害怕万能寿险的到来，却受到广大市民的广泛欢迎呢？这时客户就会探究原因，进行咨询，经过了解激发起购买欲望。

3. 指导消费、扩大销售

针对不同的消费对象，保险公司利用广告进行保险知识的传播，增强消费者的保险意识，从而能正确引导消费者对险种的选购，满足消费者的不同需求。

4. 树立声誉、利于竞争

保险公司通过广告宣传，尤其是有特色的险种宣传，可以大大提高保险公司和险种在市场上的知名度和美誉度，有利于创立保险公司的美好形象和特色险种的品牌形象，从而加强保险公司的竞争力。另外，保险公司通过广告宣传，可以与竞争者在险种特色、价格、服务等方面进行反复较量，相互竞争，优胜劣汰，促使保险公司努力提高服务质量和服务水平，使保险消费者获得更多实惠。

（二）保险广告的主要媒体

广告媒体是传递广告信息的媒介物。适合保险广告的媒体很多，主要有：

（1）新闻媒体。通常以报纸、杂志、广播、电视等手段作为保险广告的媒体。其传播遍及国内外，具有迅速、及时、影响面广等优势，人们常称之为"四大新闻媒体"。

（2）互联网媒体。门户网站、手机 App、微博、微信等社交媒介都属于互联网媒体，其特点是传播快、影响面广、形式多样、针对性强。

（3）户外媒体。包括路牌广告、招贴广告、灯箱广告、橱窗广告、霓虹灯广告、海报广告、气球广告等。其特点是色彩鲜艳、图文醒目、闪烁诱人、传播面广、形式灵活。

（4）交通媒体。是指利用汽车、火车和轮船等人们经常搭乘的交通工具，在车厢内外设置精巧的广告标志和广告牌等。地铁是做广告的很好媒介物，其特点是影响面广、针对性强、媒介作用机遇多。

（5）文娱广告。在电影院、剧场、体育场等场所用广告，把广告宣传赋于文娱体育之中，其最大的特点是赋广告于娱乐中。

（6）赠品媒体。以"小商品"加制简单广告图文，运用奖品、礼品、纪念品赠送的方式，送给保险消费者，这类广告可以引发人们的感情，从而增加广告效果。如印有保险知识及公司介绍的挂历、台历、纪念品等。

（7）包装媒体。保险公司可以利用保单封面的包装所具有的美化保单、保护保单的作用，对公司具有宣传的功能，任其自然地起着自我介绍的独特作用。如保险公司可以采用统一的图案、统一的语言、统一的格式、统一的规格来包装保单，以作为公司的标识，从而起到宣传作用。

（8）其他媒体。如手提包、险种说明书等也是广告媒体。

以上各类媒体都可以从不同的侧面向人们传递各类保险信息，不同的广告媒体传递信息的时间和范围不同，其广告效果也各不相同。

三、保险广告媒体决策

（一）选择保险广告媒体应考虑的因素

保险公司要做好广告宣传工作，必须正确地选择广告媒体，通过适当的媒体渠道，及时、准确、有效地传递保险信息，以达到保险公司做广告的目的。在选择广告媒体时，应考虑如下因素：

（1）险种性质。针对不同性质的险种，应选择不同的媒体。例如，内容复杂、专业性强的险种，适宜用印刷媒体来传播具体的专业信息。

（2）保险公司对信息传播的要求。这是保险公司首先需要达到的广告目标，如信息传播覆盖率、接触率、重复率和最低时间限度等。保险公司的目标市场在哪里，就应选择相应的媒体，把广告做到哪里。

（3）目标市场中保险消费者的习惯和特征。不同消费者对广告媒体的喜好不同，接触的程度也就不同。针对时尚而又有较高收入的年轻人，适宜他们的险种可以在网上做广告；针对怀孕的妇女，可以在孕妇及育儿杂志上做广告宣传生育保险。

（4）媒体本身的影响。各类广告媒体都有其长处和短处，如电视媒体虽然收视率高、形象生动、宣传感染力强，但费用昂贵、消逝又快，所以，媒体的寿命长短是选择媒体时应考虑的重要因素。

（5）竞争对手的广告策略。保险公司在选择广告时，要了解竞争对手使用媒体的情况，以便有针对性地确定自己的广告媒体，发挥自己的长处，在竞争中处于有利的地位，做到知己知彼，百战不殆。

（6）广告预算。在选择广告媒体时，应考虑保险公司的经济实力，选择相应的广告媒体。如销售量较大、费用开支较大的险种，可选用一些效果好、费用较高的媒体做广告。

（二）保险广告媒体决策的策略

在激烈的保险竞争中，保险公司要树立自己的形象和品牌，让消费者了解自己，做广告是一个极好的方法。可供选择运用的广告决策的策略通常有以下几种：

1. 广告设计策略

保险广告设计策略是指在保险广告创作中运用艺术手段和科学方法以达到广告作品的最佳宣传效果,不同性质、不同类别的广告,有不同的设计策略。

(1) 一贯性策略。指广告在长期的信息传播中,其口号、内容、风格、包装、服务特色等保持一贯的形象和特点,使保险消费者有长期固定的印象。如中国人民保险公司的"人民保险为人民";中国太平洋保险公司的"太平洋保险保太平";中国平安保险公司的"平安保险保平安"等。

(2) 竞争性策略。指在广告设计中针对竞争对手的广告策略,突出自身的经营实力、经营特色,以压倒对手,增强本保险公司及其险种在保险消费者心目中的影响。

(3) 柔软性策略。指在广告语言设计时不用推销的词语,而采用一种与保险消费者交谈、讨论的方式,给保险消费者产生一种信任感,从而树立良好的保险公司形象。如中国太平洋保险公司的"平时注入一滴水,难时拥有太平洋"的广告语。

2. 广告商品策略

保险广告的首要目标是向消费者推销保险商品,而保险商品能否为消费者所接受,在很大程度上取决于广告商品的宣传策略。这类策略有险种生命周期策略和险种定位策略。

(1) 广告险种生命周期策略。即根据险种所处的不同阶段,采用不同的宣传重点策略。在险种导入期,应重点放在向准保户介绍、宣传和剖析险种上,刺激准保户的保险需求;在险种成长期、成熟期,突出本险种的特色和优势,刺激准保户认牌选购,打造出本保险公司的品牌险种;在险种衰退期,应重点提醒准保户购买该险种,以延缓该险种的销售寿命。

(2) 广告险种市场策略。险种定位是保险公司取得理想市场份额的重要策略。险种定位策略重点突出险种的新价值,强调其与同类险种的不同特点,表明能给保险消费者带来更多实惠和利益。同时应如实介绍险种的优劣、特色,摆正险种的市场位置,从而在观念上给险种准确定位。

3. 广告媒体策略

广告媒体策略是指在选择广告媒体之后,巧妙地运用媒体手段和方法的总称。广告媒体利用的策略不同,广告效果也就不一样。因此,巧妙地运用广告媒体策略,是达到最佳广告效果的关键。例如,利用社会名流对险种的介绍和评价,以达到提高保险公司知名度和声誉的目的;把一些典型的案例制作成特别节目,请保险专家和观众以及当事人共同参与评说。

4. 广告心理策略

在保险广告宣传中,抓住保险消费者的心理需求,克服其反感情绪,从而达到预期的广告效果。其策略常有：

（1）广告诱导心理策略。抓住保险消费者潜在的心理活动，使之接受广告宣传的观念，自然地诱发出一种保险需求。

（2）广告迎合心理策略。根据不同性别、年龄、文化程度、收入水平、工作性质及投保人的求养老、求保障、求实惠、求时髦、求地位等不同心理，运用不同的对策，以迎合不同投保人的需求心理，刺激购买。

（3）广告猎奇心理策略。即在广告活动中，采用独特的表现手法，使投保人产生好奇心，从而引发购买欲望。

第四节　保险公关促销

公共关系是保险公司营销的一部分。一方面，任何保险公司都有必要进行公共关系活动，保险公司并不只追求盈利；另一方面，保险公司经营活动的各个方面都需要公共关系，保险公共关系可以发挥多方面的作用与功能。但当保险公司着眼于公共关系在保险销售方面的作用时，保险公共关系就成了促销的一种手段，与其他的保险促销手段并列。

一、保险公关及其功能

公关是公共关系的简称，公共关系是现代社会的产物。所谓公共关系，是指社会组织为了在公众心目中树立良好的形象，而向公众提供信息和进行交流的一系列活动。保险公关指保险公司为刺激投保人的保险需求，树立保险公司良好的公司形象，建立与公众的良好关系而向公众提供保险信息和交流的一系列活动。

在当前的保险营销活动中，保险公司要想在市场竞争中立于不败之地，必须在一定的社会环境中树立其自身的良好形象。这就要求保险公司不仅要推销保险商品，还要推销保险公司。在保险公司的一系列促销策略中，保险公共关系策略与其他策略相比，起作用主要体现在推销保险公司上。从一定意义上来说，推销保险公司的作用远远超出推销保险商品，这也就是保险公司在进行市场营销活动中运用保险公关这一促销手段的最终目的。其功能主要有以下几个。

（1）沟通信息。这是保险公关的基本职能。保险公司公关部门在大量市场调研的基础上，把搜集来的投保人信息、险种信息、保险公司整体形象信息、市场变化趋势等信息进行分析处理，整理成各种方案、意见，提供给保险公司决策层作参考，或协助有关部门贯彻实施。同时，将保险公司的服务宗旨、服务特色、保险公司的成就和发展前景等信息，通过各种方式向公众传播，取得公众理解、信任和支持。

（2）提高形象。这是保险公司公关的中心职能。保险公司良好的信誉和形象是公众对保险公司的谅解、信任和支持的基础，是保险公司在激烈的市场竞争中不断地战胜对手，谋求发展的根本。保险公关的日常工作就是围绕提高保险信誉、提高保险公司形象这一主题进行的。为此，保险公司公关部门应当主动参与各项社会活动，承担各项社会责任，使公众对保险公司产生信任感。

（3）争取谅解。这是保险公关的重要职能。保险公司在经营过程中，难免有些服务会出现不尽人意之事，一旦与公众发生纠纷，公关部门要协助有关部门加以妥善解决。要实事求是，一切以保险合同和条款内容为依据，要以真诚、负责的行动进行挽救和解释，争取公众的谅解，避免扩大误解和不满。通过维护保户的合法权来维护保险公司的信誉。

（4）增进效益。这是保险公关的实质性职能。这个效益包括保险公司的经济效益和社会整体效益。保险公司的公关部门通过提高保险信息的沟通等服务质量，树立保险公司形象，促进险种的销售，从而增强保险公司的经济效益。同时，保险公司通过开展为社会各种公益活动提供财力等的资助，认真履行社会职责，促使社会文、教、体、卫等部门和社会福利事业的发展，使公众更多地受益。

二、保险公关的主要手段

（一）制造和利用新闻

在保险营销活动中，保险公司可以通过公共关系发现或创造有关公司、人物及险种的新闻，并通过媒介尽快公布于众。利用新闻传播公司的信息往往要比保险公司自己宣传效果更好，因为公众往往对新闻传播有较高的信任度，而且自己宣传总有"老王卖瓜"之嫌。因此，通过制造和利用新闻来达到保险公司对外宣传的目的是非常有效的一种手段。

（二）适时演说

保险公司通过精心挑选出来的"对外发言人"，定期或不定期地在电视上、广播中等媒体接受采访，回答观众或听众的问题，加强保险公司与外界的联系、沟通，这些举止对树立保险公司的良好形象有着极其重要的作用。

（三）利用特殊事件

保险公司可以安排一些特殊事件，引起人们对保险公司、对保险公司服务以及险种的关心。保险公司可以利用新险种推介会、保险研讨会、保险知识竞赛、保险公司周年纪念，对外宣传保险公司的行为与形象。例如，2012年4月，针对保监会重拳治理的车险理赔难问题，平安车险召开新闻发布会，发布服务承诺，改变传统理赔流程，于业内首度提出"先赔付，再修车"，就是一个成功的例子。

（四）发行出版物

保险公司可以通过编写各种书面与视听材料来宣传和普及保险知识，为提高全民的保险意识和保险素质做出不懈的努力。同时，好的出版物能引起社会公众对保险公司的注意，帮助树立良好的公司形象。

（五）赞助和支持社会公益事业

保险公司通过对社会公益事业的赞助与支持，采用赠送保险、为希望工程捐款、为抗洪抢险捐资出力等活动来提高保险公司的知名度和在公众中的形象。例如，保险公司可以采取为见义勇为者赠送意外伤害保险的事件来激发和鼓励人们的见义勇为行为，对于改善社会道德风范有重要意义。中国太平洋保险公司为援疆干部赠送意外伤害保险来支持国家对边疆的建设。

（六）设计保险公司标识

保险公司为了能在当前日益加剧的市场竞争环境和日益增多的竞争主体中突出本公司的形象，就必须创造和强化保险公司的标识，设计出新颖、醒目、富有内涵且便于记忆的保险公司标识，达到一种人们一见到它就会联想到保险公司的效果，如司徽、形象代表、标志性建筑等。

三、保险公关促销决策

（一）确定保险公关的营销目标

（1）提高保险公司的知名度。保险公司充分利用媒体宣传本保险公司的特色和优势，吸引外界对保险公司的注意，从而扩大保险公司的影响力和知名度。

（2）树立良好的信誉。保险是一个讲求信用和信誉的行业，保险公司通过积极参与社会公益事业和媒体的宣传，提高保险行业的信誉度，尤其是要防范保险公司的业务人员因其品行不端而有损保险公司形象的事件发生，保险行业只有通过良好的信誉度，才能加深投保人的信任，进而扩大销售。

（3）激励营销队伍和中介人。保险公关涉及两个方面：一方面是外部公关，另一方面是内部公关。内部公关的目的是要激励营销人员、保险代理人和保险经纪人的工作积极性和热情，使他们端正工作态度，积极为保户服务，使保险公司的形象内外一致。

（4）降低促销成本。公关的成本比直接邮寄和广告的花费都要低。

(二)选择保险公关的信息与手段

保险公司在确定了公关的营销目标后,还要筛选实现这一目标的有用信息和选择合适的公关手段。

(三)实施公关方案

当一项公关计划已经确定下来,接下来最重要的步骤是实施公关方案,达到保险公司运用公关的目的。实施公关方案时,先要取得新闻机构的支持,因为少了新闻媒体,保险公关的影响范围和力度都会大打折扣;另外,应获得保险公司内部员工的支持,因为一次大型公关活动需要大量的人力、物力,有了内部员工的支持,就会使公关活动得以顺利开展。

(四)评估公关效果

由于公共关系作为促销手段经常与其他促销手段混合使用,因此,很难衡量公关的效果。如果它作为唯一的促销手段单独使用时,它的效果是比较容易评价的,利用销售额和利润额是否有所增长来评价公关效果是比较可行的。

汇聚蓝色力量　闪耀巅峰时刻
"太保蓝之队"亚运营销荣获最佳代言资源激活奖

2023年9月26日,杭州亚组委颁发赞助企业最佳营销案例等系列奖项,"太保蓝之队"荣获最佳营销案例,同时,中国太保还荣获亚运公益联合筑梦方、赞助企业最佳伙伴等奖项。作为杭州亚运会官方合作伙伴,中国太保把握体育赛事营销传播的核心,签约中国女排、游泳运动员张雨霏、覃海洋和田径运动员谢震业,组成太保蓝之队,策划实施覆盖亚运会赛前、赛时、赛后全生命周期营销传播活动,汇聚蓝色力量、闪耀巅峰时刻。以太保蓝之队为切入点,中国太保激活并整合保险、服务、健康、公益、绿色等资源,构建品业生态圈,创建体育营销新模式,彰显了强大的品牌影响力,进一步提升了品牌美誉度。

1. 把握节点:掀起蓝色旋风

中国太保把握亚运倒计时等重要节点和时点,让太保蓝之队逐步升温,掀起亚运蓝色旋风。6月15日,在杭州亚运会倒计时100天之际,太保发布太保蓝之队成立的官宣海报和视频,随后在倒计时50天、30天、20天、10天,分别发布太保蓝之队温度篇、责任篇、智慧篇、出征篇、亮相篇等系列视频,太保蓝之队出征视频登上微博热搜榜。同时，邀请太保蓝之队队员担任太保服务体验官，并定制专属保险，共享太保服务。太保蓝之队节奏鲜明的传播，既为中国太保营造了良好的发展氛围，又传播了亚运精神。

2. 创造亮点：温情打动人心

8月8日全民健身日期间，中国太保联合抖音发起"迎亚运 动起来"活动，以太保蓝之队成员作为运动榜样，倡导大家参与健身活动，客户、员工和公众广泛参与，在抖音掀起全民健康运动的参与热潮，达4.6亿人次播放。此外，太保蓝之队为"护航亚运，当燃有我"健康脱口秀活动代言，240多名员工积极参与，讲出健康故事、保险故事。

随着亚运开幕，中国太保邀请多位运动员作为太保蓝之队助力团，参与亚运村太保绿色门店打卡并发布视频，参与太保亚运展厅揭幕及绿色亚运品牌活动。

3. 抢占高点：闪耀夺金时刻

随着亚运进入比赛日，太保蓝之队营销迎来高潮。太保蓝之队在赛场上发光发热，多次登上冠军领奖台。中国太保巧妙借助蓝之队运动员参赛及夺冠热度，发布运动员夺冠及时海报，精准借势，锁定热搜。此外，中国太保与咪咕达成合作，邀请太保合作运动员作为解说嘉宾进入咪咕演播室，围绕蓝之队运动员参赛场次，在解说赛事过程中，讲述太保产品使用感受、运动员等温暖故事。中国太保还与微博、五星体育、澎湃新闻等深入合作，策划打造夺金时刻、高光时刻等，推出了系列海报、视频及话题，与新浪体育打造的#张雨霏金牌时刻话题阅读量突破1.9亿。

太保蓝之队亚运营销传播在亚运期间持续获得流量曝光，全网曝光量预计超11亿，全网阅读量超2.5亿，全网互动量超450万，通过全面激活太保蓝之队资源，利用全方位的整合营销实现了品牌影响力与品牌美誉度全面提升。"太保蓝之队"的精彩还在继续，让我们共同期待：在太保蓝之队带动下，中国太保品牌更具活力，也将发挥更大影响力。

资料来源：http://finance.china.com.cn/roll/20230927/6036571.shtml。

本章小结

保险促销的实质是营销者与购买者之间的信息沟通，通过促销，可以传递保险信息、突出险种特色、刺激险种需求、提高声誉、巩固市场。

保险促销包括直接促销和间接促销，具体包括保险人员促销、保险广告促销、保险公共关系促销和保险展业推广等。保险促销策略包括推动策略和拉动策略；保险公司可以依据目标市场特征、保险商品特征、竞争对手的营销策略等选择保险促销组合。

保险人员促销有信息获得的直接性、信息反馈的迅捷性、人员促销的亲融性、保险服务的人性化等特点。合格的保险促销人员应该努力提升自我，包括仪表修养、品德修养、心理素质、业务素质、社交技能等。

保险广告可以传递信息、沟通供求、引起注意、激发需求、指导消费、扩大销售，树立声誉，利于竞争。保险公司要了解不同广告媒体的特点，要依据险种性质、广告预算、竞争对手的广告策略、目标市场消费者的消费习惯等选择广告媒体。

保险公关可以沟通信息、提高保险公司形象、争取谅解、增进效益等。保险公司要灵活运用保险公关手段，如制造和利用新闻、实时演说、利用特殊事件、发行出版物、支持公益事业、设计保险公司标识等。

本章关键词

保险促销　直接促销　间接促销　推动策略　拉动策略　保险人员促销　保险广告促销　保险公共关系促销　保险展业推广

复习思考题

1. 保险促销的作用有哪些？
2. 保险促销的手段有哪些？
3. 如何选择保险促销策略组合？
4. 保险人员促销有哪些特点？
5. 合格的保险营销人员应该具备哪些素质？
6. 选择保险广告媒体应考虑哪些因素？
7. 保险公关的主要手段有哪些？

第十章

保险营销竞争策略选择

学习目标

- 了解保险营销竞争策略的种类
- 了解保险公司营销竞争地位的判定
- 掌握不同地位保险公司的保险营销竞争策略
- 熟悉成本竞争和差异化竞争的适用条件
- 理解保险公司的社会责任在营销竞争中的重要性

第一节 市场地位与竞争策略选择

一、识别竞争者

识别竞争者,首先应界定"竞争者"概念的宽窄度。在广义上,一个保险公司可以把凡是提供相似或同类保险产品的企业都看作自己的竞争者,如中国人寿保险公司可以把所有的寿险公司都作为自己的竞争者。在更广泛的意义上,还可以把所有提供与寿险类似功能和服务的产品的企业,都看作是自己的竞争者,如中国人寿保险公司不仅把其他寿险公司看作竞争者,而且把银行、救济等部门都看作竞争者。甚至将范围再拓宽一些,把所有同本公司争夺顾客购买力的企业都纳入竞争者的范畴之内。例如,中国人寿保险公司可把房地产公司也看作竞争者,因为顾客若买了房子,可能就没有能力再买寿险。总之,可从行业与市场两个方面识别竞争者。

(一) 从行业方面识别竞争者

从行业方面来看,提供同一种产品或极为相近并可互相替代的同类产品的企业构成一个行业,如保险业、银行业、证券业等。在同一行业中,一个保险公司新险种的推出、服务水平的提高、保险费率的降低等,都会导致消费者投保取向的变化。从这个层次来看,不同的保险公司互为竞争对手。因此,一个保险公司要想在本行业处于领先地位,就需要了解整个保险行业的竞争模式,以确定竞争者的范围。

(二) 从市场方面识别竞争者

从市场方面来看,企业的竞争者是那些与自己的顾客需要相类似或为相似顾客群服务的企业。例如,从行业方面来看,中国人寿保险公司的竞争者是平安寿险公司、太平洋寿险公司等。但是,从市场方面来看,顾客的需要是具有保障或投资功能的产品,因此,中国人寿的竞争者也可以是银行、证券等具有保障或投资功能的金融产品。从市场方面鉴别竞争者,可以开阔企业的眼界,使企业不光看到现在的竞争者,也看到未来的潜在竞争者,有利于企业制定长期发展规划。

(三) 从行业和市场两个方面识别竞争者

确定企业竞争者的关键是,从行业和市场两个方面来综合考虑,分析产品及市场细分的情况。每个细分市场都有不同的竞争问题,形成不同的竞争机会。

1. 行业竞争者

凡是以大体相同费率向同一客户群提供同样产品的其他保险公司,都是本公司的竞争者。例如，平安产险公司可以将提供家财险的公司视为竞争对手；太平洋寿险公司可将提供与其万能寿险相类似的产品的公司视为竞争者。

2. 品牌竞争者

凡是提供与本公司相同或者类似险种的保险公司，都是本公司的竞争者。例如，所有的人寿保险公司互为竞争者，所有的财险公司互为竞争者。

3. 形式竞争者

所有提供相同产品与服务的公司，都是竞争者。商业人寿保险公司与社会保险机构之间，尽管性质不同，但所提供的保障项目有许多共同之处，如养老保险、医疗保险、意外伤害保险。在一定时期内，人们有支付能力的保险需求是有限的。因此，社会保险领域的扩大和保障水平的提高会影响商业保险的发展速度，是商业保险公司的间接竞争对手。

4. 一般竞争者

为争取相同消费者的货币而竞争的都是竞争对手。保险与储蓄有许多共同点，都是将现在收入的一部分作为未雨绸缪之计准备应付将来的需要，以保障老年经济生活的安定；都是一种投资手段，使资金增值；都能不同程度地应付不测事件。于是，顾客的一笔资金既可以参加储蓄，也可以购买保险，在个人手持现金数量是一定的条件下，储蓄与保险相互消长。因而，银行也是保险公司的间接竞争对手。

5. 直接竞争者

凡是以相同的策略追逐相同目标市场的公司，是本公司最直接的竞争者。

二、评估竞争者

(一) 识别竞争者的目标与策略

1. 确定竞争者的目标

确定谁是竞争者之后，还要进一步探讨每一个竞争者在市场上追求的目标是什么，是什么驱动着每个竞争者的行为。首先，大多数竞争者的目标是利润最大化，但各个公司是侧重短期利润还是长期利润？是追求"满意"的利润还是"最大"的利润？其次，每个竞争者追求的是一组目标，包括盈利能力、市场份额的增长、技术领先、服务领先等，但是每个竞争者的目标组合的侧重点不同。最后，有些竞争者追求的是在险种和消费者细分市场方面的目标。当发现竞争者计划进入目前属于本公司的细分市场时，应抢先下手，予以回击。

2. 确认竞争者的策略

公司必须不断研究其竞争者的策略。根据竞争者所采取的主要策略的不同，可将竞争者划分为不同的策略群。在一个策略群内存在激烈的竞争，在不同的策略群之间也存在竞争。而且各自都有不同的策略组合，并随着时间发展不断修正。

（二）评估竞争者的优势与劣势

一个公司的竞争者能否实施它们的策略并实现其目标，这依赖于每个竞争者的资源和能力。公司需要识别每个竞争者的优势与劣势。收集每个竞争者近期业务的数据，尤其是销售额、市场份额、保费收入等。任何信息都有利于形成对每个竞争者优势与劣势的评估。在消费者市场，有关竞争者、市场份额和竞争者利润的数据更容易取得。因此，一个对市场做过评估的新竞争者就能随之决定向谁发起挑战。保险公司通常通过二手资料、个人经验和传闻来了解竞争者的优势与劣势。例如，它们可通过向顾客、代理人进行初步的市场营销研究来扩大对竞争者的了解。有三种变量是每一个公司都应当监测的。

（1）市场份额。竞争者在目标市场的销售份额。

（2）心理占有率。这是指在回答"举出该行业中你首先想到的公司"这个问题时，提名竞争者的消费者在全部消费者中所占的百分比。

（3）情感占有率。这是指在回答"举出你倾向于购买哪家公司的保险"这一问题时，提名竞争者的消费者在全部消费者中所占的百分比。

最后，在寻找竞争者的劣势时，应设法识别它们为其业务和市场所作的假想有哪些已经不能成立。

（三）估计竞争者的反应模式

一个竞争者的目标、优势与劣势还不足以说明其可能采取的行动以及对诸如降价、加强促销或推出新产品等作出的反应。此外，每个竞争者都有其一定的经营哲学、某种内部文化和某些起主导作用的信念。一个企业需了解既定的竞争者的思维体系，并预测竞争者可能采取的行动。竞争者通常的反应类型有：

（1）从容不迫型竞争者。有些竞争者对既定竞争者的变化反应并不迅速或者不强烈。它们可能感觉其保户是忠于自己的；它们的业务会取得很好的成绩；它们可能对其他竞争者的反应迟钝；它们也许没有作出反应所需的资金。企业必须努力弄清楚竞争者从容不迫行为的原因。

（2）选择型竞争者。竞争者可能只对某些类型的攻击作出反应，对其他攻击则不然。竞争者可能对降价作出反应，但它可能对广告费用的增加不作任何反应，认为这些并不构成威胁。了解主要竞争者在哪些方面作出反应，可为公司采取最为可行的攻击方案提供线索。

（3）凶猛型竞争者。这类公司对其领域内的任何进攻都会作出迅速而又强烈的反应。因而不会让一种新的产品轻易地进入市场。凶猛型竞争者意在向其他企业表明最好不要向其发动进攻,因为防卫者将会战斗到底。

(4) 随机型竞争者。有些竞争者并不表露可预知的反应模式。这类竞争者在特定场合可能作出或不作出反应。而且无论根据其经济、历史或其他情况,都无法预见其反应。

三、确定竞争对策

根据保险企业在目标市场上所起的作用,可将这些企业的竞争地位分为四类,即市场领先者、市场挑战者、市场跟随者和市场拾遗补阙者。处于不同地位的保险竞争者,选用不同的竞争对策。

(一) 市场领先者的对策——抢先

市场领先者是指在保险市场上占有市场最高份额的保险企业。它通常在保险产品开发、保险费率变动、保险促销强度等方面领先其他保险公司。无论领先者是否受到赞赏或尊敬,其他保险公司都不得不承认它的领先地位。但是领先者也必须随时注意其他保险公司的动向,避免轻易丧失良机,失去领先地位。因此,市场领先者通常采取的策略是:

(1) 扩大总市场,即扩大整个保险市场的需求;
(2) 适时采取有效防守措施和攻击战术,保护其现有的市场占有率;
(3) 在市场规模保持不变的情况下,扩大市场占有率。

市场领先者扩大整个保险市场,是因为它在现有市场上占有率最高,只要市场的销售量增加,它就是最大的受益者。市场领先者既可以采取扩大营销的方式来提高其市场占有率,又可以采用各种防守措施来保护其市场占有率。总之,一个有经验的市场领先者,永远不留任何机会给它的竞争者。

(二) 市场挑战者的对策——进攻

市场挑战者是指位于行业中名列第二或第三名的保险公司。它们以市场领先者、经营不善者或小型经营者为攻击对象,以扩大市场占有率为目标,选择进攻策略。市场挑战者最常用的策略是正面攻击、侧翼攻击、围堵攻击、游击战等。例如,甲保险公司在某细分市场的市场占有率最高,而乙保险公司也想进入这个市场,这对乙公司而言就是正面攻击,这个竞争策略往往遭到的反击也最大。在侧翼攻击的情况下,乙保险公司考虑进入的细分市场是甲保险公司竞争力或服务较差的市场,假如甲公司在投资连结型寿险经营上比较薄弱,乙公司就专门研究投资连结寿险市场,开发此类寿险险种。在迂回攻击的情况下,乙保险公司还可以采取不直接与甲保险公司发生正面冲突的方式竞争,如开发新的目标市场。在游击战的情况下,乙保险公司若无法对甲保险公司提出正面挑战，就采取向对方在某个细分市场发动小规模的、断断续续的攻击。这种方式包括有选择的降价、猛烈地爆发式的促销行动等。一般来说，游击战是小公司用来对付大公司的常用策略。总之，市场挑战者策略旨在掠夺领先者的地位和吞并弱小者的市场。

（三）市场跟随者的对策——追随

市场跟随者是指那些不想扰乱市场现状而想要保持原有市场占有率的保险公司。市场跟随者并非不需要策略，而是谋求用其特殊能力参与市场的发展，有些市场跟随者甚至比本行业的领先者获得更高的投资回报率。因此，市场跟随者必须懂得如何保持现有客户，如何争取一定数量的新客户，每个跟随者都力图给目标市场带来某些独特的利益，如地点、服务和融资方面予优惠或方便。市场跟随者必须保持低廉的成本和优秀的产品质量与服务，当新市场开放时，市场跟随者也必须很快打进去。跟随策略有紧随其后策略、有距离跟随策略和有选择的跟随策略三种类型。

（四）市场补缺者的对策——插缝

市场补缺者是指一些专门经营大型保险公司忽视或不屑一顾的业务的小型保险公司，成为拾遗补阙者的关键因素是专业化。有些专业化经营程度较高的保险公司尽管在整个市场上占有率较低，但它们仍有利可图。

第二节 竞争策略的运用

保险公司在营销活动中还可以灵活运用低成本策略、差异化策略、聚焦策略、合作策略、产品定位策略、产品生命周期策略和品牌策略等。本节主要就前两种策略进行探讨。

一、低成本策略

低成本策略也称成本领先策略，在这种策略的指导下，企业决定成为所在行业中实行低成本生产的厂家。成本优势的来源主要有规模经济、专利技术、原材料的优惠待遇和其他因素。低成本策略在满足一定前提条件下适用（见图10-1）。

（一）对低成本策略的正确理解

（1）保持竞争优势思想是低成本策略的动因。从竞争的角度看，不论企业采取何种策略，成本问题始终是企业策略制定、选择和实施过程中需要考虑的重点问题。如何

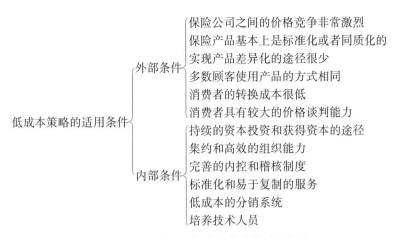

图 10-1 保险公司低成本策略的适用条件

为企业赢得成本优势和竞争优势,是企业策略管理的重要内容,也是低成本策略的动因。

(2) 节约思想是低成本策略的动力。节约可以以相同的资源创造更大的价值,可以使有限的资源延长使用时间。在市场经济条件下,节约不仅是卖方所追求的,也是买方乐意接受的,作为买方所期望的是同等质量下价格最低。正是这种追求形成了低成本策略的源动力。

(3) 全员参与思想是低成本策略的基础。在影响成本的诸因素中,人的因素占主导地位,人的素质、技能、成本意识以及降低成本的主动性都对成本产生重要影响。并且,在企业的经济活动中,每一个人都与成本有关。因此,降低成本必须全员参与,树立起全员的成本意识,调动全员在工作中时刻注意降低成本的主动性,这是低成本策略的基础。

(4) 全过程控制思想是低成本策略的保障。成本产生于企业经营活动的各个环节,从承保责任范围、销售成本到售后服务的全过程中,时刻都有成本发生。因此,控制成本不是控制哪一个环节的成本,尤其不能误解为只控制制造成本,必须全过程控制,从而达到综合成本最低。只有综合成本最低,才能保障低成本策略的实施。

(二) 低成本策略的目标

低成本策略在不同的企业和同一企业的不同发展阶段,所追求和所能达到的目标是不同的,其目标是多层次的。企业应当根据自身的具体情况,整体筹划,循序渐进,最终实现最高目标。

(1) 低成本策略的最低要求是降低成本。以最低的成本实现特定的经济目标是每个企业都应当追求的,当影响利润变化的其他因素不变时,降低成本始终是第一位的。但成本又是经济活动的制约因素,降低成本意味着对企业中每一个人都有成本约束,而摆脱或减轻约束是人的本性所在。因此,实施成本控制、加强成本管理,在企业中是一个永恒的话题。在既定的经济规模、技术条件和质量标准条件下，不断地挖掘内部潜力，通过降低消耗、提高劳动生产率、合理的组织管理等措施降低成本，是成本领先策略的基本前提和最低要求。

（2）低成本策略的高级形式是改变成本发生的基础条件。成本发生的基础条件是企业可利用的经济资源的性质及其相互之间的联系方式，包括保险产品的责任范围、服务网络覆盖面、劳动者的素质和技能、企业的管理制度和企业文化、企业外部协作关系等各个方面。

（3）低成本策略的最终目标是增加企业利润。在其他条件不变时，降低成本可以增加利润，这是降低成本的直接目的。在经济资源相对短缺时，降低单位产品消耗，以相同的资源可以生产更多的产品，可以实现更多的经济目标，从而使企业获得更多的利润。但成本的变动往往与各方面的因素相关联，若成本降低导致质量下降、价格降低、销量减少，反而会减少企业的利润。因而成本管理不能仅仅着眼于成本本身，要利用成本、质量、价格、销量等因素之间的相互关系，以合适的成本来维系质量、维持或提高价格、扩大市场份额等，使企业能够最大限度地获得利润。

（4）低成本策略的最终目标是使企业保持竞争优势。企业要在市场竞争中保持竞争优势，在采取诸多的策略措施和策略组合中，成本领先策略是其中的重要组成部分，其余各项策略措施通常都需要成本管理予以配合。策略的选择与实施是企业的根本利益之所在，降低成本必须以不损害企业基本策略的选择和实施为前提，并要有利于企业管理措施的实施。成本管理要围绕企业为取得和保持竞争优势所选择的策略而进行，要适应企业实施各种策略对成本及成本管理的需要，在企业策略许可的范围内，在实施企业策略的过程中，引导企业走向成本最低化，这是成本领先策略的最终目标，也是低成本策略的最高境界。

（三）低成本策略的利弊

采用低成本策略的收益在于：抵挡住现有竞争对手的对抗；抵御购买商讨价还价的能力；更灵活地处理供应商的提价行为；形成进入障碍；树立与替代品的竞争优势。采用低成本策略的风险主要包括：过度降低成本可能引起利润率降低；新加入者可能后来居上；丧失对市场变化的预见能力；技术变化降低企业资源的效用；容易受外部环境的影响。

二、差异化策略

差异化策略就是企业以独特的产品或服务满足顾客的独特需求。相比低成本策略，实行这一策略时，产品或服务的排他性明显增加。在这一策略中，成本不再是重点。差异化策略可以在许多方面得到体现，如品牌、服务、产品、技术、渠道等。

推行差异化策略有时会与争取占有更大的市场份额的活动相矛盾。推行差异化策略，往往要求公司对于这一策略的排他性有思想准备。这一策略与提高市场份额不可兼顾。在建立公司的差异化策略的活动中，总是伴随着很高的成本代价，有时即便全行业范围的顾客都了解公司的独特优点，也并不是所有顾客都愿意或有能力支付公司要求的高价格。在满足一定条件时，差异化策略比较适用（见图10-2）。

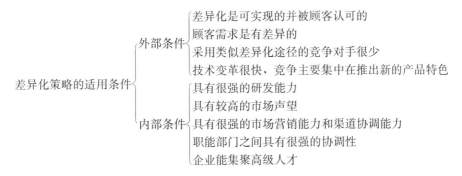

图 10-2　保险公司差异化策略的适用条件

保险公司利用差异化策略可以建立起顾客对企业的忠诚；形成强有力的产业进入障碍；增强公司对供应商讨价还价的能力；削弱消费者讨价还价的能力。由于差异化战略使企业建立起顾客的忠诚，使得替代品无法在性能上与之竞争。

保险公司利用差异化策略时要注意其风险：当顾客认为低成本产品和差异化产品间的价格差异很重要时，公司可能丧失部分客户；当用户所需的产品差异的因素下降或者差异化特征对客户的意义逐渐消失时，差异化策略就显得不合时宜；当客户通过学习对差异化特征的价值认知变小时，客户会丧失对差异化的追求；当模仿者的能力提升时，差异化会变得不再明显。

第三节　竞争中的企业社会责任

企业社会责任是指企业在创造利润、对股东承担法律责任的同时，还要承担对员工、消费者、社区和环境的责任。企业的社会责任要求企业必须超越把利润作为唯一目标的传统理念，强调在生产过程中对人的价值的关注，强调对消费者、对环境、对社会的贡献。企业社会责任可以按照约束力的大小划分为经济责任、法律责任、道德责任和义务责任；也可以按照作用对象划分为经济责任、社会责任和环境责任（图10-3）。

保险公司也要协调包括股东在内的利益相关方的利益。保险公司由于其所处行业的特殊性，其利益相关方不仅包括股东、员工、债权人、合作伙伴，而且还包括广大投保人、被保险人和受益人，甚至还包括相关政府部门。

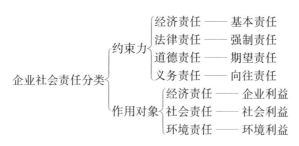

图 10-3 企业社会责任分类

一、保险公司履行企业社会责任的基本要求

(1) 要按照发展是第一要义的要求,承担经济责任。保险公司要依法合规经营,坚持科学发展,防范化解风险,营造公开、公平、公正和安全、稳定的行业竞争秩序,以优质的专业服务,持续为国家、股东、员工、客户和社会公众创造经济价值,为社会创造财富。保持偿付能力充足,坚持健康、可持续发展是保险行业企业最主要的社会责任。

(2) 要按照构建和谐社会的要求,承担社会责任。保险公司要以符合社会道德和公众利益要求的经营理念为指导,积极维护客户、员工和社区大众的社会公共利益;承担慈善责任,投身社会公益活动,构建社会和谐,促进社会发展。保险公司既要讲经济效益,也要讲社会效益,要实现企业利润最大化和社会效益最大化的有机统一。

(3) 要按照可持续发展的要求,承担环境责任。保险行业要支持国家产业政策和环保政策,节约资源,保护和改善自然生态环境,支持社会可持续发展。我国资源短缺,要提高资源利用效率,大力发展循环经济和环保经济。因此,保险公司不仅要承担环保义务,改善生态环境,还要通过开发新产品,提高企业竞争力,通过开展业务支持客户节约资源与保护环境。

华安保险持续创新,勇担社会责任

社会责任引领企业发现、挖掘、创造需求,从而开辟"蓝海"。在理念上,华安保险提出"创新,大可救国,中可救司,小可救人"。在组织架构上,曾设立创新发展部。在激励机制上,设立重奖措施。在创新行动上,一系列的创新举措始终贯穿着华安保险的发展历程,助推华安保险步步成长。"做正确的事比正确地做事更重要",以社会责任为切入点,华安保险沉心静气地找到挖掘或创造需求的方向,沉淀忠实客户群,培育核心竞争力,进而打造持续稳健的赢利模

式,实现可持续发展。

当禽流感肆虐全球,对人类的健康产生极大威胁时,华安保险率先推出"禽流感无忧疾病保险",意在承担社会责任、分担政府风险。

当贫困大学生上学难、贷款难成为社会舆论焦点的时候,华安保险毅然推出"学贷险"产品,为国家倡导的"教育公平、社会公平"进行了积极探索。

当"三农"问题成为日益突出的社会矛盾时,华安保险积极响应政府号召,走向农村市场,勇于尝试"小额农贷险",发挥保险社会管理功能,得到各级政府和监管部门的高度重视和大力支持……

二、企业社会责任和保险公司营销竞争策略的关系

保险公司重视和履行社会责任,可以有效地提升企业形象,从而提升企业竞争力。从这个角度来看,企业社会责任策略是与低成本策略和差异化策略同等重要的一种竞争策略。

之前所探讨的低成本策略和差异化策略都有其适用条件,具有一定的局限性,而企业社会责任策略可以有效地延展保险公司营销竞争策略集。在肯尼斯·安德鲁斯的企业战略框架中,企业社会责任被列为决策分析的一个重要因素。他认为战略决策包括四个主要方面:一是识别和评价企业的优势和劣势;二是识别和评价环境中的机会和威胁;三是识别和评价管理者的个人价值观和管理抱负;四是识别和评价对社会所应承担的责任。

企业社会责任已经成为评价企业的深层标准。从长期的、战略的观点看,许多社会责任都能与企业经营管理目标结合在一起,实现企业利益与社会利益的统一。此外,消费者群体中已经形成了一大批社会责任型消费者,他们会以个体的购买行为对企业的社会责任表现作出反应。从这个角度看,实施企业社会责任策略可以有效提升保险公司的企业形象,提升保险公司的竞争力。

保险公司的经营有显著的特殊性,特别需要得到消费者的认可和信赖。在当前社会信用缺失和道德价值观重构的背景下,保险公司尤其需要履行企业社会责任,有效提升企业形象,获取广大消费者的认可和信赖,最终形成自己的核心竞争力。

本章小结

除了营销组合策略之外,保险公司还可以采用其他营销竞争策略,如市场地位与市场竞争策略、低成本策略、差异化策略、企业社会责任策略等。

> 依据某一指标（如保费）可以将某一保险公司确定相应的市场竞争地位：市场领先者、市场挑战者、市场追随者、市场补缺者。不同市场竞争地位的保险公司可以采取不同的竞争策略。
>
> 低成本策略和差异化策略有一定的适用条件，保险公司要加以识别并灵活运用。
>
> 企业社会责任是社会发展的要求，也是保险公司获取竞争优势的内在要求。保险公司要正确理解并真正重视、坚持，以提升其核心竞争力。

本章关键词

市场领先者　市场挑战者　市场跟随者　市场补缺者　低成本策略　差异化策略　企业社会责任

复习思考题

1. 如何识别并评估竞争者？
2. 简述不同竞争地位的保险公司的竞争策略。
3. 保险公司营销竞争策略有哪些？
4. 低成本策略的适用条件有哪些？
5. 差异化策略的适用条件有哪些？
6. 如何正确理解保险公司企业社会责任的重要性？
7. 保险公司应该如何运用企业社会责任策略？

第十一章

保险营销计划、组织与控制

学习目标

- 了解保险营销计划的类型及内容
- 了解保险营销的组织模式
- 了解保险营销计划执行中的主要问题
- 掌握保险营销控制的方法

第一节　保险营销计划

一、保险营销计划的含义与类型

(一) 保险营销计划的含义

保险营销计划是指在研究目前保险营销状况（包括市场状况、产品状况、竞争状况、分销状况和宏观环境状况等），分析企业所面临的主要机会与威胁、优势与劣势以及存在问题的基础上，对财务目标与营销目标、营销战略、营销行动方案以及预计损益表的确定和控制。

要正确理解保险营销计划的含义，就要厘清企业战略、营销管理与营销计划三者之间的关系。企业战略是指企业为了求得长期生存和发展，为获得持续竞争优势而在分析外部环境与内部资源和能力的基础上设计的关于企业的发展目标、实现目标的途径和手段的总体性行动纲领和方案，具有全局性、系统性、长远性和方向性的特点。一般来说，企业战略包括四个要素，即企业愿景、企业使命、战略目标和战略方案。企业的一切经营活动都是围绕企业战略而开展的，企业战略是企业营销活动的旗帜，对企业的运营具有极大的导向作用和推动作用。

营销管理是指企业在整体发展战略的指导下，通过评析客观环境和审视自身资源状况来识别、分析、选择和利用市场机会，进而制定和不断调整相应的市场营销组合来满足顾客需求，以实现企业使命和预期目标的动态管理过程。这个过程包括评析客观环境、审视自身资源、分析市场机会、选择目标市场、进行市场定位、动态设计并执行市场营销组合方案、管理营销活动几个主要阶段。

保险营销计划与控制，是保险营销管理的关键内容和重要环节，也是保险营销管理活动沿着正确轨道前进的有效保证，能够促进企业战略的顺利实施。

(二) 保险营销计划的类型

1. 从时间跨度上划分

(1) 长期计划。一般来说，长期计划的时间跨度多在 5 年以上，其内容主要包括保险公司的发展目标、发展方向。如某寿险公司制定的关于未来十年公司在健康险市场和大病医保市场的发展规模、效益水平的计划。

(2) 中期计划。一般来说，中期计划的时间跨度为 2—5 年。其内容与中级和一线管理人员的日常工作有更多的直接关系。中期计划较为稳定，受环境因素变化的影响较小，是大多数保险公司制定营销计划的重点。如某寿险公司制定的未来两年健康保险有关重大疾病保险的销售计划。

（3）短期计划。一般是指时间跨度不超过一年的营销计划，它对保险公司一年之内的营销目标、营销策略及实施步骤作了较为详细的规定，对保险营销管理人员的日常工作有更大的影响。

2. 从功能上划分

从功能上划分的保险营销计划包括广告计划、分销计划、促销计划、新险种开发计划、市场调研计划等。

3. 从内容上划分

（1）品牌计划。即单个品牌的市场营销计划。

（2）产品类别市场营销计划。是关于一类产品、产品线的市场营销计划。

（3）新产品计划。是在现有产品线上增加新产品项目、进行开发和推广活动的市场营销计划。

（4）细分市场计划。是面向特定细分市场、消费者群的市场营销计划。

（5）区域市场计划。是面向不同国家、地区、城市等的市场营销计划。

（6）客户计划。是针对特定的主要消费者的市场营销计划。

二、保险营销计划的内容

（一）制定保险营销计划的目的

保险营销计划的制定是保险公司将其策略计划的营销问题引入营销计划的过程。一项营销计划是一系列特殊的、详细的、对行动进行定向的战术。营销计划用来确定实施和控制公司的日常营销活动。

保险公司制定营销计划的目的有以下五个方面：

（1）使公司所有层次的员工之间、公司的各个职能部门之间的信息交流更为便利。

（2）使公司的管理人员能够监督公司各职能部门的行动，从而提高公司的整体效益。

（3）使公司的营销做到有的放矢，减少盲目性。

（4）能帮助员工对整个目标保持注意力。

（5）能使管理人员将计划的既定目标与现实情况进行比较，准确评估公司业绩。

（二）保险营销计划的主要内容

保险公司的营销计划虽然类型各异，但一般包括如下内容：

1. 保险营销计划实施纲要

实施纲要是对营销计划的主要营销目标、措施、建议及各项指标给出简明概要，是体现整个营销计划本质的要点。高级管理人员在读过实施纲要之后，能够对该营销计划的意图、实施建议、实施所需费用、预期达到的效果等核心内容一目了然。

2. 保险营销形势分析

主要是指应用市场信息、情报等资料，对保险公司当前的营销状况作出明确的分析。包括以下五个方面：

（1）市场情况分析：市场的范围多大，占有率是多少；有多少细分市场，各细分市场的销售额是多少；消费者的需求及购买行为分析；消费者的风险意识如何，对各类保险产品及服务的知晓程度和满意程度等。

（2）产品情况分析：销售增长率、产品平均费率水平、附加费用、营销费用、新产品开发设计费用、利润率等指标的变动分析。

（3）竞争情况分析：主要竞争对手的规模和市场份额；对各竞争者的目标、服务质量、营销组合策略进行分析；对竞争者的意图及将要采取的行动作出预见性的分析等。

（4）分销渠道分析：各分销渠道在能力、地位上的变化趋势；分析在费率、交易条件、费用等方面的利弊及应该变更的激励措施等。

（5）宏观环境分析：对人口统计、经济、技术、政治、法律、社会文化等宏观环境的变化趋势作出分析。

3. 机会与问题分析

对保险公司机会分析应以营销现状为基础，对企业素质、企业能力、企业营销目标及营销环境等内外因素进行综合分析，找出优势、劣势和机会，避免威胁和管理风险，争取效益。保险公司问题分析是利用机会与威胁分析和优势与劣势分析所得的结果，提出营销计划所要解决和强调的主要问题。有关这些问题的决策将导致不同的企业目标、战略和策略的选择。

保险公司机会与问题分析，使营销计划制定者可以轻而易举地识别企业实力和特定营销环境之间的匹配关系，使企业识别投入资源的最佳点，在最佳时机消失之前对之加以利用。

在对可能发生的主要威胁和机会进行识别和分析之后，营销计划会加入一项应急计划，以应付威胁和利用机会。

4. 营销目标

营销目标是确定营销计划在市场占有率、销售额、利润率、投保比率和分销渠道等领域在一个计划期内所应达到的目标，是在分析现状、预测威胁与机会，并进行综合平衡的基础上制定的。

营销目标必须以定量的术语表达要实现的目标和所需时间。包括全部的保险产品目标、产品系列目标或市场目标；为完成每个营销职能（如广告、分销、新人招收、培训、定价以及促销）计划所需的更特殊的目标。例如，如果企业目标是在今后一年中将整个公司的销售量提高15%，营销目标是在今后一年中将某一产品系列的销售量提高30%，与此同时，每个营销职能部门就应制定具体目标或增幅。

保险公司的营销目标通常包括：保费总收入、市场份额、现有代理人数量、新保户、续保率、代理人收入、有效保单、代理人的平均业绩、代理人佣金与费用的比率和客户满意度等。

5. 营销策略

营销策略是完成营销目标的主要营销途径和方法。一家公司可采用一种或多种营销策略以实现某一特定目标。例如，保险公司为实现将某险种系列的销售量提高30%的营销目标，可以采取的策略有：市场渗透策略——增加消费者和商业广告宣传以及销售力量的规模；市场开发策略——在新的市场领域设立分支机构；险种开发策略——扩展自己的险种系列。

6. 战术和行动方案

管理人员必须使策略转化为战术和行动方案。包括：将采取什么行动；何时、何地、怎样采取这些行动；谁负责每一行动的实施；每一行动需要多少费用；行动产生的结果如何；所涉及的主要的不确定因素有哪些；如何监控和评估结果等。

7. 预算

预算为管理人员提供了对一项营销计划或行动方案的成本和利润预测进行估计的手段，有助于管理人员监督行动方案的执行，以确信它们没有偏离营销目标且处于适当的成本幅度内。

保险营销计划中的预算通常包括销售预测、详细的营销及其他成本清单、盈亏平行分析、现金流量预测以及估测该计划预定盈利能力的手段。

8. 评估与控制

一项营销计划通常规定用于评估进度和成功的控制。目标和预算是评估的主要手段。例如，一项计划可能在有效期内按月列出将要从事的活动、预定销售量和预定现金流动。这样，管理人员就可以每月对这些预定值进行考核，判断是否实现了目标和预算。如果没有实现目标和预算，就需要做一下调整。

某公司少儿两全保险产品营销策划书

一、任务概要

（一）产品基本情况

（二）购买提示

（三）策划原因

（四）策划任务

让社会上更多孩子的教育、生命拥有保障。

让更多父母了解子女教育险种，从而意识到购买此类险种的意义与作用，对保险有一个正确的认识。

（五）预期达到的目标

通过营销方案在本市试点营销一个月，让本市60%的人知道该产品，让90%的在校学生把该产品的宣传册带回家。

二、营销现状分析

（一）营销状况及前景

（二）竞争状况

（三）营销状况分析

利用一个月的营销方案推销，把我公司的产品在本市各小学、幼儿园普遍推广，借助学校帮助公司进行长期、有效的宣传和推广，与学校维持良好的合作关系。

通过三个月的时间，把公司产品的营销方案推广到全国各一线城市，结合各地区的有利资源，加强合作，重点管理。

通过半年宣传，把公司的营销方案推广到二线、三线城市，从而让我公司产品如雨后春笋般地迅速在全国热销。在大中型城市推广的同时，让我公司产品普及到全国各地。

三、SWOT分析（略）

四、营销策划目标

（一）财务目标

通过营销策划推广一个月后，该产品保费收入达到本公司总保费收入的10%。

（二）销售目标

通过营销策划推广一个月后，该产品销售量达到本公司少儿险种总销售量的40%。

（三）市场占有率目标

通过该阶段的推广，我公司产品的市场占有率达到市场同类产品的15%。

（四）产品知名度目标

通过一个月的试点推广，让该城市90%的家庭知道我公司该产品，进而让其他一线城市50%的家庭知道我公司该产品。

五、营销战略与策略

（一）公司的主要政策

（二）确定目标市场与产品定位

（三）制定价格政策

（四）销售方式

六、具体行动方案

（一）活动主题

爱从这里开始。

（二）活动时间

2018年7月1日至2018年7月31日。

（三）活动内容

1. 公交车上的移动电视宣传，公交站广告栏。

2. 互联网广告宣传。

3. 与学校合作，通过学校把制成的保险产品宣传册发放给学生。

4. 举行公益活动。

（四）活动程序

1. 联系公交公司、移动电视台，协商广告投放事宜，确定每天播放时间、次数。于7月5日把公司制作好的广告宣传送达移动电视台，7月8日，我公司广告能正式在公交车上的移动电视台播放。

2. 把公司产品的图文宣传广告交付网络公司，协商广告在互联网上的播放，做成首页滚动模式。

3. 联系某市各幼儿园，加大对学校的宣传力度，把产品做成小宣传册，在开家长会时发给学生家长，使他们了解该产品的意义和功能。

4. 以"情系玉树大型捐款活动"为背景，呼吁人们爱惜生命，珍惜生命，进而引导人们合理规避风险，进行风险管理。

（五）广告宣传语

1. 爱心一保在手，遇险无忧。

2. 保险是父母送给子女最好的礼物。

3. 孩子是我们的未来，是生命的延续。

4. 保障与爱同行，理财规划未来，幸福伴随成长。

5. 鸿运少儿险，宝宝也分红。

6. 爱他，就让鸿运陪伴他。

7. 存钱的好习惯，从买保险开始。

8. 鸿运开头，一生不愁。

七、营销费用预算

（一）营销总费用

过程中的总费用为71.5万元。

（二）广告表现与广告预算

1. 公交车上的移动电视宣传，公交站广告栏，30万元。

a. 公交车上的移动电视宣传，20万元。

b. 公交站广告栏，10万元。

2. 互联网广告宣传，30万元。

3. 与学校合作，通过学校把保险产品制成的宣传册发放给学生，5万元。

4. 举行公益活动，6.5万元。

a. 人员推销费用及其交通费，5 000元。

b. 推销人员工资费用，5万元。

c. 其他开支，1万元。

资料来源：本案例由广东金融学院保险系1015311及1015312班学生收集整理，有删节。

第二节 保险营销组织与执行

一、保险营销组织

保险公司可以以多种方式组织其营销活动，每一家公司必须选择最适合其管理和营销理念、规模、产品、分销渠道、目标市场和其他各种特征的组织结构。小公司的营销可能仅仅是经理工作的一部分，大公司的营销则需由一个独立的职能部门来实施。在提供若干个产品系列的公司，公司甚至可能设立独立的产品部门，每一部门都有自己的营销职能。在有些公司，销售职能组织是与公司其他营销职能分离的。一些公司甚至雇用外部的代理机构，如保险代理公司来行使部分或全部营销职能。

（一）常见的几种营销部门组织结构

保险公司可以根据实际情况进行选择。保险公司组织营销运作的方式对其实施和执行营销策略的能力以及对外部环境变化作出反应的能力有极大的影响。营销部门的组织结构决定了营销决策者以及具体营销活动的实施者。

1. 按职能设置的组织结构

最常见的营销组织结构是按职能设置的组织结构（见图 11-1）。保险公司营销部门的主要职能是：营销调研和信息管理；险种开发和费率厘定；销售和分销；广告、促销和宣传；客户服务；培训；营销管理等。是分开设置部门还是相互结合，取决于保险公司的规模和特定需要。在职能式组织结构下，管理这些主要职能领域的员工直接向负责组织和协调其活动的公司营销总经理报告。

图 11-1　按职能设置的组织结构图

职能式营销组织结构的优点主要是简便易行，而且注重开发每一具体营销领域的管理和技术能力。在集中营销运作的小公司和仅向完全同质的客户群提供少数产品系列的大型的集中经营的保险公司中，采用职能式营销组织结构一般效果较好。然而，随着提供的保险险种类型的数量和公司市场规模及多样性的增加，这种组织结构的效率会下降。

2. 按险种设置的组织结构

职能式营销组织结构通常不适合提供较多而不是单一险种系列的保险公司，因为一个险种系列所需要的营销方法与另一险种系列所需要的营销方法完全不同（见图 11-2）。因此，提供多险种系列的保险公司一般根据险种来组织其营销活动。在这种类型的组织结构中，每一险种系列由公司的主要部门来管理。保险公司一般将其业务分为个人保险业务和团体保险业务，每一部门负责其大部分职能的发挥，包括调研、分销、广告、促销、险种开发。然而，有些活动（如营销调研、投资、会计和代理）常通过集中管理部门协调。

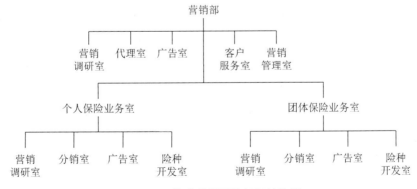

图 11-2　按险种设置的组织结构图

险种式营销组织结构容易导致决策分散，使那些与某种特定险种密切相关的员工可以做出与该险种有关的营销决策。

险种式营销组织结构还可进一步在个人和团体业务室下设置个人人寿、健康和退休年金和团体人寿、健康和退休年金等科室。

3. 按投保人类型设置的组织结构

当某保险公司或其险种的投保人具有明显的需求特征时，通常按特定的投保人类型或公司经营的细分市场来组织营销运作（见图11-3）。例如，设置专门关注个体投保人的营销部门和关注团体投保人的营销部门。同时，再进一步下设诸如关注老年投保人、中年投保人、男性投保人、女性投保人等的营销部门。在每一类型的投保人营销科室下再设相应的营销职能科室。

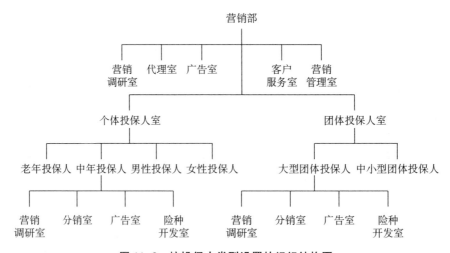

图11-3　按投保人类型设置的组织结构图

在这种结构类型下，每一个消费群体的营销管理者应该指导其营销活动，并直接向公司营销部总经理汇报，每一个营销组负责向特定投保人推销相应的险种。

4. 组合型营销组织结构

以上几种基本框架的每一种结构都有可能发生很大的变化。最常见的变化就是将上述组织结构进行组合。例如，某保险公司可能按险种和投保人类型设置营销部门，再按营销的具体职能设置每一个具体险种的部门。也可以按营销的具体职能组织某些营销活动，再按险种系列或投保人类型组织其他营销活动。

采用组合型营销组织结构，公司可以开发一个灵活的营销组织，既满足公司执行营销策略的需要，又满足投保人的需要。公司为了更好地服务于目标市场，要经常调整其营销组织结构。一般来讲，最好的结构是能够最有效地开展营销活动的最简单的结构。

（二）我国的营销部门组织结构

我国的保险营销多见于各家寿险公司，其营销组织结构一般呈金字塔型，处在塔尖的多是寿险管理部门，属公司正式编制，其员工同公司是雇佣关系，而不是代理关系，各家寿险公司对其命名也大体一致，如中国太平洋保险公司、中国平安保险公司和泰康人寿保险公司都将其命名为营销部，中国人寿保险公司则命名为营销业务部。在营销部下面的具体设置有一些区别，但主要工作都是协助营业部经理做一些管理工作，包括业务计划的制定，组织调研、为营销人员和客户服务等。中国人寿在营销业务部下设管理岗、组训岗和客户服务岗，他们属于公司内勤编制，但不是正式员工；中国平安保险公司在营销部下设督导室、人员管理室、业务管理室和企划室，他们属于公司正式内勤编制；中国太平洋保险公司在营销部下设督导、公关、人事、教育培训等科室，他们属于公司正式内勤编制；泰康人寿保险公司在营销部下只设了营销员管理处。在营销部以下的机构不是公司的正式编制，与公司是一种特殊的代理关系，虽然各公司在名称上有差异，但组织框架基本都一样，每个营业经理下面有若干个业务主任，每个业务主任带几名营销员，营销员处在金字塔的最底层。随着保险公司经营策略的改变，组织结构也会修改变动。图11-4是中国人寿、太平洋、平安、泰康四家寿险公司的营销部门的组织结构图。

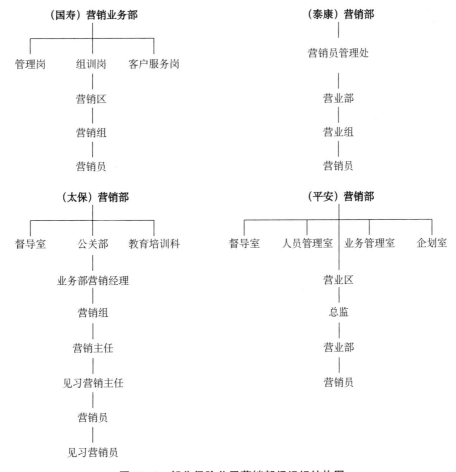

图11-4　部分保险公司营销部门组织结构图

(三) 设计保险市场营销组织的基本原理

1. 统一指挥原理

营销组织内部每个人只接受一个上级的命令和指挥，并对其负责，防止多头领导。要形成一个等级链，上级不能越过直属下级指挥，下级不能超越直属上级接受更高领导的指挥。防止谁都负责同时谁都不负责的现象出现，使得组织内的营销人员无所适从，导致失去营销的良好机会。

2. 专业化原理

对同一性质的营销活动或职能，应分别归类，派相应人员去成立组织并负责执行，以收到分工专业化的成效。营销组织内部专门设立分别负责广告、市场预测和销售服务等方面工作的人员。在销售人员分配中又可按照销售人员对产品业务的精通程度，按产品分派推销员。

3. 权责对等原理

职权是在规定的职位下应具有的指导和行使的权力；责任是接受工作后所应尽到的义务。在营销组织中，上级应拥有指挥、命令等必备的权力。但因为营销工作情况复杂，不确定因素多，所以，上级应对其隶属的人员不仅分配工作，同时要给予处理工作中所需要的某种程序的权力，使之在工作中当出现问题或机遇时能当机立断，进行决策。营销组织中的任何一个人都应对自己的工作负责，领导要对下属的工作负责。要制定各岗位的岗位责任制，使员工明确自己的工作责任。在营销工作中权力和责任必须大致相等，防止有权无责或有职无权。

4. 管理幅度与层次原理

管理幅度是指一个指挥监督者能够领导多少隶属人员。在完成同样数量工作的前提下，管理幅度越窄，管理层次越多。营销组织内的工作内容很多，涉及面很广，信息要求传输快。如果管理幅度过宽，会造成领导上的困难；如果层次过多，又会影响信息传递，造成损失。保险公司应充分兼顾这两个方面，根据实际情况确定营销组织的管理幅度与层次。

5. 有效性原理

营销组织的结构、人员、活动必须是有效的。营销组织要有明确的目标和为实现这一目标的有效的组织机构，要防止机构庞杂，人浮于事。

二、保险营销计划执行

保险营销计划执行是将营销计划和策略转化为行动任务并付诸实施的过程，强调的是执行过程中"谁去执行""在什么时间""什么地方""怎样进行"的问题。营销策略的实施是通过营销经理、分销人员、客户服务人员、险种开发人员、广告和其他营销人员,甚至一些与营销关系不密切的其他员工的日常经营活动来进行的。在实施过程中,特定的个人负责执行完成营销目标所需的工作,营销管理者制定行动计划,规定将要做什么、由谁去做、何时去做及如何去做,并允许管理者为了达到目标而协调策略和方法。为了保证每一个人对自身的责任有清楚的理解,营销管理者必须有效地将这些计划传输给那些将要执行计划的人员。

保险营销策略的执行一般包括相互联系的六项内容。

(一)制定保险营销行动方案

为了有效地实施保险营销策略,必须制定详细的行动方案。这个方案应该明确营销策略实施的关键性决策和任务,并将执行这些决策和任务的责任落实到个人或小组。另外,还应包含具体的时间表,定出行动的确切时间。保险营销行动方案要回答的问题是:策略执行的任务有哪些?哪些是关键性的?如何完成这些任务?采用什么措施?本企业拥有什么实力?

(二)建立保险营销组织结构

保险公司的营销部门在营销策略的实施过程中有决定性的作用,营销部门将策略执行的任务分配给具体的科室和人员,规定明确的职权界限和信息沟通渠道,协调部门内部的各项决策和行动。建立保险营销组织结构要解决的问题是:本企业的营销组织结构是什么样的?各科室的职权是如何划分的?信息是如何沟通的?

(三)设计保险营销决策和报酬制度

为实施保险营销策略,还必须设计相应的决策和报酬制度。这些制度直接关系到策略执行的成败。以保险公司对推销人员工作的评估和报酬制度为例,如果它以短期的保费收入为标准,推销人员的行为必定趋于短期化。设计保险营销决策和报酬制度要回答的问题是:哪些制度最重要?主要控制因素是什么?信息是如何沟通的?

(四)开发人力资源

营销策略最终是由营销部门的工作人员来执行的,所以,人力资源的开发至关重要。这涉及管理人员与推销人员的考核、选拔、培训和激励等问题。在考核选拔营销管理人员时,要研究是从企业内部提拔还是从外部招聘更有利;在招聘、培训及激励推销人员时,要从长计议,切忌目光短浅。这一阶段要回答的问题是:本企业尤其是营销部门员工的技能、知识和经验如何?他们的期望是什么?他们对企业和营销工作是何态度?

(五)建设保险公司文化

保险公司文化是指保险公司内部全体员工所共同持有和遵循的价值标准、基本信念和行为准则。企业文化对企业经营思想和领导风格，对员工的工作态度和作风，均起着决定性的作用。由于企业文化体现了集体责任感和集体荣誉感，甚至关系到员工人生观和他们所追求的最高目标，它能够起到把全体员工团结在一起的"黏合剂"作用。因此，塑造和强化保险公司文化是执行保险营销策略不容忽视的一环。建设保险公司文化要回答的问题是：员工是否具有共同价值观？共同价值观是什么？它们是如何传播的？

(六)保险营销策略执行系统各要素之间的关系

为了有效地执行保险营销策略，保险营销行动方案、营销部门的组织结构、营销决策和报酬制度、人力资源、保险公司文化这五大要素必须协调一致，相互配合。这一阶段要回答的问题是：各要素是否与营销策略相一致？各要素之间是否配合协调？

第三节　保险营销控制

不管营销计划如何谨慎地执行，环境的变化或公司本身的变化会影响营销执行过程。因而，营销管理者必须监控执行过程，以便尽快发现偏离计划之处，并采取纠正措施以利于按目标实施计划。保险营销控制就是指营销部门以营销计划为依据，对营销活动进行监控，同时通过绩效评审与信息反馈，对营销策略加以调整的过程。

保险营销控制与保险营销计划相结合，形成了一个完整的保险营销管理信息系统。一方面，保险营销控制必须以保险营销计划为前提，营销管理部门在进行绩效考评时，就是将实际营销执行结果与营销计划中的业绩标准进行对比来判断行动计划是否符合营销目标，让管理者们知道销售是符合、超过还是低于计划；广告的影响或同业促销的影响是增加、稳定还是下降；保费收入同费用的比率是提高、持平还是减少，从而找出偏差；另一方面，保险营销控制又可为以后保险营销计划的调整与修订提供依据。如果实际业绩达不到业绩标准，公司必须找出原因。如业绩达不到预期标准，可能是计划不现实或难以实现，或者是营销环境发生了不可预料的变化，妨碍了公司实施营销策略，使之不能达到预期的业绩水平。

通过分析出现偏差的原因，营销管理者可以采取一些措施来改变这种情况。如改变执行策略的行动计划；以不同方式实施行动计划；制定新策略；修改计划目标；改变目标中既定的业绩标准。例如，如果营销管理者确定对营销员培训不够是问题所在，就会实施一个新的行动计划去改善培训，或调整现行计划，使它包括必要的培训。

一、保险营销控制的内容

保险营销控制活动包括顺序相互衔接的三方面内容,即营销控制标准的制定、营销绩效的衡量和调整措施的实施。

(一)保险营销控制标准的制定

这是营销控制中应首先解决的问题,也是最为关键的一步。它关系到整个营销控制活动的有效性。

通常,作为保险营销控制的标准有三种:行业标准、本企业历史最好水平和本企业预期标准。在这三种标准中,行业标准在某种意义上代表着本行业的平均水平,将本企业与同行竞争者进行比较,明确本企业在本行业中所处的地位;本企业历史最好水平是过去某个时期企业的最佳业绩水平,但由于无法体现当前营销环境和营销策略的各种变迁,所以一般只用于趋势分析;本企业预期标准是企业管理者目标的具体体现,是在分析行业标准、本企业的行业地位、本企业过去绩效以及未来可能发生的各种变化的基础上制订出来的。将预期标准作为营销控制标准最具可行性。表 11-1 是各种营销控制标准的具体来源。

表 11-1 各种保险营销控制标准及其来源表

营销活动	控 制 标 准		
	行业标准	本企业历史最好水平	本企业预期标准
标准保费收入	行业报告	营销部门	销售预测
市场份额	公开发行的刊物	营销部门	市场份额预测
费率水平	客户竞争对手	营销部门	费率策略
营销费用	公开发行的刊物	财务部门	费用预算
利润	行业报告 公开发行的刊物	财务部门	预算财务报表
营销员队伍	公开发行的刊物	营销部门	本企业政策
企业形象	专门研究	专门研究	本企业政策

(二)保险营销绩效的衡量

衡量保险营销绩效就是将营销的投入与营销的产出进行比较。具体来说,衡量保险营销绩效应包括以下三个方面的内容(见表 11-2)。

表 11-2　衡量保险营销绩效内容表

	营 销 产 出	营 销 投 入
企业效益	① 总保费收入提高 ② 新单保费收入提高 ③ 市场份额扩大 ④ 广告促销带来的收入提高	① 销售费用的节约 ② 降低调研费用 ③ 降低广告费用
保户满意程度	① 消费者投保金额的增加 ② 消费者重复投保率的提高 ③ 保户对企业险种与服务的满意 ④ 消费者对企业及险种品牌的信任 ⑤ 本企业在保户中有良好的形象	① 消费者保费支出的总量 ② 消费者投保决策所需时间 ③ 消费者决定投保时考虑选择的企业数 ④ 保户对本企业险种及服务抱怨的次数与严重程度（含投诉）
企业的社会形象	① 优质的险种与服务质量 ② 便捷、可靠的核保核赔速度 ③ 规范的业务行为 ④ 消费者的理财顾问 ⑤ 广告宣传的真实性	① 降低费率，夸大保障范围与程度 ② 努力降低费用支出 ③ 增加附加服务 ④ 杜绝不正当竞争行为

在进行营销绩效评价时，以上三方面的内容应同时兼顾。但需要说明的是，营销绩效的衡量有些存在着客观标准，有些则没有明确的客观标准。一般来说，衡量企业效益的标准最明确，但保户的满意程度就不易准确计量，企业社会形象则更是一个模糊的概念。

（三）调整保险营销计划的实施

当实际营销绩效与营销计划出现偏差时，营销管理者需要尽快制订调整措施，以保证营销计划和企业整体目标的顺利实现。实施调整措施应考虑两种因素：一是技术性因素，二是人的因素。对于前者，营销管理者首先应对实际脱离标准的原因进行客观而全面的分析，为进一步制订调整措施提供指导。例如，保费收入或市场份额下降的原因可能是由于费率过高而销售数量过少，也可能是由于险种开发滞后而丧失了部分市场，还可能是由于售后服务不能使保户满意。只有把握真正的原因之后，管理者才能对症下药，制订实质性的调整方案。应当充分认识到某些影响因素的"时滞"作用。例如，企业为赢得保户信任，增加保费收入，提高市场占有率，采取了开发新险种和提高售后服务质量及增加广告力度的措施。但是，让消费者真正接受需要一定时间，也就是说，提高质量与增加销售收入之间存在一定的时间差。同样地，某一时期服务质量下降也不一定同时体现为当期保费收入的减少，其影响作用可能体现在以后的某个时期。所以，采取调整措施时应当允许有一定的时间差。就人的因素而言，主要是指人们对新生事物的接受程度、旧观念对人的影响、人的情感因素以及人际关系等方面。这是调整营销措施最大的困难所在。

二、保险营销控制的方法

保险营销管理者采用的营销控制方法有以下三种。

(一) 年度计划执行分析

年度计划执行分析包括销售分析、市场份额分析、保户态度跟踪分析、营销费用率分析。这一分析用于营销管理者对年度营销计划进行控制，考核整个企业或地区的营销绩效。

1. 销售分析

销售分析是根据销售目标对实际销售业绩进行评价。它是考核销售状况、评估企业目前业绩的一种手段。保险公司通常按保户、地理位置与险种系列进行分类分析，具体的销售分析类型包括：总销售量或保费收入、新单保费收入、续保保费收入、签单量、续保率、已售出保单的平均承保额、新保户数量、采用的分销渠道类型、风险类型（标准、次标准、优良）、支付的首年佣金等。

2. 营销市场份额分析

营销市场份额分析是指对本企业在整个市场竞争中的地位所作的判断与评价。衡量营销绩效的好坏，不能仅着眼于企业自身销售的增减，而须综合分析市场竞争大环境的变化后再作结论。如果企业某险种的市场总需求量增加40%，而其保费收入却只增加6%，也不能说明取得了好的营销效果。营销市场份额分析包括对潜在营销市场份额、有效营销市场份额、合格营销市场份额与已渗透营销市场份额的分析。

3. 保户态度跟踪分析

保户态度跟踪分析是一种定性的营销控制手段，是指通过建立专门机构来追踪保户对本企业险种及服务的态度。对保户态度进行跟踪分析时，通常采用的方式有：

(1) 意见和建议制度。即收集来自保户的各种口头和书面意见与建议，将其汇总成册，并提交管理者，管理者再根据所反映意见的集中程度进行原因分析，制订相应措施；

(2) 保户调查。是指定期向随机抽取的保户送调查表，请他们对公司员工及营销员的服务态度、险种等作出评价，并将其反馈给管理者；

(3) 保户固定样本调查小组。即选定某些保户作为固定调查对象，让他们定期通过电话或邮寄调查表的方式陈述自己对公司提供的险种和服务的看法。

保户态度跟踪分析是通过保户的反应态度来评价企业营销绩效的，它较之企业内部的各种自我分析更有意义。

4. 营销费用率分析

营销费用率分析是营销管理者在进行营销费用分析时最常用的方法。营销费用是从事营销活动的各种职能所发生的费用支出，如广告、营销调研、推销等支出。营销费用率是指营销费用与销售额的比率，如广告支出与销售额之比、营销调研与销售额之比等。可用于营销费用率分析的指标有：每售出 1 000 元保险金额的营销费用比率；每 1 000 元新保费收入的营销费用比率；每 1 000 元续保保费收入的营销费用比率；收到每份投保申请的营销费用比率；签发每份保单的营销费用比率等。营销费用率分析能使营销管理者确定各营销职能领域在促销中发生的费用情况，从而找出潜在的经营问题。

（二）盈利性分析

盈利性分析是确定公司盈利或亏损状况的过程。主要用于测定各类险种在不同地区，不同营销市场，通过不同分销渠道销售的获利能力，以确定实施的营销策略的有效性，并帮助市场营销管理者决定哪些险种、哪些细分市场应予以扩大，哪些应缩减以至放弃。例如，一家寿险公司可以利用盈利性分析来衡量某一地区、代理机构、代理人、险种、险种系列、分销渠道或某一客户细分的盈利情况。如果需要修正、维持、扩张、减少或放弃任何营销活动或经营，管理者就可以运用这些信息作出决策。

（三）保险营销审计

保险营销审计是从更广泛的角度检查保险公司的营销活动，是对于企业的营销环境、目标、策略、方法、行动步骤、组织结构及人员进行系统性考核及评价，以便确定营销活动的难点所在，寻求新的营销机会，并提出行动计划与建议。

1. 保险营销审计的特征

相对于其他两种营销控制的方法，保险营销审计具有全面性、系统性、独立性与定期性的特征。保险营销审计的全面性，表现在它是涵盖影响企业营销业绩的所有因素的审计，而并不局限于保险营销活动中出现的某些问题的审计。例如，企业的营销队伍不稳定，营销员脱落率比较高，其原因可能并不仅仅是待遇过低或培训不力，可能包括公司险种老化、管理混乱、促销手段有误等因素。全面审计有助于发现真正的营销问题所在。保险营销审计的系统性，在于它是按设计好的、有序的、连续的步骤来审查、分析一个机构的营销活动具体包括营销环境、内部营销制度和各种具体的营销活动，以及在此基础上制定的调整行动方案。保险营销审计的系统性和独立性在于它主要是由外部商业顾问等有经验的、独立的权威机构来进行，也可能由一组公司人员和外部顾问共同进行。由于局外人与企业无任何利害关系，故独立性和客观性最强。最后，保险营销审计通常定期且经常性地进行，通过营销审计，可以随时把握问题的影响程度并及早采取调整措施，而不至于一味地对陷于困难的营销活动作被动应付。

2. 保险营销审计的程序

保险营销审计的程序可分为六个步骤：（1）选定审计主体，即确定是营销管理者自我审计，还是企业内部的审计部门和审计人员审计，甚至是企业外界有资格的审计专家审计。（2）确定审计时间，即审计的次数，每次审计的具体时间及各次审计的间隔时间。（3）界定审计范围，即是横向审计还是纵向审计。横向审计是指对营销活动的全部内容（包括险种、费率、促销、分销等的组合）进行审计，从中发现影响营销绩效各因素的相互关系与相对重要程度；纵向审计是就营销活动的某一方面进行的深层分析，如对分销渠道的审计。（4）设计审计表格，列出审计的范围以及进行评审需要了解的详细内容。审计表格通常采用问卷的形式。（5）进行评审工作，提出审计报告，揭示实质性问题并提出建设性意见。（6）提交终审报告。将审计报告交给有关管理部门，以便对营销审计结果作出合理反应。

3. 保险营销审计的内容

保险营销审计应尽可能全面，以便保险公司能找出最有效的行动计划。一个保险公司的营销审计至少应该考虑如下问题：（1）总体营销方向。包括过去、现在与将来财务业绩数据，如新保费和续保保费、市场份额、失效率和净利润。（2）营销市场。公司要辨别主要市场，并判定其对市场进行渗透的有效性，谁是公司的营销对象？大宗业务份额是否来自一些特殊的人口统计群体？平均保单的规模或售给各种人口统计群体的每份保单的平均保费是多少？（3）险种。由公司营销员推销的险种是什么？公司险种组合的趋势是什么？这些趋势可能产生的影响是什么？公司每一类保单的平均保费和保额是多少？（4）分销渠道。在各种分销渠道中，公司的效果如何？公司代理人的忠实程度如何？公司未来的营销模式如何？（5）保户招揽的费用。总营销成本中的多大比例是用于对推销人员的补偿、外勤管理者补偿、外勤操作费用和总部营销费用引起的？（6）补偿。补偿是成本的关键因素，但更重要的是，它是公司激励推销人员的最重要工具之一。补偿包括对直销人员的补偿与营销人员的补偿，以确定他们对补偿计划的态度，从而向调查者提供一个有价值的观察问题的角度，弄清楚公司的补偿计划在多大程度上能激励推销人员。（7）培训。评估提供给各层分销渠道的培训，包括基础知识培训、推销技能培训、外勤管理培训，同时还要评估营销人员对其所受培训的实施效果。（8）销售支持。通过推销人员的眼睛来评价公司所提供的销售支持的质量和重要性，如计算机和软件、各种说明书、核保指南、签发保单、先进的销售支持以及客户服务等。（9）保户关系。确定保户对公司的看法以及公司和推销人员如何较好地满足保户的需求，如他们对公司的联络方式看法如何？他们的代理人是否与他们保持联系？（10）营销组织结构。包括营销结构、通讯联络及各职能部门之间的合作。

本章小结

保险企业可以制定科学合理的保险策略计划和保险营销计划来指导工作。保险营销计划从时间跨度上可以分为长期计划、中期计划和短期计划；从功能上可以分为销售计划、广告计划、促销计划、新险种开发计划等。

保险营销计划的内容主要包括保险计划实施纲要、保险营销形式分析、机会与问题分析、营销目标、营销策略、战术和行动方案、预算、评估与控制等。

在执行保险营销计划时，要制定保险营销行动方案、建立保险营销组织结构、设计保险营销决策和报酬制度、开发人力资源、建设保险公司文化等。保险机构可以按职能或者按险种等设置保险营销组织。

保险机构可以对照行业标准、本企业历史最好水平、本企业预期标准等衡量保险营销绩效，可以采用年度计划执行分析、盈利性分析、保险营销审计等进行控制。

本章关键词

保险营销计划　　保险营销目标　　保险营销组织　　保险营销执行　　保险营销控制

复习思考题

1. 保险营销计划有哪些种类？
2. 保险营销计划的主要内容有哪些？
3. 保险营销计划的执行主要包括哪些内容？
4. 保险营销计划绩效衡量标准有哪些？
5. 如何控制保险营销活动？

第十二章

互联网保险营销

学习目标
- 理解互联网保险的概念及特点
- 了解我国互联网保险的发展历程
- 熟悉互联网保险的运营模式
- 熟悉互联网保险的相关监管政策

第一节　互联网保险的概念及特点

一、互联网保险的概念

中国保险行业首个国家标准《保险术语（GB/T 36687—2018）》中对互联网保险的定义是保险机构依托互联网和移动通信等技术，通过自营网络平台、第三方网络平台等订立保险合同、提供保险服务的方式。随着互联网等技术在保险行业的不断深入运用，互联网保险业务作为保险销售与服务的一种新形态，深刻影响了保险业态和保险监管。为有效防范化解风险，保护消费者权益，推动互联网保险业务高质量发展，中国银保监会于 2020 年修订并颁布了《互联网保险业务监管办法》（以下简称《办法》）。《办法》根据互联网保险业务本质和发展规律，明确了"互联网保险业务"的定义，即"保险机构依托互联网订立保险合同、提供保险服务的保险经营活动"。其中，保险机构是指保险公司（含相互保险组织和互联网保险公司）和保险中介机构。《办法》对互联网保险产品的定义为保险机构通过互联网销售的保险产品。

中国互联网络信息中心发布的第 52 次《中国互联网络发展状况统计报告》显示，截至 2023 年 6 月，我国网民规模达 10.79 亿人，较 2022 年 12 月增长 1 109 万人，互联网普及率达 76.4%。即时通信、网络视频、短视频用户规模分别达 10.47 亿人、10.44 亿人和 10.26 亿人，用户使用率分别为 97.1%、96.8% 和 95.2%。网民在互联网普及使用的大环境下，已经具备线上操作的基本技能，并逐步形成对网络平台的使用习惯和依赖性。随着各类互联网应用的快速发展，消费者行为逐渐向线上迁徙，互联网越来越成为网民日常工作、生活、学习中必不可少的组成部分，人们对网络的依赖程度越来越高。在保险消费方面，投保人按照日常对互联网的使用习惯，自然而然也会选择在互联网上去进行保险产品的搜索、比对、投保、理赔。特别是在后疫情时代，消费者消费习惯更多由线下转移到线上，线上公众号、订阅号、社交平台、短视频的保险宣传有效促进大众风险保障意识的提升，加强消费者对保险行业的关注度。互联网时代，在消费者的行为方式以及心理特征发生了明显变化的情况下，保险机构必须精准把握好时代的变化，把握好环境特征的变化以及客户的消费习惯变化，因此保险机构业务运营的互联网思维和技术转型，是适应消费者的互联网化习惯的必然结果。

传统的保险业务主要通过直销渠道业务员、公司柜台，或是通过代理人、经纪人等中介机构来完成交易。而互联网保险实现了保险产品的宣传推广、投保、缴费、承保、保单查询、保单保全、理赔等过程的网络化。随着互联网技术在保险行业的不断渗透，互联网保险不仅仅实现了销售渠道的互联网化，充分利用互联网技术，还实现了场景化、O2O 等商业模式的创新。随着大数据、区块链、人工智能等技术在保险行业的应用，对互联网保险的产品、营销及服务的创新发挥着重要作用,推动互联网保险的快速发展。

二、互联网保险的特点

互联网保险的本质还是保险,同样具备风险保障和管理的核心功能。与传统的保险业务相比,互联网保险主要具有以下特点。

(一)投保流程简易化

保险公司开展互联网保险业务,一般会选择形态简单、条款简洁、责任清晰的产品,投保告知事项和产品介绍内容都比较简单易懂,投保环节的便利性更能吸引消费者选择线上投保。依托互联网平台,消费者还可以跨时间、跨地域地在网络平台进行保险信息咨询、实现投保全流程的线上操作,甚至理赔环节也可以实现网上完成,为消费者提供了购买保险和获取服务的便利渠道,解决了既往买保险难、理赔烦琐的痛点。

(二)节约销售成本

借助互联网技术,实现投保人与保险公司的直接交易,减少中介渠道的销售成本,从而大幅降低了经营成本。通过互联网技术接口和服务模块的嵌入来实现场景化保险的获客,降低了获客的成本和提高了获客的效率。因此,互联网线上保险产品价格较线下销售的优惠,价格优势也是互联网保险吸引消费者的重要原因。

(三)产品创新

在互联网保险的发展初期,保险公司借助互联网平台把传统的保险产品搬至网络上销售,这属于简单的互联网销售渠道。伴随着电子商务在保险业的发展,利用大数据、移动互联网、区块链等互联网技术,实现了互联网保险产品创新。例如,场景化的保险需求来自用户日常生活中的细节,离不开人们日常的衣食住行、吃喝玩乐,特别在O2O模式下快速发展的餐饮、旅游、上门服务、健康管理等行业的丰富场景,保险人与投保人通过某一特定场景的互动,产生了许多场景下的保险需求。与传统保险的保险期限长、保障全面、长期规划相对应,改变了传统产品"大而全"的特点,场景化互联网保险解决的是特定场景下短期的、专属的细分保险需求。随着移动互联网和人工智能的发展,互联网保险不仅仅停留在提供互联网渠道的订制保险产品,而是借助大数据分析精准定位实时场景或行为习惯来挖掘用户的实际需求,并提供个性化的保险产品。

(四)信息透明化

信息不对称一直是保险交易中的一大难题,互联网平台的信息公开化,如投保规则、保险责任的明细说明、保费自动计算功能使消费者可以更加清晰地进行产品查询和对比,降低了代理人的故意隐瞒风险。互联网保险在一定程度上减少了保险公司与客户之间的信息不对称问题。

三、我国互联网保险发展历程及现状

1997年年底,中国第一家保险网站——互联网保险公司信息网诞生,标志着我国保险业迈入了互联网之门。

2000年8月,太平洋保险公司开通了保险互联网系统(www.cpic.com.cn),平安保险公司上线了综合理财网站(www.pa18.com)。2000年9月,"泰康在线"开通,实现从保单设计、投保、核保、交费到后续服务的全程网络化。随后,多家保险公司纷纷触网开展互联网保险。2005年,《中华人民共和国电子签名法》的颁布,使我国互联网保险行业迎来了新的发展机遇。一批以保险中介和保险信息服务的保险网站如慧择网、优保网、向日葵网也陆续诞生。2013年,保险公司首次大规模地参加"双11"活动,国华人寿10分钟销售破亿元的骄人业绩引发了业界对互联网保险新的思路。在互联网保险的初级阶段,保险公司只是把传统的保险产品搬移至网络平台上销售,即传统保险的互联网化。

经过不断地探索和积累,各保险企业依托官方网站、保险超市、门户网站、O2O平台、第三方电子商务平台等多种方式开展互联网业务,逐步探索互联网业务管理模式。伴随着移动互联网的发展,2015年开始进入互联网保险的爆发期,除了传统保险的互联网化,互联网创新突破了时间、行业、产品的界限,探索客户需求定制服务,在各种生活场景中激发消费者的保险需求,并嵌入相应的场景化保险。互联网保险将迎来新一轮的发展热潮,它将围绕移动互联网开展全方位的保险业务,包括产品销售、保费支付、移动营销及客户维护服务等一系列业务活动。

中国保险行业协会发布《2022年上半年互联网财产保险发展分析报告》,2022年上半年,共计73家财产保险公司开展互联网业务,经营主体数量基本保持稳定。互联网财产保险累计保费收入530.4亿元,同比负增长1.4%。其中,互联网财产保险自营业务保费收入212.9亿元,占比40.1%;中介渠道保费收入306.8亿元,占比57.8%,其中保险专业代理渠道保费收入165.3亿元,占比31.2%;保险经纪人渠道保费收入141.5亿元,占比26.7%。总体来说,渠道结构相对均衡。

第二节 互联网保险的运作模式

一、保险公司自营网络平台直销模式

《办法》中对"自营网络平台"作了明确的界定,指保险机构为经营互联网保险业

务，依法设立的独立运营、享有完整数据权限的网络平台。保险机构分支机构以及与保险机构具有股权、人员等关联关系的非保险机构设立的网络平台，不属于自营网络平台。特别强调，保险机构开展互联网保险业务，应由总公司集中运营、统一管理，建立统一集中的业务平台、业务流程和管理制度。保险公司自营网络平台直销模式是指保险公司通过自建 B2C（Business-to-Custome）电子商务网站或者自营移动端（包括 App 和微信公众号），在官方网站或移动端实现保险产品宣传、投保、签发保单甚至理赔的整个保险业务过程。保险公司通过网站进行公司品牌和保险产品的宣传，引导消费者行为由被动推销转为主动购买，消费者通过网站信息详细地了解保险产品后，可直接在网上进行投保、保费支付和保单打印，提高交易效率。官网直销模式的另一亮点是节约成本，众所周知，官网直销渠道取消了中介环节，保险公司节约了销售成本并让利给消费者，即官网的产品价格低于传统渠道，这是最吸引消费者的地方。但是，也有部分消费者顾虑后续服务问题，没有了业务员，找谁提供服务呢？这就给保险公司的服务平台提出了更高的要求。只有建立起完善的服务体系，包括服务热线、客服机构、理赔机构，让消费者享受到无差异的服务，才能使消费者对官网产品充满信心。

目前，官网上的产品大部分是保险责任比较简单且对客户群风险筛选要求低的产品，如意外险、旅游险、家财险等短期保险。大部分是传统的保险产品，普遍存在同质化和创新不足的现象。

二、第三方平台模式

（一）网上保险超市

网上保险超市指第三方互联网保险平台，采用 B2C 的营销模式，类似于线下代理公司的角色，如慧择网。该保险平台和各家保险公司合作，对相关产品进行优化，与传统渠道产品相比具有一定的价格优势或者承保范围优势，客户可根据自身需求在网上进行各种产品的对比、筛选，选择合适的保险产品。该类平台的特点是产品具备优势，同时为客户提供闭环式的产品与服务。

（二）综合性电商

综合性电商主要是依靠其庞大流量平台的资源以及自身场景的优势建立起来的网络销售平台，如淘宝、携程网、京东商城。主要有以下两种合作模式：一是在综合性电商平台设立保险频道，如淘宝保险、网易保险等，电商平台绝对的流量优势将吸引用户关注保险频道的产品，并触发购买行为；二是产品合作模式，主要针对电商平台的零售和金融业务等消费生态圈中的互联网场景，开发创新的特色产品，具有代表性的有淘宝与众安、泰康合作推出的众乐宝、参聚险等。

三、互联网保险公司模式

互联网保险公司是指经保监会批准设立，依托互联网和移动通信等互联网线上技术，保险业务全程在线，完全通过互联网线上进行承保和理赔服务的保险从业公司。自2013年开始，中国保监会有序推进专业互联网保险公司试点。2013年11月，首家专业互联网保险公司——众安保险开业。随后，安心财险、泰康在线、易安财险相继获批成立。经营范围主要包括货运险、信用保证保险、意外险、健康险、家财险、企财险等。各家公司的业务类型与其股东的背景密切相关，往往依托关联的产业进行保险业务的融合创新。

互联网保险公司依托互联网平台，其组织架构、营销模式、产品设计、定价模式等都有别于传统保险公司。互联网保险公司的主要特征如下：

（1）互联网保险公司服务成本低。一方面，互联网保险公司通常不设置分支机构，降低了线下布局成本与内部沟通成本；另一方面，互联网保险公司的大量业务环节都在线上完成，利用数字技术代替了大量纸质材料和人工作业，降低了保险公司的运营成本。互联网保险公司线上经营方式节约了很大一部分成本，使其可以为客户提供更优质的保险产品，利用价格优势确定目标客户。

（2）互联网保险公司产品可触达性高。在展业环节，互联网保险公司运用数字技术减少对传统保险代理人的依赖，使得保险产品可触达性更高。互联网保险公司的展业渠道包括线上网站、手机App、微信公众号、合作的第三方互联网平台等。在这些渠道中，互联网保险公司一方面应用大数据技术分析客户多维度数据，识别客户需求，从而开展产品的定点投放和精准推荐，提升展业效率的同时降低获客成本；另一方面推出可以全天候响应客户的智能保险顾问或线上咨询团队，根据客户的实际需求为其提供解决方案，保证客户的有效转化。

（3）互联网保险公司面临严格的监管约束。互联网保险公司在对产品设计与定价、展业、核保、理赔等各个环节进行数字化重塑的同时，也加强了业务的虚拟性，给风险管控、客户服务等带来了新的挑战。为了规范互联网保险公司的经营行为、保护保险消费者合法权益，银保监会于2020年发布了《互联网保险业务监管办法》，明确了"机构持牌"的原则，从互联网保险产品开发定价、信息披露、服务经营等方面对互联网保险公司提出了新的要求。同时，互联网保险公司需要具有完善的网络安全监测机制和网络安全防护手段，具有支持互联网保险业务运营的信息管理系统和核心业务系统，具有合法合规的营销模式，从而建立满足互联网保险经营需求的运营和服务体系。

以众安在线财产保险股份有限公司为例，注册资本金为10亿元人民币，由阿里巴巴、腾讯、平安等国内知名企业发起。它是国内第一家完全线上化的财产保险公司，实现了产品筛选、电子投保、理赔服务等一整套完善的业务模型，公司基于"服务互联网"的宗旨，尝试为所有互联网经济参与者提供保障和服务。众安在公司架构上，没有线下团队，管理人员采用扁平架构与产品导向的团队模式，从总经理到产品经理垂直化管理；产品方面，众安保险的第一款产品——众乐宝，即是基于淘宝的商家保证金开发，以及作为公司业务发展的助推器——退货运费险，依托于电商场景，是一款以淘宝退货运费为保险标的的产品。众安以科技服务新生代，提供个性化、定制化、智能化的新保险。

专栏 12-1

众安保险携手抖音"华彩传承晚会"，春节营销如何提升品牌国民度？

2023 年春节，众安保险跨界总冠抖音春节直播 IP"华彩传承夜"，再次展开了一场全方位的品效营销。据观察，这场春节营销不只春节期间收益可观，还对品牌的发展产生了深远影响。

1. 从传统文化到人间众安，众安保险独辟蹊径传递品牌温度

"华彩传承夜"是聚焦中国传统文化的主题晚会，也是抖音直播的年度重磅 IP。它为观众呈现了一场国潮视听盛宴，晚会的观看人数超 3 588 万，平台播放量达到 1.4 亿，在全网创下多达 9 个热点话题，获得了很高的国民关注度。

众安保险携手"华彩传承夜"，是基于企业对传统文化传承事业的支持，并以实际行动让这份支持落地生根。只因传统文化枝繁叶茂的同时，也是人间众安的美好景象，而这恰是众安保险的品牌使命所在——温暖守护，人间众安。

众安保险与"华彩传承夜"的默契值满分，加上春节传统文化氛围浓厚，双方联手是众望所归，也是独辟蹊径，还是天时地利。但春节营销扎堆，信息爆炸，众安保险的春节营销又是如何脱颖而出的呢？

2. 深度融合晚会营销，沉淀品牌资产。

（1）锚定传统 IP，辐射核心目标人群

"华彩传承夜"以"古韵焕新"为主题，以戏曲、传统乐器、民族舞蹈、国风原创音乐等传统表演为主，并结合高科技手段，让传统文化大放异彩。以传统文化为内核的"华彩传承夜"，从官宣之日起便深受粉丝关注。更关键的是，它的受众群体主要聚集在 30 岁以上，恰好也是众安保险的核心目标人群。

（2）晚会场景共创，传递众安与守护的品牌好感。

手握精准流量已然占得先机，但众安保险的春节营销绝不是粗放式流量思路，而是深度融入晚会的内容和互动当中。

> 晚会一开始就种下了一颗华彩云杉的种子，在晚会进程中网友发送"传承华彩云杉，守护人间众安"的弹幕，就能参与众安保险的抽奖互动。以中国式的浪漫互动，加深了观众对传统文化的传承参与感，同时也在用户心里留下了人间众安的种子。
>
> 3. 系统化合作晚会嘉宾，深度植入新品营销
>
> 作为总冠，众安保险对"华彩传承夜"的借势营销是多方位的，不止传递品牌温暖质感，还有2023年度重点新品营销。
>
> 春节是保险消费旺季，众安保险抓住契机，联动晚会重磅嘉宾龚琳娜老师展开了节奏化、系统化的新品营销。
>
> 4. 晚会宣发、播出全程传播曝光，带动品牌出圈
>
> 从华彩传承晚会预热开始，众安保险就与明星预告视频"同框"，醒目的logo全程抓取用户视线。在预热期H5中还设置了"众安官抖关注"的互动任务，在品牌专区直效导流百万医疗23尊享版产品页。
>
> 5. 晚会全程互动，助力品牌IP成长
>
> 除了传播、互动、转化、带货之外，众安保险还借势晚会成功推广了品牌自有IP-阿众。
>
> 资料来源：https://www.163.com/dy/article/I226NVR40519H0JE.html。

四、场景化互联网保险模式

随着互联网新技术的发展，如大数据技术、移动互联网、O2O营销模式的普及应用，在一定程度上改变了人们的购买习惯，部分交易实现了从线下转至线上，商家开始着力于线上推广，从而衍生出诸多的场景化保险需求。场景化的互联网保险是指在对用户数据充分挖掘的基础上，在由时间、空间、地理位置、相关人员和相互关系的特定场景下，理解和判断用户需求、情感和态度，通过与用户交流，为用户提供合适的创意产品或服务的一种精准商业行为。

关于场景化互联网保险的主要来源，一是传统渠道线下场景模式向线上的转移。基于互联网技术进步产生交易模式的变化，交易的便利、优惠的价格和人性化的用户体验吸引人们的消费行为逐渐向线上转移，各传统渠道的商家纷纷建立线上平台，在此基础上，传统渠道的线下场景化保险获客场景也移至线上，如机票售票点代理捆绑销售航空意外险，旅行社代理捆绑销售旅游意外险，相应的传统渠道场景化保险也随之嵌入线上的场景化环节，满足各场景下消费者的购买需求。二是场景的细分触发了大量的碎片化

保险需求。基于场景化，保险公司根据投保人实时场景的痛点来挖掘用户的保险需求，并提供个性化的保险产品和服务。

区别于传统的保险业务，场景化互联网保险具有以下特点。

1. 碎片化

大部分场景化互联网保险的需求来自用户日常生活中的细节，离不开人们日常的衣食住行、吃喝玩乐，特别在 O2O 模式下快速发展的餐饮、旅游、上门服务、健康管理等行业的丰富场景，保险人与投保人通过某一特定场景的互动，产生了许多场景下的保险需求。与传统保险的保险期限长、保障全面、长期规划相对应，场景化更注重的是特定场景下短期的、专属的细分保险需求。

2. 个性化

目前，场景化互联网保险的产品和服务是根据线上交易的场景来开发的，大部分属于生活类型，匹配交易时有可能产生的风险来进行产品设计。随着移动互联网和人工智能的发展，场景化互联网保险不仅仅停留在提供互联网渠道的订制保险产品，而是借助大数据分析精准定位实时场景或行为习惯来挖掘用户的实际需求，并提供个性化的保险产品。

3. 获客成本低

通过互联网技术接口和服务模块的嵌入来实现场景化保险的获客，降低了获客成本和提高了获客效率。借助互联网技术，实现了投保人与保险公司的直接交易，减少了中介渠道的销售成本，从而大幅降低了经营成本。

4. 趣味性和情感性

为了提高网络平台的活跃度和新鲜感，互联网商家往往通过诙谐有趣的产品和服务来引起用户的兴趣，达到提高点击流量、激发用户消费需求、提高客户黏性的目的。例如，带有噱头的加班险、恶劣天气打车补贴险、送餐延误险等不但听起来具有一定的趣味性，而且给用户带来情感关怀。

互联网保险中面临着获客的瓶颈，除部分消费者刚需的保险产品外，消费者对保险的需求仍未被激活。在互联网经济中，大多数的保险需求存在于场景中，因此挖掘场景下的保险需求和寻求合作伙伴成为互联网保险发展的快速通道，退货运费险就是互联网场景化保险的典型案例。

第三节　互联网保险的相关监管政策

《保险法》第一百三十三条规定："保险监督管理机构依照本法和国务院规定的职责，

遵循依法、公开、公正的原则，对保险业实施监督管理，维护保险市场秩序，保护投保人、被保险人和受益人的合法权益。"随着互联网技术在保险行业的不断深入运用，互联网保险业务作为保险销售与服务的一种新形态，深刻影响了保险业态和保险监管。为规范互联网保险业务，有效防范风险，保护消费者合法权益，提升保险业服务实体经济和社会民生的水平，国家监督管理部门先后出台了多份相关文件，从不同维度对互联网保险进行规范管理，指引互联网保险的健康发展。以下是近年的几个重要文件及内容。

(1) 2020年，银保监会下发《关于推进财产保险业务线上化发展的指导意见》。随着新一代信息技术加速发展，科技赋能带动财产保险行业持续转型升级，财产保险业务线上化成为加快财产保险高质量发展的最具活力的因素之一。文件明确，到2022年车险、农险、意外险、短期意健险、家财险等业务领域线上化率达到80%以上，其他领域线上化水平显著提高，鼓励具备条件的公司探索保险服务全流程线上化。探索无接触式核保核赔，运用生物科技、图像识别、人工智能、大数据等技术，采取视频连线、远程认证等手段，探索推进非现场验标查勘，切实做到应保尽保快保、应赔尽赔快赔。

(2) 2020年6月，银保监会印发了《关于规范互联网保险销售行为可回溯管理的通知》。该文件的重点在于充分保障消费者的知情权、自主选择权和公平交易权。尽管互联网技术提高了投保的便利性，但互联网保险销售时强调"消费体验"，忽略保险产品信息披露和条款提示说明义务，导致"投保容易、理赔难"以及"强制搭售""被投保"等行业痼疾在互联网保险领域屡禁不止，消费者权益得不到保障。文件要求销售页面应对保险产品进行充分说明，披露信息准确、完整，保障消费者知情权；应充分尊重消费者意愿，由投保人自主确认已阅读后，进入投保流程，确保投保行为是消费者本人的真实意思表示，保障消费者自主选择权；不得设置违反公平原则的交易条件，应设置单独页面向投保人展示说明免除保险人责任等重要条款，保障消费者公平交易权。

文件聚焦互联网保险销售页面管理和销售过程记录，明确互联网保险销售环节、页面内容和互动方式，创新销售页面版本管理机制，应对互联网背景下由于保险销售页面不断迭代更新带来的取证难问题；创新销售过程记录，细化对于"操作轨迹"的认定与保存，避免保险机构以晦涩的软件代码应对检查。制定互联网保险销售行为可回溯制度，严格管控销售页面，可以实现销售行为可还原，有效遏制销售误导，保护消费者合法权益。

(3) 2020年12月，银保监会发布《互联网保险业务监管办法》，重点规范内容包括：厘清互联网保险业务本质，明确制度适用和衔接政策；规定互联网保险业务经营要求，强化持牌经营原则，定义持牌机构自营网络平台，规定持牌机构经营条件，明确非持牌机构禁止行为；规范保险营销宣传行为，规定管理要求和业务行为标准；全流程规范售后服务,改善消费体验;按经营主体分类监管,在规定"基本业务规则"的基础上,针对互联网保险公司、保险公司、保险中介机构、互联网企业代理保险业务,分别规定了"特别业务规则";创新完善监管政策和制度措施,做好政策实施过渡安排。

(4) 2021年10月,银保监会发布《关于进一步规范保险机构互联网人身保险业务有关事项的通知》,对互联网保险业务的销售、保全、理赔服务能力和水平作出了更为细致的要求,为互联网保险服务水平提升提供了制度约束和保障。文件包括三个方面的内容:一是明确互联网人身保险业务经营条件。满足偿付能力充足、综合评级良好、准备金提取充分、公司治理合格相关要求的保险公司,可以在全国范围内开展互联网人身保险业务。同时,细化了保险公司开展互联网人身保险业务所需技术能力、运营能力和服务能力。二是实施互联网人身保险业务专属管理。明确保险公司可通过互联网开展的人身保险业务范围包括:意外险、健康险(除护理险)、定期寿险、十年期及以上普通型人寿保险和十年期及以上普通型年金保险及中国银保监会规定的其他产品。细化互联网人身保险产品专属监管规则,包括特殊的产品定价和精算规则,专门的产品审批备案要求等。完善互联网渠道业务监管规则,重点解决互联网保险服务不到位、产品不适当、核保"空心化"等问题。三是加强和改进互联网人身保险业务监管。首次实施定价回溯监管,要求保险公司定期回溯实际经营结果与定价假设偏离情况,并引入主动调整、公开披露和主动上报机制。建立登记披露机制,要求保险公司每年对照《通知》要求,主动登记互联网人身保险经营险种范围,并向社会披露。建立问题产品事后处置机制,对于查实确有缺陷的互联网人身保险产品,要求保险公司公告并整改。

(5) 2023年9月,国家金融监督管理总局发布《保险销售行为管理办法》,内容包括总则、保险销售前行为管理、保险销售中行为管理、保险销售后行为管理、监督管理、附则。

该文件规定保险公司、保险中介机构以互联网方式销售保险产品的,应当向对方当事人提示本机构足以识别的名称。通过互联网开展保险销售的,可以通过互联网保险销售行为可回溯方式确认投保人投保意愿,并符合监管制度规定。

各项关于互联网保险的政策实施,规范了市场秩序、防范经营风险,促进公平竞争,切实保护保险消费者合法权益。

专栏12-2

关于防范保险销售误导的风险提示

保险销售误导是指保险公司、保险代理机构、保险销售人员在保险销售业务活动中,违反法律法规和有关规定,通过欺骗、隐瞒或者诱导的方式,对保险产品的情况作引人误解的宣传或者说明的行为。

销售误导行为侵害消费者的知情权、自主选择权和公平交易权等权利。

表现一：隐瞒、混淆产品信息误导消费者。故意隐瞒保险产品属性，将具有相近保险责任的产品进行混淆，或混淆保险产品和其他理财产品，侵害消费者的知情权。比如以银行理财产品、银行存款、证券投资基金份额等其他金融产品的名义宣传销售保险产品；或者使用保险产品的分红率、结算利率等比率性指标，与银行存款利率、国债利率等其他金融产品收益率进行简单对比，给消费者造成误导，容易引发理赔争议或退保纠纷。

表现二：暗藏搭售误导消费者。在保险产品销售过程中，个别销售人员为提高销售业绩，以折扣优惠、公司规定、核保政策为由，变相误导消费者盲目投保高保额产品。也有部分网页、App操作页面，以默认勾选、强制勾选等方式捆绑搭售，强制要求消费者购买非必要的产品或服务等，侵害了消费者自主选择权。

表现三：夸大保险责任或承诺保证收益误导消费者。在保险产品营销过程中，个别销售人员介绍保险责任时断章取义、避重就轻，夸大保险责任范围，弱化保险责任免除等关键信息。比如向投保人口头承诺"什么都能赔"，故意曲解保障范围误导消费者，给消费者理赔埋下隐患；或在销售分红险、投资连结险、万能险等人身保险新型产品时，存在只强调"高收益"而不展示不利信息、承诺保证收益等虚假宣传行为。

针对保险销售误导行为，中国银保监会不断完善制度、强化监管力度，联动相关单位齐抓共管，有力整治突破道德底线、漠视群众利益的行为。同时，中国银保监会消保局提示保险消费者：在购买保险产品时，不盲目跟风、不随意委托、不轻信"代理退保""代理维权"，谨防销售误导风险。

1. 不盲目跟风，确认保险合同内容后再投保

保险合同是投保人与保险公司订立的约定保险权利义务关系的协议。保险产品所提供的保障范围以合同条款中的保险责任为准，建议消费者根据自身保险需求，认真了解拟购买保险产品的承保机构、保障范围、除外责任、保费、保险金赔偿或给付条件等，选择最适合自己需求、风险承受能力和经济实力的保险产品。注意防范营销过程中混淆、模糊、夸大保险责任等风险。此外，在投保时，无论是线下投保或是线上投保，缴费前一定要仔细核对投保险种，在了解合同重要条款后再投保。

2. 不随意委托，注意保护个人信息安全

消费者在选择和购买保险产品时，不要随意委托他人办理投保，不要随意签字授权，注意保管好重要证件、账号密码、验证码、人脸识别等个人信息，线上、线下投保务必做到本人确认，谨慎对待签字、授权、付费等重要环节，确保自己了解所签署或授权的协议内容。

3. 不轻信"代理退保""代理维权"，选择合法合理途径维权

如您对保险产品或服务有异议，或在购买保险过程中存在纠纷等，要注意保留相应证据，及时向保险公司投诉，或向行业调解组织申请调解，必要时还可以根据合同约定，申请仲裁或向法院起诉。通过正常渠道用法律武器维护自身权益，不轻信"代理维权""代理退保"等虚假承诺，不参与违背合同约定、提供虚假信息、编造事实的不法行为。

资料来源：国家金融监督管理总局，2022-09-06，https://www.cbirc.gov.cn/cn/view/pages/ItemDetail.html?docId=1071136&itemId=915&generaltype=0。

本章小结

中国银保监会于2020年修订并颁布了《互联网保险业务监管办法》（以下简称《办法》）。《办法》根据互联网保险业务本质和发展规律，明确了"互联网保险业务"的定义，即"保险机构依托互联网订立保险合同、提供保险服务的保险经营活动。"其中，保险机构是指保险公司（含相互保险组织和互联网保险公司）和保险中介机构。《办法》对"互联网保险产品"也作了定义，即"保险机构通过互联网销售的保险产品"。

互联网保险具有投保流程简易化、节约销售成本、产品创新、信息透明化的特点。

互联网保险的运作模式包括保险公司官网直销模式、第三方平台模式、互联网保险公司模式、场景化互联网保险模式。

本章关键词

互联网保险　官网直销模式　第三方平台模式　互联网保险公司模式　场景化互联网保险模式

复习思考题

1. 互联网保险具有哪些特点？

2. 互联网保险有哪些运作模式?
3. 互联网保险公司与传统保险公司在运营上有哪些区别?
4. 请举例描述场景化互联网保险的运作。

第十三章

保险营销员业务技能与职业道德

学习目标
- 掌握保险展业的基本流程
- 掌握保险计划书的写作技巧
- 熟悉保险计划书的说明
- 了解保险营销员的职业道德要求

第一节　保险展业流程

保险展业即推销保险的过程，是保险营销人员引导具有保险潜在需要的人购买保险的行为，是保险营销工作的重点。一般的保险展业流程包括六个步骤：寻找准客户、瞄准客户市场、邀约准客户、制定拜访计划、拜访准客户和归档准客户资料。如图 13-1 所示。

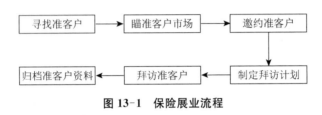

图 13-1　保险展业流程

一、寻找准客户

（一）准客户具备的一般条件

准客户在现代企业经营中具有举足轻重的地位。只有赢得准客户，才能赢得市场，从而在竞争中获胜并推动企业和企业经营者的发展。作为以人为本的保险业更是如此。同时，保险作为一种特殊商品，并不是所有人都可以买的，要成为保险公司的准客户，必须符合一定条件。

1. 有保险需要的人

（1）经商者一般有着丰厚的收入，但不能保证日后仍然是财源滚滚。他们可能会在年轻力壮能挣大钱的时候购买保险，以此为家人保存事业资产。（2）中年人群上有老，下有小，是家庭的经济支柱，因此可能会购买保险，以筹措养老的资金，或者保障家人在主要财务来源者身故后能维持生活所需。（3）新婚夫妇可能需要购买保险，以便在自己遭遇不幸之时，保障心爱之人的幸福生活。（4）初为人父的人可能需要购买保险，以便为孩子留下一份永恒的爱心，为孩子的将来铺路架桥，如教育费、婚嫁费等。

一般而言，保险的保障功能是其他金融产品无法替代的，具有较强保险意识的人都可以通过购买保险来转嫁风险，从而成为保险公司的客户；保险的其他功能对部分消费者也具有一定的作用和吸引力，消费者可以通过购买保险以获得其他满足，从而成为保险公司的客户。

2. 有决定权的人

应该说，每个人都有保险的需要，特别是寿险。但除了有购买寿险的需要，他还必须是有决定权的人。观察一下保险的购买过程，不难发现常常会有这种现象：保险的决策者、购买者、使用者、影响决策者，往往不是同一个人。以少儿保险为例，爸爸可能是决策者，妈妈可能是购买者，孩子是被保险人。这里的爸爸是决策者，是有决定权的人，正是营销员要关注的对象。

3. 具有保险利益的人

哪些人可以作为保险公司的准客户呢？首先，他必须具有保险利益。并不是任何人都可以成为保险保障对象的，只有具有保险利益的人才能成为合格的准客户。所谓保险利益，是指投保人对保险标的具有法律上承认的经济利益。以人身保险为例，《保险法》(2015)第三十一条规定，投保人对下列人员具有保险利益：（一）本人；（二）配偶、子女、父母；（三）前项以外与投保人有抚养、赡养或者扶养关系的家庭其他成员、近亲属；（四）与投保人有劳动关系的劳动者。除前款规定外，被保险人同意投保人为其订立合同的，视为投保人对被保险人具有保险利益。订立合同时，投保人对被保险人不具有保险利益的，合同无效。保险利益原则是推销保险时应当首先考虑的原则，也是保险公司在寻找准客户时应牢记的原则。

4. 付得起保费的人

保险实质上是一种"一人为众，众为一人"的互助行为，希望拥有它的人当然要付出一定的代价才能获得。所以，保险公司的准客户应该是付得起保费的人。因此，即使急需投保的人，如果没有支付保费的能力，也无法成为推销的对象。缴纳保险费是合同生效的必要条件。理想的准客户应该具有支付足够保费的经济能力。保险不等于救济，保险是有代价的。从这一角度来说，理想的准客户应当是有能力支付保费并且愿意购买保险这种特殊商品的人。

5. 易接触的人

做保险推销，毕竟是跟人打交道，所以，开展这项业务首先得找到面谈对象，事实上，不是所有人都可以接近的。因为人的性格、家庭背景、受教育程度和工作经历等各不相同，从而决定了人们的思维方式及处事习惯的差异。即使对方符合投保条件，若是蛮不讲理、吹毛求疵的话，推销保险也不易成功。因此，应该找比较容易接近的人，以提高推销成功的可能性。

6. 能通过公司核保的人

以寿险为例，寿险的最大特点就是保险对象的独特性。也就是说，人寿保险所承保的死亡危险随着年龄的增长而增大，健康体和非健康体都存在，一般危险和职业危险并存。因此，为了维护各被保险个体之间的公平性，应该计算出公平合理的费率，对于具有较高危险因素的被保险人，依其危险程度的大小交付更多的保险费，使各个保险个体之间增加公开性，不因某一个体危险因素高而损害其他被保险个体的利益。另外，保险业遵循大数法则来运作，只有绝大多数被保险人在缴费期内都处于健康状态，都能按期续交保费，才能真正发挥人寿保险"一人为众，众为一人"的作用。正是由于这个原因，保险公司设立了对被保险人进行健康状况体检的规定，同样要求希望参加人寿保险的人通过公司的核保。只有身体健康并通过核保的人方能购买寿险。

由上述分析可知，要找准客户是很复杂的，要经过一系列的挑选与审核。

（二）寻找准客户的一般方法

寻找准客户有一些切实可行的方法，只要能灵活运用，寻找到准客户还是比较简单的。

1. 善于利用人际关系网

中国是一个特别讲究人际关系、重人情的国家。家族、亲族关系十分紧密、牢靠，往往是突破了一个人，就会连片突破，所以，保险营销要特别注重利用人际关系去开拓自己的准客户群。

2. 随时随地发现准客户

一个人的关系毕竟有限，如果仅仅局限于周围的人，这个营销员肯定不能成为一个成功的营销员。要突破这个局限，唯有从陌生人中开发。这才是真正的准客户开拓。营销员一定要学会在各种场合养成随时随地发现准客户的习惯，学校、医院、机关等人群聚集的地方，都是开发准客户的较好场所。各种社交活动如餐会、同学会、读书会、股市讲座、舞会等，更是交朋结友的上佳场所和机会。

3. 链式反应寻找准客户

一个人的能力是有限的，如果仅靠个人力量一个个地去拜访、认识新准客户，肯定是收效甚微。但如果能以链式反应的方式去开拓准客户，效果肯定要好得多，一个介绍两个，两个介绍四个，四个再介绍八个，如此连锁地几何级增长，你的客源就会爆炸性地增加。这也是成功的推销员之所以准客户源源不断的秘诀。

4. 利用互联网信息寻找准客户

随着互联网时代的到来，人们的工作和生活载体逐渐向线上转移，人们通过网站、公众号等来获取信息、在各种移动终端来进行社交和消费，网民每天的活动轨迹大部分都在互联网平台上。利用互联网上的各种信息和资源来寻找准客户是一种重要的新方法，突破了地域上的限制，前景广阔，潜力无限。

5. 从各种统计报表、名册、企业名录等寻找准客户

目前，我国已出版了全国性的工商名录《中国工商企业名录》。另外，各地区、各

部门也都编出了区域性、行业性的企业名录。电话号码簿记录了各公司、机构的名称、地址、电话号码、邮政编码，推销员可在作甄别后，有选择地联系、拜访。国家工商行政管理局和各地方工商行政管理局每年都要发布各类公告，如商标注册公告、企业登记注册公告等，这些公告中都有相关企业情况的简要说明。各种博览会、展评会、订货会、物资交流会、技术交流会等也是获得准客户的重要来源。另外，各界人士聚会、生日舞会、新婚宴会，推销员应尽可能多地参加这种社交性会议，开阔眼界，广交各界人士，建立广泛的社会关系网，从而获得更多的准客户来源。

6. 通过咨询和市场调查寻找准客户

营销员除通过咨询公司咨询以外，还可以到工商局、税务、科研设计单位去咨询、收集更多准客户资料。参与公司和自己组织的市场调查，也是倾听准客户意见、寻找准客户的重要手段。另外，市场调查也可帮助推销员了解市场动态，清楚市场需求，理解准客户感受，为制订寻找准客户计划和推销计划打下基础。

总之，准客户随时随地存在，只要下定决心，方法得当，很多推销机会将会被把握。

二、瞄准客户市场

（一）家庭

家庭是社会的细胞，是最基本的安定因素，家安方能国安。为了能够全身心地投入保险工作，也为了取得亲朋好友的信任，保险推销员最好用专业的眼光先给自己和家人买好保险。还可以将这些保单的复印件随时带在展业夹里。如果准客户问道："既然你说保险这么好，那你买了吗？"你可以自豪地拿出来，行动胜过雄辩，这一做法有着极强的说服力。当然，陌生家庭是推销员后期开发的重点。

（二）新媒体

新媒体具有大容量、实时性和交互性的特点，保险营销员可以通过社交平台、直播间等新媒体平台或工具来发送营销信息，吸引流量，达到获客的目的。如微信好友、直播间的粉丝都是既存的客户资源，他们往往对博主具有更高的信任感，这是营销的优势。新媒体打破了传统媒体在时间和空间上的限制，可以在任何时间通过文字、图片或视频进行产品的宣传，并实时与准客户进行互动交流。

（三）客流量大的公共场所

准客户市场存在于人流量大的人们出入必经之处。再如街道居委会、生活小区的物业管理机构等都和居住区内的家家户户有着这样那样的关系。保险营销人员可以先向这些人宣传保险的意义和功用，教会他们最基本的展业方法，或者设计一些问卷，请他们利用工作之便让辖区的消费者填写，以广泛搜集民意，然后对有投保意向的家庭登门拜访。

（四）邻居街坊

准客户市场也存在于街坊邻居中。常言道"远亲不如近邻。"无论你是住在单位大院还是生活小区，都会有大批抬头不见低头见的街坊邻居，这是一个极有开发潜力的准客户市场。

（五）社团

市场还存在于社团之中。台湾的著名保险代理人吴秋峰先生，初入道时为了做好准客户开拓，最喜欢参加烹饪班，而且每期都毛遂自荐当班长。他先是搜集全班同学的资料，用电脑打印出来，送到每个人的手中。不到两天，每个人都认识他了，认为他的亲和能力很强，都愿意和他交往。另外，作为"职业品尝家"和"赞美家"，哪怕炒出来的菜并不怎么样，吴先生也要赞不绝口，还要做出夸张的动作与表情，让那些"厨师"们欢欣鼓舞。几乎每参加一次烹饪班，吴先生都能签订几张保单。可见诸如烹饪班、插花艺术培训班、舞蹈培训班、球迷协会、影迷协会等社会团体都是相当重要的准客户市场。

由以上分析可知，准客户市场无所不在，所以，保险营销员要广结善缘，随处留意，走到哪里，就要将保险业务做到哪里。

三、邀约准客户

（一）电话邀约

一般情况下，在访问准客户之前，营销员先打电话预约是一种礼貌行为，特别是准客户的社会地位较高或者是企业界的忙人，更需要电话预约。打电话约见准客户的目的是让准客户觉得有必要见推销员一面，倘若做不到这一点，至少也要让准客户对推销员的约访感到有兴趣才成，否则就是失败。因此，推销员务必恰当地、灵活地运用电话约访的技巧。

专栏 13-1

电话约访的礼仪

电话是现代生活中人与人之间必不可少的沟通工具，用电话向准客户进行推销,既可以省时省力,又可以免去不必要的尴尬。如何正确、有效地利用电话进行推销,是推销员必备的基本能力。电话的另一端,准客户听到的是推销员的声音,准客户只能从声音中揣摩推销员的形象和精神面貌。为了留给对方良好的形象,推销员很有必要了解电话推销的礼仪。通常,电话推销的礼仪包括如下一些内容:

(1) 通话时,语调要温和,声调要热情愉快,向着电话微笑。让客人感受到你的热情,放松心情,语气平和,彬彬有礼。通话中要先自报家门再恭称对方,多说"请""谢谢"。

(2) 通话时,音量适中,嘴唇离话筒1—2厘米,要讲得缓慢,吐字清楚,让对方明白。凡说到数字、人名、地名时最好重复一遍,并问对方听清楚了没有,同音字、近音字应作解释。

(3) 电话接通以后,应自报家门,并准确地说出对方的姓名职务。

(4) 电话接通后,如要找的人不在,应表示感谢;接电话应客气地说:"对不起,×××不在,可能下午回来,下午打来好吗?"接话时,有时可能询问对方的姓名"我可不可以告诉他谁打的电话?""让我转告好吗?""总经理不在,请问你是哪一位?"通过这些委婉的方式,请对方留名或留言。

(5) 拨错了电话时,不要马上挂电话,应说一声"对不起",接电话时,可说:"这里是……,你可能拨错了电话"。

(6) 接电话时,一定要热情,并不时插话,通过"嗯""是""不"等告知对方你在认真听。别人在说话时,要作出适度的反馈,以免引起误会。

(7) 打电话时切勿唠叨,应长话短说,避免口头禅。

(8) 谁先挂电话?一般是打电话的人,但与领导或长辈通话时,应让他们先挂电话,你再挂电话。

(9) 电话中所使用的言词也要特别注意,以免稍有不当,因"说者无心,听者有意"而导致对方的不愉快。所以,当你的朋友、亲人指责你的不是时,你就要虚心改正,如此你交际时的谈话才会有长足的进步。

礼仪是规范化的行为,推销员必须按照推销礼仪去推销,只有这样,你才能在准客户心中留下一个良好的印象,对促成交易有所帮助。

(二) 问卷调查邀约

问卷调查比较直接,但及时收回问卷并约见有投保意向的准客户,才会收到较好的效果。因此,运用问卷调查表约见准客户,应当尽量在回收调查表时根据具体情况,要求准客户在表格上注明受访时间。

1. 问卷约见的特点

问卷调查表约见方法适用于随机拜访。将印有公司标识的调查表，散发给街头过往行人和厂矿、办公楼、居民区的人群，然后再回收上来，进行统计分类，从中找出可以拜访的准客户。这种方法有以下特点：

（1）专业性强。由于调查表由公司统一印制，易给人产生专业形象。穿上公司制服去散发，效果更佳。

（2）调查对象层次丰富。由于随机散发，调查对象不确定，容易接触到不同层次的人。

（3）调查内容全面。由于事先设计好调查内容，考虑较周全，而且采用选择题方式，避免了准客户的尴尬，可以收集到各种信息。

（4）操作简便。虽然问卷调查法使用起来较简便，但有些技巧还是要注意。

2. 问卷约见的注意事项

（1）要选择理想的调查区。理想的调查区应当是经济状况较好、人口相对集中的地区。尽量避免在流动性太大的区域散发调查表。

（2）要约好回收调查表的时间。比如，在居民区散发调查表，散发时间可以设定在星期四、星期五，回收时间设定在星期天。这样设计的好处是准客户可以利用周末全家团聚的时机，共同研究投保问题。

（3）对于认真填写调查表的准客户，要适当赠送些小礼物、纪念卡之类，以示谢意。

3. 问卷调查表的内容

问卷调查表可包括以下基本内容：基本情况；经济状况；婚姻状况；家庭状况；健康状况；对保险的认识情况及投保情况等。

（三）新媒体邀约

在新媒体营销中，首先要做好个人账号的形象设计，包括姓名、头像和简介，给对方留下深刻的第一印象至关重要，可以增强信任感，方便推进后期的线上沟通和线下约见。以微信的朋友圈为例，朋友圈具备社交功能，通过朋友圈营销要注意信息发布时间和内容选题的设计，内容要提前做好规划，包括广告类、故事类、价值类的比重和篇幅，保持朋友圈的热度。发布的内容可能引起好友的关注，进行点评或咨询，进而转为私信的深度交流，营销员即可以开始进一步的产品推介和协助客户做好风险管理规划。

（四）信函邀约

信函邀约即给准客户寄去信函，发送电子邮件，或者发去传真资料，借以引起对方的注意和兴趣，促使他们产生进一步了解保险的愿望，以期达到约见的目的。运用信函约见的优点除了保密性强和容易建立信任感外，还可以弥补电话约见的缺陷。

在保险营销中，很好地运用信函有时可以起到奇特的效果。如何书写信函，是每个保险营销人员必须掌握的方法与技巧。

四、制定拜访计划

常言道"凡事预则立，不预则废"，拜访客户必须事先制定计划。

(一) 拜访计划的六要素

拜访的六要素如下：

1. 拜访的原因、目的

保险营销员拜访准客户的原因，就是因为对方是准客户。通过拜访，可以全面了解准客户的情况，以决定推销哪类险种、保额高低等。

2. 拜访的内容

拜访的内容是全方位的，凡是与准客户有关的情况都属于拜访内容。但具体落实到每一次拜访行动，则各有侧重点。因此，在设计拜访计划时，应当视了解程度而具体安排。

3. 拜访的地点

在什么地点和准客户见面。通常由准客户安排，也可以双方商定。

4. 拜访时间

每一位准客户的作息时间都不尽相同，安排拜访时间时，应当以方便准客户为宜。

5. 拜访的对象

为减少拜访的盲目性，应当在拜访前作适当的挑选，做到有针对性地进行。

6. 拜访采取的策略

应当视拜访对象不同而采取不同的策略。

(二) 拜访计划内容的拟定方法

邀约了新的客户，随之而来的是不断地了解、拜访、介绍，逐渐地拉近客户与营销员之间的距离，从而在客户心中留下一个好印象。当然，接近客户是一个历时较长的过程，也许要反复多次地拜访才得以与客户达成默契。既然访问如此重要，拜访前，营销员应该做好充分的准备。一份完美的拜访计划应当包括如下几个方面的内容：（1）确定拜访人选；（2）明确拜访的目的；（3）选定合适的拜访时间；（4）选择访问的合适地点；(5) 确定拜访路线；(6) 准备好推销工具。

(三) 制定短期拜访计划

保险营销员在拜访客户前，务必做一个短期计划和长期计划，它将指导营销员应对保户，从而达到营销目的。

1. 制定每日拜访计划

为了拉近与保户的关系，制定每日拜访计划是寿险推销工作中最基本，最重要的一项工作。保险营销从根本上说是一项自我管理、自我经营的事业。因而，每日拜访计划显得尤为重要。推销员有了每日拜访计划，营销工作就具备条理性和目的性，保险营销行动就有了动力和指导方向。

表 13-1 每日拜访计划表

时间/内容	一类内容	二类内容	三类内容	备注
早晨	1. 早训 2. 自我激励	仪容仪表检查……		
上午	重点拜访客户 A、B、C……	重点复访保户 1、2……	自己私事及其他……	
下午	拜访客户 D、G、F……	复访保户 3、4……		
晚上	1. 总结经验 2. 制定第二日计划	和朋友交谈心得	放松自己	

2. 制定一份每周拜访工作计划表

制定一份一周拜访工作计划表是推销员在本周内为自己设立的一个推销目标，以及实际收到的拜访效果，从而能够看出推销员在本周内完成了多少，如果超额完成，表明推销方法和技巧运用得比较出色；如果没有完成任务，则说明推销员在本周的推销中存在问题。应从中分析原因，从而对症下药，改变推销方式。制定一份一周拜访工作计划表是每一个推销员最基本、最必要的一项工作。推销员如想取得好的业绩，这项工作是不能忽视的。表 13-2 是周拜访工作计划表的一个范例。

表 13-2 周拜访工作计划表

项目/时间	周一	周二	周三	周四	周五
陌生拜访数					
原客户拜访数					

续 表

项目/时间	周 一	周 二	周 三	周 四	周 五
复访数					
发掘新客户数					
完成金额					
佣金收入					
备注					

（四）制定长期拜访计划

一般情况下，长期计划可以分为月计划、季度计划，甚至是年计划。制定月工作计划是推销员在制定长期工作计划中一种较为常见的形式，也是推销员逐月向更高的目标发起冲锋，以便达到更好的推销目的的方法。制定月工作计划时，必须切实可行，切忌目标太遥远，可望而不可即；制定月工作计划务必以日、周工作计划为依据，做到相互照应。

表 13-3　月拜访工作计划表

内容/时段	上 旬	中 旬	下 旬	备 注
预订拜访人数				
预订签约总人数				
预订达成金额				
成交的险种				

五、拜访准客户

（一）拜访前的准备：推销工具

营销员在接触准客户前，必须做好充分的准备，准备好面谈时要用的资料，特别是带好与保户接触过程中需要用到的推销工具。这些推销工具主要有：名片、工作证、代理员资格证等自己的证明材料；险种介绍资料、条款、费率表、职业分类表等；保险事故、最新新闻报道的剪报、促销广告手册等；由于大部分公司的产品都在应用程序里展示，所以，拜访前要准备好平板电脑、手机等电子设备；以及文具、计算器等必要的辅助工具。除了备忘录所记载的以外，若营销员将去拜访的准客户有比较特别的嗜好或该特别注意之处，也要事先在客户资料上特别说明。表 13-4 是某一保险营销员的一份备忘录。

表 13-4 保险营销员拜访客户备忘录

顺 序	项 目	确 定
1	客户资料/准客户资料	√
2	准客户卡	√
3	建议书（8 份）	√
4	要保单（8 份）	√
5	市场调查（15 张）	√
6	满意度调查表（8 张）	√
7	印泥	√
8	名片	√
9	笔（红、蓝、黑、铅笔各一只）	√
10	相关话题剪报	√
11	计算器	√
12	小礼物（5 份）	√
13	仪表仪容	√

（二）面见准客户

1. 恰当的仪表着装

保险营销员的仪表做派可以表现其精神状态和文明程度，也反映其素质。仪容大方端庄、衣冠整齐清洁，体现对人、对社会的尊重，会让客户对他形成朝气蓬勃、热情向上、值得信赖的感觉。在与客户的接触中，客户对保险营销员第一印象的好坏，完全取决于保险营销员的外表和态度。要想给客户留下良好的第一印象，就要进行出类拔萃的自我形象包装。

2. 温文尔雅的行为举止

保险营销员要时刻注意自己是否会给人以不良印象，有些无意识的动作千万要努力修正，营销员文明典雅的举止会使客户产生亲近感。

（三）与准客户面谈

加深人与人之间感情的最好方法，就是能找到彼此都感兴趣的话题。对于初次接触来说，这显得尤为重要。融洽的气氛会使第一次见面的客户的防范心理减弱许多。保险营销员从入行起，就要学会搜集各种话题，以便在与不同的客户见面时能打开初次见面生疏的局面。

1. 开场白

开场白指的是见到准客户最初几分钟需要谈话的内容，虽然应该说些什么并没有确定的、可靠的规则可循，但其中某些内容却是必不可少的。当然，对较为熟悉的保户，这些内容就可省略。

2. 引入正题

营销人员通过开场白树立良好的"第一印象"之后，要伺机将话题导入正题。营销员必须牢牢记住，你去拜访客户的目的是为了推销保险，聊天是为推销保险服务的。因此，必须抓住适当的时机，从聊天切入正题，以便向客户介绍保险。成功的营销员切换得很自然，不知不觉地把客户引入正题。这种切换是一种艺术，它没有固定的模式。

3. 娴熟的沟通技巧

为了使面谈达到理想的效果，还需要按部就班地对准客户进行引导，主要有以下几个要点：

（1）原则。营销员与准客户交谈，不仅要完成交流信息、融洽感情、增进了解的任务，更重要的是要完成宣传说服的任务。要完成这些任务，就必须在交谈的全过程中，认真贯彻如下原则：① 互尊原则；② 反馈原则；③ 兴趣原则；④ 愉悦原则。

（2）语言的巧妙运用。你不要以为这是小节，一个人的能力往往从说话中表现出来。卡耐基说："有许多人，因为他善于辞令，因而提升了职位。有许多人，因为和人家交谈时使对方获得满意的印象，因而获得了名誉，获得了厚利。"交谈中应注意以下细节：① 语气要平缓，语调要低沉明朗；② 运用停顿的奥妙；③ 词句必须与表情相配合；④ 随时说"谢谢"；⑤ 尽量用委婉的问话；⑥ 熟练地运用"您可能也知道"；⑦ 与长辈谈话尽量提及他年轻时代的事；⑧ 真诚地赞美，于人于己都有重要意义。

（3）倾听的技巧。人都有发表自己见解的欲望，而倾听成了对客户的最高恭维和尊重。保险营销员听客户说出他的意愿是决定采取何种推销手段的先决条件，听客户的抱怨更是解决问题、重新让客户对商品产生信心的关键。善于倾听客户讲话可以更多地了解客户的信息以及他的真实想法和潜意识。要想营销成功，"听"就要占整个营销过程的70%，而"说"只占30%。倾听时应做到：① 端正认识；② 态度诚恳；③ 不要打断对方的谈话；④ 用语言和形体语言去鼓励客户说下去；⑤ 与客户谈话的内容产生共鸣；⑥ 充分利用沉默；⑦ 抓住中心，理解话意。

（4）目光的交流。要真诚、专注、柔和地平视客户，眼光停留在客户的眼眉部位。千万不要让视线左右飘浮不定，否则，会让客户产生不安与怀疑。要学会将你的关怀和赞赏用眼神表达出来，要学会用眼神与客户交流，使客户从你的眼神中看到自信、真诚与热情。

(5) 揣摩准客户的心态。"欲知其内者，当以观乎外。"要营销保险，就必须大致摸清准客户的真正内心，否则，就会徒劳无功。

(6) 对保险产品做细致的说明阐述。与实物性商品不同，保险产品的买卖促成，靠的不是商品的展示与陈列，而是商品说明。因此，商品说明在保险营销中具有举足轻重的作用。保险商品的推销员在商品说明的过程中，是否表现得有条不紊、从容不迫，说明时的气氛是否适宜，是否切中要害等，对激发客户的购买欲望和促成交易的达成都至关重要。

(7) 恰当地使用名片。名片虽小，却是现代人实际交往中的重要工具之一，在保险推销中已被普遍使用，成为初见客户的最重要、最方便的联系纽带。

（四）如何应对准客户的拒绝

(1) 客户借口拒绝时，怎样应对？通常，你会听到一些柔性的拒绝，像"你的产品非常好，我们需要你的产品（或服务），但我得拒绝"，营销员要了解客户拒绝的真实原因，找到解决的办法。

(2) 客户拒绝后，怎样保持良好的心态？营销代表训练之父耶鲁马·雷达曼说："营销是从被拒绝开始的！"世界首席营销代表齐藤竹之助也说："营销实际上就是初次遭到客户拒绝后的忍耐与坚持。"在营销中，要让自己习惯于在拒绝中找到快乐，习惯于去欣赏拒绝，心里鼓励自己说："被拒绝的次数越多，越意味着将有更大的成功在等着我。"在拒绝面前，营销员要有从容不迫的气度和经验，不再因遭到拒绝而灰心丧气地停止营销。因为，营销员坚信成功就隐藏在拒绝的背后！

(3) 对准客户拒绝的反思。保险营销员平时遇到拒绝的时候，是把它当作麻烦、困扰的事而害怕它，还是把它当作了解客户真意最好的线索而欢迎它？成交率的高低全因是以何种心态面对这个问题。对客户的拒绝，不该把它当作麻烦、困扰的事。应该对客户的拒绝抱着如下的观念：它会提供说服客户所需的线索，它是保险营销员最好的朋友。

以上问题在本书第九章中有论述，在此不再赘述。

六、归档准客户信息资料

与准客户见面前，推销员必须做大量的准备工作，包括前面讲过的了解准客户的相貌、职业、性格、生活等，了解准客户上述内容，就需要对各类信息进行综合整理。建议推销员在接触准客户前建立一个准客户卡，从而记录与准客户交往的具体情况，如时间、地点、谈话内容，购买意向等。

（一）建立准客户卡

任何行业的推销员都会有准客户卡。准客户卡是推销实战中最重要的资料集，被视为"极机密的"的档案。可是这么重要的资料，常因处理方式的好坏，或者成为珍贵的资产，或者成为一无用处的废纸。与准客户接触并建立保户卡，不但要科学恰当，而且还要方便适用。当然，制作准客户卡的方式和习惯，因人而异。一般情况下，每一张卡都记载准客户的姓名、性别、年龄、职业、电话、地址、特点等要素。

(二) 建立系统的准客户档案

随着对准客户的接近及深入调查，推销员对准客户的认识会随之发生变化，这就需要将准客户分门别类地写在准客户卡上，然后再建立系统的准客户档案，重新分析整理出有价值的准客户信息，从而采取下一步更切实的方法，促使推销员与准客户成交。

1. 准客户资料的建档

与准客户接触前，推销员要做大量的准备，对即将接触的准客户的相貌、衣着打扮、职业、性格以及准客户心理做充分的了解，从而带回一大堆准客户资料。这类资料当然不能置之不理，必须尽快将这些资料分析、整理，建立一个准客户资料档案。这样既有利于推销员能够记住保户，又不会把推销中辛辛苦苦得来的信息资料丢失。

由于建立的准客户资料档案是活页，业务员可根据不同需要做不同方式整理，既可以借助标签标示，也可以利用彩色索引来分类。在建立准客户资料档案时，有一些与保户有特殊关系的文件必须保存。比如：

(1) 要保书复印件。有人习惯储存保户的要保书复印件，也可依姓氏或编号来分类。

(2) 保户续缴。有些保户需要业务员提醒交费，可依据月份来分年、半年、季、月缴，做追踪服务。

(3) 续谈保户。保户可能出国，需下个月才能再拜访，有的续缴费用五月才到期等，都可依月份或日期来管理。

(4) 保户相关资料。如理赔、契约变更等副本留存，对将来保户资料存查及推销都有帮助。

2. 准客户档案的内容

(1) 保户的资料方面：姓名、出生年月日、配偶姓名及年龄、儿女和年龄、工作种类、职业特点、收入（工资收入、预期工资收入、配偶的收入、额外的收入）、家庭地址、教育背景、是否加入保险（团体、个人）、参加何社团、担当什么职位、为人（友善或粗鲁）、对保险的认识等。

(2) 业务员工作方面：预订拜访的时间和地点、拜访的次数和内容、拜访后印象、成交的可能性、实际需要的品种、用什么方法促使成交、不能成交的原因、补充内容等。

3. 准客户档案的使用

（1）每晚将当天获得的人名和有关资料存入系统。（2）把第二天准备拜访的准客户表（包括复访）取出，按主次顺序排好。多带几份，以防有的准客户外出。（3）当天取出的准客户档案没有被访问到的，应当留着第二天再进行。（4）对已经接触过但没有约会的人，应将他们的资料放回原处，记下日期和简要的补充内容。（5）经过拜访后可淘汰部分永远也成交不了的准客户。

4. 做好档案管理

做好档案管理对于保险推销员来说是一项最基本、最重要的工作。各保险经营机构都会提供客户管理系统，营销员可借助管理平台来做好客户的档案管理。既然推销员选定了保险作为他们的终身事业，推销员周围每天发生的事情也就都与日后保险业务拓展有关。

第二节　保险计划书写作

保险计划书是保险从业人员为客户推介保险产品，设计最佳投保方案，谋求为客户获取最大保险利益和有助于客户理解、接受保险产品的一种专用文书，常被作为保险促销的有效材料。保险计划书一般包括客户需求分析、产品（组合）推荐、购买方式、服务承诺等内容。

一、保险计划书的设计

（一）客户需求分析

在掌握准保户基本资料的基础上，要对准保户的保险需求作出合理评估，便于下一步根据客户的不同风险特性和需求偏好，推荐真正能让准保户满意的保险产品。

1. 保险需求的分类

目前，几乎所有的保险公司都将保险业务分为个人或家庭、企业团体两个大方面，并分别设置了独立的业务部门。下面就从这个分类角度来分析客户的保险需求。

（1）个人和家庭保险需求。

在人身险方面，个人和家庭的保险保障需求一般包括教育费用需求、生活费用需求、退休养老金需求、避税需求、家庭生活保障需求、医疗费用需求、储蓄保值需求等。在财产险方面，个人和家庭的保险保障需求主要体现在规避因火灾、爆炸、盗窃、抢劫、管道破裂及水渍、第三者责任等风险可能造成的经济损失，详见表13-5。

表 13-5　现代家居生活风险分析

风　险	风　险　源
火灾、爆炸	现代家用电器（如热水器、各种烹调或加热容器等）、管道煤气或液化气的广泛使用，各类电线、管道的交错布置
盗窃、抢劫	高档服装、便携式家用电器的集中，家庭财富如现金、首饰的增多
管道破裂及水渍	家庭供暖及制冷的普及，各种管道的破裂或渗漏
第三者责任	火灾、爆炸，高空坠物

（2）企业团体的保险需求。

以人身险为例，企业团体的保险保障需求主要包括员工退休保障需求、员工和关键人物福利需求、合理避税需求、弥补社保不足的需求、留住人才的需求、创造财富的需求等。在分析客户保险需求的时候，应该进一步了解企业的组织和经营状况，为客户提供符合实际需求的保险保障。在财产险方面，企业团体的保险保障需求主要体现在财产及其有关利益在发生保险责任范围内的灾害事故时，获得经济补偿的需求。针对保险标的而言，主要包括企业财产保险需求、运输工具保险需求、货物运输保险需求、工程保险需求、农业保险需求等。

2．针对不同保险需求设计产品

对于每一位具体客户，他们的收入可能不同，但都会经历不同的人生阶段，下面从人生阶段以及收入水平两个角度来针对客户设计产品。

（1）不同阶段人身风险及保险需求。

① 单身时期。保障需求：自身保障为主，设想意外或疾病身故后，提供家人一笔处理后事的基金或者保障父母的生活费用。总保额建议：为总收入的十倍左右。

② 成家立业期（结婚、购房、生育）。保障需求：收入中断、家庭保障费用，子女的教育基金，房屋贷款，养老储备，大病储备等。总保额建议：家庭成员总保额为家庭总收入的十倍左右。

③ 退休规划期。保障需求：退休后的生活保障、大病保障。

（2）不同收入层次的客户需求。

① 富翁阶层（私营业主、企业经理人等）。客户需求：高额保障，体现身价。保险功能：避税功能，分散投资功能。

② 富裕阶层（中高级公务员、白领阶层、高级技术人员）。客户需求：重病保障、高额意外保障。保险功能：理财与投资需求。

③ 小康阶层（一般职员、公务员、教师）。客户需求：个人及家庭补充医疗保障。保险功能：重病保障、意外保障、部分投资需求。

④ 温饱阶层（工人、小公司职员）。客户需求：个人及家庭医疗保障。保险功能：重病保障、意外保障。

（3）产品设计实践要点。

① 保障额度一般为年收入的十倍左右。② 保额对应的保费要参考客户收入能力，不要因缴费给客户造成生活压力。

（二）拟定保险产品组合

在科学分析客户的保险需求后，就应该本着满足客户需求、以最合理的成本获得最全面的保障、促进销售等原则为客户提供科学的保险产品组合。

1. 险种组合

（1）险种组合的目的。① 利用不同商品的特点来满足客户的需求。② 让客户花最少的钱获得最高、最全面的保障。③ 增加件数，提高件均保费。④ 降低推销的难度。

（2）险种组合的原则。① 以客户的需求和购买力来确定组合的方向，包括医疗、保障、养老、教育、避税等。② 低主险，高附加险，保费低廉。③ 制造还本效应；终身身故保障＝所交保费；年老时现金价值＝所交保费；返还领取；保险金给付；定期存款、定期取息、还本加保障，其实这是一份不花钱的保障。④ 收益比原则。总保障利益/总保额＝收益比。

（3）险种组合的出发点。① 从家庭角度出发；② 从主要收入来源出发；③ 从良质保单角度出发；④ 从弥补各商品缺陷的角度出发；⑤ 从还本的角度出发。

2. 险种组合的设计搭配

（1）险种组合的设计思路。① 主附险搭配：主险＋附加险——保障全面；主险＋主险＋附加险——回报高。② 功能搭配：储蓄险＋健康险＋保障险＋投资险＋养老险＋住院险＋教育险——保险套餐。

（2）险种组合模式（表13-6）。

表 13-6 险种组合模式

主险 ＋ 功能性险种 ＋ 针对性险种 ＋ 附加险种	终身险、定期险、两全保险、年金险
	定期险、教育基金险、医疗险、养老险
	重疾险、投资险、分红险、养老险、还本险、保障险
	意外伤害险、意外医疗险、住院险、住院津贴险、附加定期险

（3）险种组合的期限搭配。

大多数主险都是长期保险，但是附加险和针对险等往往只能提供短期保障。因此，可以投保一份保障终身的主险,在不同的年龄阶段配以不同的附加险,例如,在少儿时期配以教育基金险,在青年时期配以较高的意外伤害险,在中年期配以投资险,在老年时期配以养老险、住院津贴等。通过这些灵活的调整,既能合理地规划资金,又能提供完备的保障。

3. 险种组合的实践

保险产品组合思路:(1)主附搭配,即主险与附加险之间的搭配,如主险+主险、主险+附加险。主险包括终身险、定期险、生死合险、年金险等,附加险包括意外伤害险、住院险、住院津贴险、附加定期险等。(2)功能搭配,即具有不同功能特性的险种搭配,如保障型、储蓄返还型、投资型产品之间的搭配等。(3)不同保险期限或交费期限产品的搭配,如长期险与短期险的搭配。一般来说,财产险、意外险、医疗险大多属于短期险,而终身寿险、养老险、健康险等属于长期险。

(三) 制作保险计划书

首先应当确定客户真正需要的是什么,然后根据收集到的客户资料,站在客户的立场上思考,帮他分析问题,提供解决方案。写成的一份完整的投资理财计划书可以为客户带来完善的保障。保险计划书一般包括以下八个组成部分:

(1)封面:计划书名称、客户姓名、计划推荐人及特别说明:"本建议书仅供参考,详细内容以正式条款为准"。

(2)公司简介:公司的历史、现状,展望公司的未来。尤其是"承保能力"的介绍,涉及本公司资本金、准备金、近年保费收入、赔款额、利润额以及再保险支持等。

(3)设计思路与需求分析:在设计计划书之前,首先要对客户做需求分析,了解客户需要什么,并通过这份计划来满足他,让客户了解你的设计思路,并知道此份计划是专门为他量身定做的,从而产生对你的信任感。

(4)保单特色:可对本保险建议的保障范围、保险价格、保险服务的个性化优势等加以说明,以便增加本保险建议的吸引力和说服力。如针对保费项,可把客户防灾防损以及损失补偿自筹资金措施所花费成本(含机会成本)与购买商业保险所花费保费在经济性、成效性、便利性及实施可能性等方面进行对比,突出买保险的独特优势。

(5)保险利益内容:保险金额、保险费、保险期限、交费方式及各项保险利益的详细说明、效益分析(现金价值表),让客户知道这份计划究竟能解决什么问题,他及他的亲人能得到什么具体利益。

(6)配套服务项目:鉴于客户服务是保险公司竞争的未来趋势,此部分尤其要显示公司的差异化服务竞争优势。可陈述项目包括:本公司的服务网络以及组织架构和本公司的服务项目以及内容,如风险咨询、风险评估、防灾减损、风险管理知识培训等风险管理服务、理赔服务、热线电话服务、VIP客户特殊服务及各项超值服务。

（7）附上条款：保险建议书只是主要内容说明，其他方面及细节问题都应该以具体条款为准。

（8）结束语：名人名言、公司营业部、地址、姓名、资格证编号、联系电话等。

二、保险计划书的说明

（一）讲解投保计划书

产品说明是促成的开始阶段为产品所作的一些宣传介绍。产品说明的目的在于使准保户了解商品，从而使后面的具体工作建立在熟悉产品的功能以及与准保户的需要相适应的基础上，为继续下面的促成工作打好基础。一般而言，准保户都会十分重视产品说明，因为它直接决定了产品在准保户头脑中所产生的印象，做产品说明时，要注意以下问题。

（1）内容简单化。一份综合保险计划或是一个家庭套餐涉及的内容非常多，作为非专业人士的客户，要在短短的时间内将所有内容完全消化有一定的难度，这要求业务员能删繁就简，只讲重要、必需的内容。

（2）数字功能化。要善于创造意境，将枯燥的数字描绘成美丽的画面，把"钱"变成实际的利益。对于那些用来作为辅助说明的数据一定要事先加以全面了解，如股票、房地产方面的数据，经过消化后成为计划书说明的有力佐证。

（3）解说生活化。尽量避免使用专业术语，而用生活化、口语化的语言，让客户"试用"，即帮客户设想领到钱是什么情形。要把条款上生硬的"保险责任"转换成与客户切身相关的"客户利益"，因为客户只会为自身的具体利益去购买商品，而不会为抽象的保险责任购买。言辞要简短有力，有时可用客户生活中的例子来说明，增加客户的联想与印象。

（4）专业熟练化。对保险条款、保险费率、其他公司的同类产品等情况要非常熟悉，以建立你在客户面前的专业人才形象，也只有你显得很专业，客户才会放心地购买。

（5）避免忌讳用语。中国人自古以来一直比较忌讳赤裸裸地谈到死亡、伤残、大病等情况，所以，说明计划书时应尽量避免或少用这些字眼，而用别的比较温和的词替代，实在回避不了时，也千万不要用"你"，如"你死了可以赔多少，伤残了可以赔多少……"

（6）保持微笑及耐心。始终保持微笑，创造一个轻松愉快的环境，消除客户的紧张感，面对客户的疑问要有足够的耐心，解说时要用不疾不徐的口气。

（7）确定客户完全了解保险内容。在说明的过程中，要不时地询问准客户"我不知道刚才这一段我说清楚了没有？"要证实准客户真正地了解了保险内容，有不懂的地方需要重新给他讲一遍。只有真正了解了，才容易引起他的购买欲，并且买了以后也不容易退保。

(8) 多次重复产品优点。多次重复产品的突出优点，是十分必要的。因为准保户第一次听到产品的优点时，可能还没完全领会到，也可能因为思考其他方面的问题而没有完全听清。这时候，比较有效的方法是，变换不同的说法将产品优点进行第二次或第三次介绍，重复、重复、再重复。这种用优点进行强烈刺激的做法，在一定程度上能够冲淡准保户的其他顾虑。然而，有一点值得注意，就是重复优点的时机以及语言态度上要做到适当得体，否则，很容易变成强行推销，使准保户产生反感情绪。

(9) 有凭有据。要使准保户接受和相信保险推销人员的说明，还需要拿出一些证据，如一份合格证或荣誉证书、一张满意保户的名单、一本装满感谢信的文件夹等。这都有助于准保户对推销人员及公司产品产生信任。

(10) 权衡利弊。为了促成交易，必须从准保户的利益出发，帮助准保户权衡利弊。既不能为了达成交易而有意回避某些问题，也不要一味地恫吓，使准保户过于担心、惧怕。最好的办法是：① 采取适当的手段加强准保户的危机感和压迫感，使其产生购买欲望；② 抓住准保户所关心的问题并详细阐述，使准保户能权衡利弊后作出选择；③ 强调售后服务，强调建立长期合作关系的重要性，使准保户对公司及推销人员产生信赖感。

(二) 计划书说明的实践

1. 计划书说明前的预备

业务员在抵达与客户约定的地点前，要注意穿着、心情以及说明的工具。当业务员坐定之后，必须把手提箱中所有的相关资料、工具都拿出来，具体包括：① 一份完整的你与客户以前面谈时的记录。② 一份加了封面、完整的保险计划书。③ 一份当天说明的大纲（议程）：这份大纲可以让你看起来更专业，客户也会以更慎重的心情来和你讨论。④ 投保单：如果你事先把投保单放在计划书的后面，当计划书说明完毕，客户有购买意愿时，你可以很自然、很快地把投保单移到他的眼前，立刻促成。而不需要再打开手提包拿出投保单，打断你们讨论的节奏与顺畅感。有些公司可在 App 上填写投保单，更为便捷。⑤ 平板电脑、计算器、签字笔、费率表。

2. 计划书说明的四大步骤

(1) 再一次确认客户的需要。在说明计划书之前，你可以提醒客户，在以前几次的谈话中，客户自己曾提出过哪些需要，这样做可以防止万一从你最后一次面谈到今天说明的这段时间，客户的需要有了任何变动，你可以当场修正你的计划书，并改变你的推销重点。当客户再度确认他的需要时，他不再有借口说你建议的保险不符合他的需要。

(2) 提出分析。为何要先提出分析？因为对大部分客户而言，当你推销时，他们仍处在健康、能赚钱的状态中，所以，即使他们知道有贷款、有负债，但是却不能感受到、也无法想象到,万一发生了什么事,他们的家人会面临何种困境。所以,你不妨利用一点戏剧性的描述来告诉客户,依据你的分析,万一他发生不幸,他的家人将要面临哪些事。如果此时客户意识到他的确无法回答这个问题,你的推销就成功了一大半。如果他说他仍不确定这会是他经济上最大的危机,你可以继续问他类似问题。如果客户终于同意他的确需要一笔钱,你就可立刻继续下一步;如果客户仍然坚持他不需要,你就得从推销的第一步——发现需要重新分析,找出他的需要。

(3)提出建议。现在,你可以不慌不忙地拿出你的保险计划书,开始逐页说明了。首先翻开第一页,让客户知道:你所提供的解决方案是什么?这个方案能给他带来什么利益?这个方案如何满足他心理上的需要?保险给付能为他解决什么问题?例如,"许先生,我建议的这个20年定期寿险,就是说在这20年的保险期间内,身故保险金为60万元的现金;如果是因为意外事件而身故,再加上这80万元的意外身故保险,总共可领到140万元。这样的保障家庭就没有后顾之忧了。刚才您所担心的问题,立刻可以解决了。"当你将计划书第一页上的摘要以上面这种方式呈现之后,客户焦虑的心情通常会放松下来。有心的客户也会开始问一些更详细的问题。此时,你就可以翻到计划书后面的内容,用它们来解答客户的疑问了。在解答疑问时,站在客户的角度去强调这个保险能有什么好处。当客户问到附注上所写的问题时,把握机会让客户对你完全信任,并且尊重你的诚信。千万不要回避客户对附注提出的问题,如果你的回答闪闪躲躲,客户一定会对你这个人打一个很大的问号,不管你前面的解说多成功,他最后仍然会说"不"!诚实回答客户的疑问,而且要将他的注意力导入"这些附注对客户的好处是……"。这样,不但回答了客户的问题,你更可以借此乘胜追击,让客户对商品、对你、对公司都充分地信任。

(4)促成。当你做完这些说明后,可以立刻用下面这些话来问客户,看看客户是否已经有购买的意愿:"您觉得这份保险计划如何?""这些保障是不是正是您想要的?""您觉得这些保险给付够不够呢?"当客户的理智与情绪上的需要都被你的说明满足后,通常会由他的言语和肢体动作上表现出来。比如,他可能会问你:"这个保费一定是用年缴吗?""所以你的意思是……"或是把头凑过来,仔细地看这份保险计划书。当你观察到客户有这类信号出现时,你可拿出先前放在计划书后面的投保单直接请客户购买。你可以说:"你希望在今天就投保呢?还是……""受益人是写刘太太吧!"只要客户点头,这个案子就成交了。当然,被拒绝是很正常的,尤其寿险推销与一般的推销非常不一样,但是只要这个客户:① 有购买保险的需要;② 有能力负担保费;③ 你设计的保险计划确实可以解决他的问题,让他得到满足。他就值得你锲而不舍地去推销。

(三)计划书说明的注意事项

与产品说明相关的其他因素,也应该在产品计划书说明时加以注意,这主要体现在给出方案这个阶段,它包括:

(1) 摸准准保户的心理需求，找准真正的购买点，推出一个险种，然后深刻阐述。

(2) 避免争执，不要随意使用否定用语，更不要直接否定准保户的看法。

(3) 留心准保户的眼神变化，随机应变，随时调整自己的策略。准保户的眼神变化是无穷的，并且是直接反映准保户内心活动的窗口。

(4) 避免作没有把握的比较。特别是不要拿不同公司险种来比较，如果准保户提出要比较，可以这样说："每家公司的保险产品在保险责任上都有不同的侧重点，因而不可能存在一样的险种。但每一险种的预定利率差别不大，因此，对您来说，保险费不是最关键的选择因素，如何选择最适合自己实际情况的险种才是最重要的。这个险种便是我根据您的实际情况选择的，它最切合你的实际需要。"

(5) 多用身体语言表达意思。

(6) 控制说明过程，引导准保户作出"是"的反应。

(7) 努力创造再拜访的机会。

通常，保险产品的推销并不是一次就能成功，在总结产品说明时应该确切地认识到，产品说明是为进一步沟通所做的必要工作，但并非立刻能成功。因此，端正的心态是必要的。

第三节　保险营销员职业道德

职业操守是指人们在从事职业活动中必须遵从的最低道德底线和行业规范。保险的特殊性决定了保险营销员职业操守的核心是诚信、专业。

一、职业道德概述

（一）职业道德的含义

我国《公民道德建设实施纲要》指出："职业道德是所有从业人员在职业活动中应该遵循的行为守则，涵盖了从业人员与服务对象、职业与职工、职业与职业之间的关系。"从本质上看，保险代理从业人员的职业道德是保险代理从业人员在履行其职业责任、从事保险代理过程中逐步形成的、普遍遵守的道德原则和行为规范，是社会对从事保险代理工作的人们的一种特殊道德要求，是社会道德在保险代理职业生活中的具体体现。

（二）职业道德的特征

1. 职业道德具有鲜明的职业特点

在内容方面，职业道德总是要鲜明地表达职业义务和职责以及职业行为上的道德准则。职业道德主要是对本行业从业人员在职业活动中的行为所作的规范，它不是一般地反映阶级道德和社会道德的要求，而是在特定的职业实践基础上形成的，着重反映本职业、本行业特殊的利益和要求。因而，它常常表现为某一职业特有的道德传统和道德习惯，表现为从事某一职业的人们的道德心理和道德品质。某种职业道德对该行业以外的人往往不适用。

2. 职业道德具有明显的时代性特点

在不同的历史时期，有不同的道德标准。一定社会的职业道德，总是由一定社会的经济关系、经济体制决定，并反过来为之服务。在我国高度集中的计划经济体制下，人们的职业道德烙有传统的印记，与否认市场经济和价值规律作为特征的产品经济相适应，重义轻利、重义轻换等为各行各业所遵循和推崇。市场经济的功利性、竞争性、平等性、交换性、整体性和有序性要求人们开拓进取、求实创新，诚实守信、公平交易，主动协同、敬业乐群。因此，市场经济职业道德建设的主要内容应适应市场经济运行的要求。

3. 职业道德是一种实践化的道德

凡道德均有实践性特点，但职业道德的实践性特点显得特别鲜明、彻底和典型。首先，职业道德是职业实践活动的产物。从事一定职业的人们在其特定的工作或劳动中逐渐形成比较稳定的道德观念、行为规范和习俗，用以调节职业集团内部人们之间的关系以及职业集团与社会各方面的关系。职业道德不仅产生于职业实践活动中，而且随着社会分工和生产内部劳动分工的发展迅速发展，并且明显增强了它在社会生活中的调节作用。其次，从职业道德的应用角度来考虑，只有付诸实践，职业道德才能体现其价值和作用，才能具有生命力。没有置身于职业实践中去，无论有多么美好的愿望和多么惊人的接受能力，对于职业道德的规范和内容都无从做起。实际上，职业道德的实践性主要表现在，它与其所从事的职业本身的内容是密不可分的，离开具体的职业，就没有职业道德可言。

4. 职业道德的表现形式呈具体化和多样化特点

各种职业对从业人员的道德要求，总是从本职业的活动和交往的内容及方式出发，适应于本职业活动的客观环境和具体条件。因此，它往往不是原则性的规定，而是很具体的规定。在表达上，往往采取诸如制度、章程、守则、公约、承诺、须知、誓词、保证以至标语口号等简洁明快的形式，使职业道德具体化。这样，比较容易使从业人员接受和践行，比较容易使从业人员形成本职业所要求的道德习惯。

二、保险营销员的职业道德

目前，我国的保险营销队伍主要由保险代理人组成。近年来，在保险代理市场迅速发展的同时，也存在着部分保险代理从业人员职业道德缺失、执业行为不规范的现象。

这些现象的存在，不利于保险业的诚信建设，不利于保险服务水平的提高，不利于保险业的长期健康发展。作为保险业诚信建设的重要组成部分，中国保监会在充分吸收业内外意见的基础上，于 2004 年 12 月制定并发布了《保险代理从业人员职业道德指引》（以下简称《指引》）。《指引》既广泛借鉴了保险市场发达国家的先进经验，又充分体现了我国保险业实际情况，是我国保险代理从业人员最基本的行为规范，也是指导保险代理从业人员职业道德建设的纲领性文件。

保险代理从业人员可以分为两类：一类是接受保险公司委托从事保险代理业务的人员（保险营销员）；另一类是在保险专业代理机构或保险兼业代理机构中从事保险代理业务的人员（保险代理机构从业人员）。

《指引》对保险代理从业人员应当遵循的职业道德作出了原则性规定。其主体部分由七个道德原则和二十一个要点构成。这七个道德原则是：守法遵规、诚实信用、专业胜任、客户至上、勤勉尽责、公平竞争、保守秘密。这七个道德原则可视为《指引》的框架，每个原则下的若干要点则可视为《指引》的具体内容。七个道德原则之间不是孤立的，而是一个相互联系的有机整体。其中，守法遵规、专业胜任是基础，诚实信用是核心，客户至上、勤勉尽责、公平竞争、保守秘密这几条原则可视为诚实信用原则在不同方面的发展。

（一）守法遵规

对于任何一个行业的从业人员来说，守法遵规都是最基本的职业道德。这里的守法遵规，既不是迫于约束，也不是瞑于刑罚，而是一种自觉和自律。市场经济是规则经济、法治经济，在从事保险代理业务过程中，如果不具备较高的规则意识和法律素质，就难以妥善处理各种经济关系和法律关系。作为保险代理从业人员在执业活动中应从下面四个方面体现守法遵规。

1. 以《中华人民共和国保险法》为行为准绳，遵守有关法律和行政法规，遵守社会公德

首先，《保险法》是我国保险业的基本法。《保险法》对保险代理从业人员的基本行为规范作出了规定。保险代理从业人员是保险从业人员中的一个群体，《保险法》对保险从业人员的约束也必然构成对保险代理从业人员的约束。其次，《中华人民共和国民法典》和《中华人民共和国反不正当竞争法》等与保险代理相关的法律法规，保险代理从业人员也必须遵守。最后，遵守社会公德。社会公德是指适用于社会公共领域中的道德规范或者道德要求，其突出的特点是具有社会公共性质，是社会各个阶层、集团都应当遵循的共同道德要求。

2. 遵守保险监管部门的相关规章和规范性文件，服从保险监管部门的监督与管理

我国的保险监管部门是指中国银行保险监督管理委员会及其派出机构。中国银行保监会根据国务院授权履行行政管理职能，依法统一监管中国保险市场。保险业的原监管部门，中国保监会自 1998 年成立以来制定了大量的规章和规范性文件，其中一些是与保险代理从业人员有关的，如《保险经纪人监管规定》《保险代理人监管规定》《保险销售行为管理办法》等。

3. 遵守保险行业自律组织的规则

保险行业自律组织包括中国保险行业协会、地方性的保险行业协会（同业协会）等。它是保险公司、保险中介机构或保险从业人员自己的社团组织，具有非官方性。其宗旨主要是：为会员提供服务，维护行业利益，促进行业发展。

保险行业自律组织对会员的自律，一是通过组织会员签订自律公约，约束不正当竞争行为，监督会员依法合规经营，从而维护公平竞争的市场环境；二是依据有关法律法规和保险业发展情况，组织制定行业标准，如质量标准、技术规范、服务标准和行规行约，制定从业人员道德和行为准则，并督促会员共同遵守。

从规范对象来看，保险行业自律组织制定的自律规则可分为两类：一是规范机构会员行为的规则；二是规范从业人员行为的规则。后者对保险代理从业人员的行为起直接约束作用；而前者能通过规范机构会员的行为部分地起到间接规范从业人员行为的作用。

4. 遵守所属机构的管理规定

所属机构按照内部单位的需要，制定出在本机构内部适用的准则（即管理规定），规范其员工行为，统一员工行动方向。保险代理机构的管理规定可以表现为员工守则、考勤制度、业务管理规定、财务制度等。

上述四个方面是层层递进的关系，保险监管部门的规章和规范性文件要以《保险法》和其他法律、行政法规为依据；保险行业自律组织的规则要贯彻落实《保险法》、保险监管部门的规范性文件；从业人员所属机构则要依据《保险法》、保险监管部门的规章和规范性文件以及自律组织的规则来制定、修改自己的管理规定。

（二）诚实信用

诚实守信是保险代理从业人员职业道德的灵魂。保险代理从业人员的中介作用使其成为联系保险人与投保人或被保险人的纽带，因而，保险代理人应对保险人和投保人或被保险人同时做到诚实守信。保险代理从业人员要以维护和增进保险代理、保险业的信用和声誉为重，以卓著的信用和良好的道德形象，赢得客户和保险人及社会的信任。

1. 诚实守信应贯穿于保险代理人执业活动的各个方面和各个环节

无论是准客户的开拓，还是老客户的维持；无论是对投保人风险的分析与评估，还是为被保险人设计投保方案；无论是方案的推介阶段，还是保单的签发与递送环节，保险代理人都应做到诚实守信。

首先,"真诚永远"应成为保险代理从业人员的行为准则。保险营销离不开感情的联络,但更需要情感的投入,保险代理人要以真诚的服务赢得客户的信赖。其次,"一诺千金"是社会信誉的浓缩,保险业是遵守承诺的典型行业,保险单即是承诺书,保险责任系于一张保单上,所以,保险经营的特殊性使得其"一诺千金"。因此,作为保险消费者的近距离接触者,保险代理人首先要"谨诺",以保证保险人"践诺"。最后,信任是处理各种关系的润滑剂。保险营销就是建立在客户与营销人员的相互信任基础上的。保险代理人员应以建立双方的友好关系为起点开展合作,以诚信之心赢得客户的信任。

2. 主动出示工作证件并将本人或所属机构与保险公司的关系如实告知客户

保险代理从业人员包括直接与保险公司签订代理合同从事代理业务的保险代理营销员,以及专业或兼业保险代理机构中从事代理业务的人员。他们在执业活动中应当首先向客户声明所属机构的名称、性质和业务范围,而且还要明确告知与所属机构的关系。例如,保险营销员要讲明与保险公司之间的代理关系,而代理机构从业人员只需明确所属专业或兼业代理机构与保险公司之间的关系即可。这样既符合保险代理从业人员的行为规范,又可以取得客户的信任。

3. 客观、全面地向客户介绍有关保险产品与服务的信息

此条规定也是代理从业人员如实告知义务的主要内容。实务中,这种如实告知义务可以分为两个方面:一是代理从业人员对客户的如实告知义务,这也是如实告知义务的主要方面。由于保险产品的无形性和保险合同条款的专业性、复杂性,投保人一般希望从保险代理人那里获取更专业、更准确的信息,以作出科学的投保决策,所以,保险代理人应客观、全面地向客户介绍有关保险产品与服务的信息。二是代理从业人员对所属机构的如实告知义务。由于保险经营的特殊性,投保人比保险人更清楚自身以及被保险人的实际情况,代理从业人员深入了解这些情况并把会影响保险人作出重大决定的信息如实告知所属机构,将有利于保险人更好经营。倘若保险代理从业人员不诚信,将直接损害客户的利益,最终也将损害保险人的信誉及长远利益。

4. 向客户推荐的保险产品应符合客户的需求,不强迫或诱导客户购买保险产品

当客户拟购买的保险产品不适合客户需要时,应主动提示并给予适当的建议。首先,在开发客户的时候,应该以客户的实际情况及需求为导向,推荐适当的产品。不能因为代理销售产品的手续费高低等原因而有选择地向客户推荐,更不能强卖骗卖。其次,由于保险产品的复杂性和技术性,有些客户会因为不够了解而选择不符合自身情况的产品,此时,代理从业人员应从维护客户利益出发,主动提醒客户并给予适当的建议,以更好地体现保险的价值。

(三) 专业胜任

一些特殊职业,要求其从业人员具备特殊的职业素质。作为一名保险代理从业人员,是否具备保险代理的特殊职业素质,能否胜任保险代理的专业性要求,主要是考察其保险代理的专业技能。具体要求如下:

1. 具备足够的专业知识与能力

鉴于保险产品的特殊性,我国《保险法》规定,保险公司从事保险销售的人员应当品行良好,具有保险销售所需的专业能力。

保险及其产品的特殊性,要求保险代理从业人员首先要有扎实的基础知识,如基础文化知识、政策法规基础知识等;要有丰富的保险专业知识、保险法律知识、保险专门知识等;要有广博的与保险相关的专业知识,如投资理财、风险管理、医疗知识等。但是,仅有丰富的知识还不够,还要能够把专业知识运用于保险代理的实践中去,指导和提升自己的实践活动,增强解决实际问题的能力。这些能力包括:风险识别与分析和评估的基本技能、理财方案的策划与设计能力、把握市场的能力、客户关系管理能力、公关交际能力、开拓创新能力等。

2. 在执业活动中加强业务学习,不断提高业务技能

保险代理从业人员要善于从实践中不断获取新知识,在执业活动中不断加强业务学习,以不断提高业务技能。保险代理从业人员通过业务实践,有意识地检验自己的知识水平和知识结构,对自己的工作作出合乎实际的估价,发扬优点,修正错误;同时,通过实践直接学习,从实践中汲取丰富的知识,完善自己的知识结构。

3. 持续学习,不断更新知识

知识经济的快速多变性决定了保险代理从业人员必须坚持终身学习,才能与时俱进。保险代理从业人员要善于通过接受教育不断更新知识,不断提高业务素质和技能。因此,在做好本职工作的前提下,保险代理从业人员还应争取受教育的机会,通过学历教育、岗位培训等途径接受再教育,掌握最新的文化基础知识和保险业动态,以使自己能够适应不断发展与变化的保险业需要。

(四) 客户至上

由于保险商品的特殊性,通常保险都是处于买方市场,服务意识对于保险营销至关重要。通过服务,可以增加保险的附加值,建立良好的企业形象,达到客户与公司利益的双赢。"客户至上"这一道德规范,是保险代理从业人员正确处理与客户之间关系的基本准则。

1. 为客户提供热情、周到和优质的专业服务

保险业是服务性行业。客户购买保单也就意味着购买了保险服务。从世界上第一张

保险单售出开始，保险公司就开始为客户提供服务。客户服务首先要保持热情的服务态度。坚持"三声服务"，即顾客进门有迎声，顾客问话有应声，顾客出门有送声；平等对待每一位客户，做到生人熟人一样热情，大小客户一样欢迎，忙时闲时一样耐心。其次，客户服务要周到。保险代理人在保险营销过程中，提供的是一种顾问式服务，即站在客户的角度换位思考客户的保险需求，多问"如果我是客户，我会怎样"。要善于发现问题，更要善于解决问题。最后，客户服务要优质。优质的客户服务并不是通过服务给人印象如何深刻、如何个性化来测定的，而是通过服务满足客户期望的高低来测量的；优质的服务质量也不是由公司来想象的，而是由客户来认可的。只要客户不认可，就不是优质的服务。研究并发现客户的需求，缩小甚至消除"服务缺口"。在保险代理活动中，从业人员要"想客户所想，急客户所急，谋客户所需"，从而达到提供优质服务的目的。

2. 不影响客户的正常生活和工作，言谈举止文明礼貌，时刻维护职业形象

在社会上，人们对保险代理从业人员不分时间、地点的推销行为意见很大，认为这种行为干扰了他们的正常生活。作为与客户打交道的代表，保险代理从业人员的举止言行不仅代表保险公司而且代表整个保险行业的形象。所以，应以高度负责的精神来塑造和维护保险业的形象。这就要求保险代理人言谈举止文明礼貌，时刻维护职业形象；禁用服务忌语，语言要亲切自然，不得冷漠；在客户面前应避免不礼貌的行为，积极主动地回应客户的抱怨。

3. 在执业活动中主动避免利益冲突

在利益冲突不能避免时，应向客户或所属机构作出说明，确保客户和所属机构的利益不受损害。

（五）勤勉尽责

1. 秉持勤勉的工作态度，努力避免执业活动中的失误

保险代理从业人员应立足于本职岗位，积极尽职，秉承勤奋认真的工作态度，把职业理想与平凡的日常工作结合起来创造优异绩效。当每个个体均能以苦干、实干和创造性劳动态度做到干一行、爱一行、钻一行、专一行，并勇于开拓创新时，整个职业团体就会迸发出无穷无尽的物质力量，创造出一流业绩。

2. 忠诚服务，不侵害所属机构利益；切实履行对所属机构的责任和义务，接受所属机构的管理

保险代理从业人员应忠诚服务于所属的代理机构。首先，忠诚服务要求保险代理从业人员忠实于所属机构的经营理念。经营理念不仅是一个公司昭示于社会公众的一个标志，而且也是全体员工的行为准则。只有忠实于公司的经营理念，员工的行为才有了指南，不至于偏离方向。其次，忠诚服务于所属机构。要求保险代理从业人员尽到自己的责任和义务。责任感以道德感为基础，是一种对自己应负责任的义不容辞的情感。当保险营销员承担了应尽的责任时，就会体验到满意、喜悦、自豪的情感。第三，忠诚服务要求保险代理从业人员接受所属机构的管理。

3. 不挪用、侵占保费，不擅自超越代理合同的代理权限或所属机构的授权

保险代理从业人员代收保费以及代付赔款是一种经常现象，是属于代理权限内容的。但在实际操作中，也会出现个别代理从业人员挪用、侵占、截留、滞留保费或者赔款的行为。保险代理从业人员的代理权限均源自所属机构的授权。他们只有严格遵守授权的义务，却无擅自更改的权力。也就是说，保险代理从业人员必须严格地按照代理合同或所属机构的授权进行执业，准确地根据所代理的业务条款进行宣传和解释，并根据所规定的实务手续进行操作。在遇到某些特殊情况需要超越代理权限的，要经过所属机构的许可。

（六）公平竞争

竞争是商品生产和交换的一般规律，保险市场也存在激烈的竞争。保险竞争的主要内容包括服务质量竞争、业务竞争、价格竞争等。由于保险业经营的特殊性，要求保险业的同业竞争以促进保险业的稳健发展、保护被保险人利益为目标，反对各种不正当竞争。竞争作用的正常发挥，需要一种公平交易的秩序，需要形成公平的竞争环境。只有公平竞争，才能使价值规律充分发挥作用。保险代理从业人员公平竞争的职业道德的具体要求是：

1. 尊重竞争对手，不诋毁、贬低或负面评价其他保险公司、其他保险中介机构及其从业人员

保险代理从业人员应当在我国法律允许的范围内，在相同的条件下开展保险代理业务的竞争。正当的竞争应该是竞相向客户提供物美价廉的产品和优质的服务。那些诋毁、贬低或负面评价同行的行为，是一种损人利己的不道德行为，是一种不正当竞争行为，将会造成保险市场秩序的混乱，影响我国保险业的健康发展。

2. 依靠专业技能和服务质量展开竞争

竞争手段要正当、合规、合法，不借助行政力量或其他非正当手段开展业务，不向客户给予或承诺给予保险合同以外的经济利益。根据《中华人民共和国反不正当竞争法》，不正当竞争行为是指损害其他经营者的利益，扰乱社会经济秩序的行为。保险代理实践中的各种不正当竞争行为不仅危及保险代理秩序，损害各方当事人的合法权益，有损保险业界的形象，甚至可能导致保险业的盲目竞争，直接危及保险公司的生存能力。

3. 加强同业人员间的交流与合作，实现优势互补，共同进步

保险代理从业人员是一个特殊群体，如果群体内部团结和谐，凝聚力就强，同业之间就可以优势互补，就会产生一种整体协同效应，这种效应远远大于其部分之和。但是，如果个体间相互损耗，力量也就相互抵消，从而产生负效应。因此，保险代理从业人员在从事保险代理业务时，要加强同业人员间的交流与合作，保持融洽和谐的合作关系。

（七）保守秘密

保守秘密是保险代理从业人员的一项义务。《指引》只是指出了这项义务的两个指向：一是对客户；二是对所属机构。《保险代理从业人员执业行为守则》对此有更详细的规定。

《保险销售从业人员执业失信行为认定指引》标准

2021年12月31日，中国保险行业协会在京发布《保险销售从业人员执业失信行为认定指引》（以下简称《指引》）标准。该标准的制定是基于当前保险行业销售从业人员（简称销售人员）诚信自律管理实际需要，对销售人员执业失信行为的分类界定、认定程序和执业失信行为记录的管理及应用等内容进行规范，对健全公司内控和行业自律制度机制，指导地方协会开展相关自律工作，解决保险行业销售市场乱象有重要意义。

《指引》明确了销售人员5大类（分别是越权行为类、不当销售类、违约招募类、不当业务活动类和其他类）共计60余项执业失信行为的特征描述，理清了认定主体的职责范围，规范了执业失信行为识别、立案调查、审定及复议等一系列工作流程，提出了执业失信行为记录在销售人员诚信管理中的应用机制。

诚信是保险业持续健康发展的基石，是销售人员执业的基本准则。《指引》的发布，将进一步加强销售人员诚信体系建设，有利于推动保险机构和地方行业协会逐步完善销售人员内控管理制度和自律管理规约建设，全面提升管理水平，不断引导销售人员诚信、合规展业，为广大消费者提供全方位、高品质的服务，满足消费者日益增长的多样化、复杂化保险需求，真正践行为人民服务、让人民满意的保险初心。

资料来源：根据中国保险行业协会网站资料整理，http://www.iachina.cn/art/2021/12/31/art_22_105728.html，2021-12-31。

本章小结

保险展业是保险营销工作的重点,保险展业流程一般包括寻找准客户、瞄准客户市场、邀约准客户、制定拜访计划、拜访准客户和归档准客户资料等步骤。在这些步骤中,都有相应的要求需要保险营销人员掌握。

在保险计划书写作中,首先要对客户的保险需求进行分析,在此基础上拟定保险产品组合,并制定完整的保险计划书。保险营销人员需要对保险计划书进行讲解,及时促成,让客户的保险需求得到满足。

保险营销人员应当遵守《保险法》和其他法律法规的相关执业要求,具体包括守法遵规、诚实守信、专业胜任、客户至上、勤勉尽责、公平竞争、保守秘密。

本章关键词

保险展业　保险计划书　保险代理人员职业道德

复习思考题

1. 阐述保险展业的流程。
2. 保险营销人员在展业时应注意哪些事项?
3. 以健康保险为例说明如何设计一份保险计划书。
4. 如何寻找准客户?
5. 如何通过信函邀约准客户?
6. 简述职业道德的特点。
7. 阐述保险营销员职业道德的基本要求。

主要参考文献

1. 陈明. 新媒渠 [M]. 广州：中山大学出版社，2010.
2. 龚曙明. 市场调查与预测 [M]. 北京：清华大学出版社，北京交通大学出版社，2005.
3. 勾俊伟. 保险线上成交：新媒体营销实战课 [M]. 北京：人民邮电出版社，2020.
4. 郭国庆，陈凯. 市场营销学（第7版·数字教材版）[M]. 北京：中国人民大学出版社，2022.
5. 郭国庆. 营销管理 [M]. 北京：首都经济贸易大学出版社，2008.
6. 郭颂平，赵春梅. 保险营销学（第四版）[M]. 北京：中国金融出版社，2018.
7. 国家金融监督管理总局网站，https://www.cbirc.gov.cn/.
8. 慧保天下. 保险新时代2022 [M]. 北京：中国财政经济出版社，2023.
9. 纪宝成. 市场营销学教程（第四版）[M]. 北京：中国人民大学出版社，2008.
10. 林建煌. 营销管理 [M]. 上海：复旦大学出版社，2011.
11. 刘连生，付鹏. 保险学原理 [M]. 北京：经济科学出版社，2012.
12. 刘子操，郭颂平. 保险营销学 [M]. 北京：中国金融出版社，2003.
13. 吕宙. 中国保险业：转型与可持续发展 [M]. 北京：中国财政经济出版社，2009.
14. [美] 菲利普·科特勒. 营销管理——分析、计划、执行和控制 [M]. 梅清豪译，上海：上海人民出版社，1999.
15. 钱旭潮，等. 市场营销管理：需求的创造和传递 [M]. 北京：机械工业出版社，2005.
16. 粟芳. 保险营销学（第四版）[M]. 上海：上海财经大学出版社，2018.
17. 唐金成，史亚政. 现代保险营销理论与实践 [M]. 北京：北京大学出版社，2021.
18. 唐志刚，刘建东. 保险营销学 [M]. 北京：电子工业出版社，2008.
19. 魏华林，林宝清. 保险学（第二版）[M]. 北京：高等教育出版社，2006.
20. 温孝卿，史有春. 消费心理学 [M]. 天津：天津大学出版社，2004.
21. 吴剑云. 保险应用写作 [M]. 上海：复旦大学出版社，2006.
22. 奚玉莉，杨芮，李耀东等. 互联网保险新模式 [M]. 北京：中信出版集团，2016.
23. 于立新. 互联网金融理论与实务 [M]. 北京：中国水利水电出版社，2017.
24. 张红霞. 保险营销学 [M]. 北京：北京大学出版社，1999.
25. 赵占波. 互联网保险 [M]. 北京：首都经济贸易大学出版社，2017.

26. MBA智库百科，http：//wiki. mbalib. com/wiki/.
27. 中国保险行业协会网站，http：//www. iachina. cn/.
28. 周灿，常伟. 保险营销实务［M］. 北京：电子工业出版社，2010.
29. 周道许. 中国保险业和保险监管［M］. 北京：中国金融出版社，2010.
30. 周雷. 互联网金融理论与应用［M］. 北京：人民邮电出版社，2016.
31. 祝海波，等. 营销战略与管理——观点与结构［M］. 北京：经济科学出版社，2010.

图书在版编目(CIP)数据

保险营销学/廖敏.方有恒主编.—3版.—上海:复旦大学出版社,2024.9
(复旦卓越.保险系列)
ISBN 978-7-309-17077-1

Ⅰ.①保…　Ⅱ.①廖…②方…　Ⅲ.①保险业-市场营销学-高等学校-教材　Ⅳ.①F840.4

中国国家版本馆 CIP 数据核字(2024)第 020538 号

保险营销学(第三版)
BAOXIAN YINGXIAO XUE DISANBAN
廖　敏　方有恒　主编
责任编辑/戚雅斯

复旦大学出版社有限公司出版发行
上海市国权路 579 号　邮编:200433
网址:fupnet@fudanpress.com　　http://www.fudanpress.com
门市零售:86-21-65102580　　团体订购:86-21-65104505
出版部电话:86-21-65642845
杭州日报报业集团盛元印务有限公司

开本 787 毫米×1092 毫米　1/16　印张 18.25　字数 388 千字
2024 年 9 月第 3 版第 1 次印刷

ISBN 978-7-309-17077-1/F·3031
定价:66.00 元

如有印装质量问题,请向复旦大学出版社有限公司出版部调换。
版权所有　　侵权必究